골리앗의 복수

GOLIATH'S REVENGE

골리앗의 복수

디지털 파괴자들로부터 시장을 탈환하는 6가지 전략

토드 휴린·스콧 스나이더 지음 | 박슬라 옮김

INFLUENTIAL
인 플 루 엔 설

우리의 아이들에게.

재커리와 에마, 모건, 린지, 에반, 카슨에게 이 책을 바친다.

우리는 디지털 세계에 대한 너희의 거침없고 순진한 시각과 낙관주의,

세상을 변화시키는 강렬한 에너지에서 날마다 새로운 것을 배운단다.

전 세계 경영자들에게.

오늘의 골리앗을 미래의 파괴자로 변신시키기 위해 고군분투하는

세계의 경영자들에게 이 책을 바칩니다.

여러분의 담대한 영혼과 혁신적인 사고는 코끼리도 춤을 추게 만듭니다.

우리가 이 책을 쓰게 된 것도 모두 여러분에게서 영감을 얻은 덕분임을 밝힙니다.

이 책에 쏟아진
각계 리더들의 찬사

여러분의 회사도 디지털 파괴의 영향을 받을까? 물론이다. 파괴자라고 해서 자기 집 차고에 회사를 차린 나이 어린 해커들만을 의미하는 건 아니다. 크고 작은 다양한 형태의 스타트업 모두가 피과자이다. 누구도 이런 얘길 한 적이 없다. 이 책에는 거대 기업들이 공격적인 디지털 파괴자들을 압도할 실질적인 전략들이 가득하다.

_애덤 그랜드, 와튼스쿨 조직심리학 교수이자 《오리지널스》 저자

디지털화는 회사들이 그들의 고객에게 제공하는 가치와 직원들이 장착해야 할 무기에 대해 다시 고민하게 만들었다. 이 책은 이 두 가지에 대한 실행 가능한 대책과 그 대책을 실현하기 위한 구체적인 사례들을 보여준다.

_토시아키 히가시라, 히타치 CEO

이 책은 회사가 디지털 미래에 맞서 새로운 성장 모델로 진화하는 데 필요한 실용적인 단계를 제시함으로써 대다수 경제경영 서적들이 실패하는 지점을 극복했다. 필히 읽을 가치가 있다.

_데이브 요스트, 아메리소스버진 전 CEO이자 뱅크오브아메리카, 마쉬 앤드 맥레넌, 존슨 콘트롤즈 이사

소비자 중심 사회가 되면서 디지털 파괴는 이제 새로운 기준이 되었다. 이 책은 리더들에게 디지털과 관련된 야심을 자각하고 발전시키도록 도와준다.

_얀 지더벨트, 에이본 CEO

이 책은 디지털 파괴에 관한 진부하고 우울한 이야기가 아니라, 기존 기업들이 그들만이 도전할 수 있는 여정을 계획하고 자신 있게 투자할 수 있게 돕는 실천서이다.

_줄리 애스크, 포레스터 부사장이자 수석 애널리스트

회사가 핵심 사업을 방어할 프로그램을 개발하고 그것을 새로운 디지털 비즈니스로 성장시킬 방법을 알고 싶다면 반드시 읽어야 할 책이다.

_빌 루, GE디지털 CEO

디지털 파괴를 이해하고 경계해야 할 아주 중요한 시점이다. 이 책은 이사회와 경영진이 반드시 초점을 맞춰야 할 중요한 핵심 요소들을 제시한다.

_피터 글리슨, 미국기업이사협회

소매업의 경계가 무너지고 있는 오늘날, 휴린과 스나이더는 현대의 소비자 니즈를 충족시키는 경험을 중심으로 디지털 혁신을 가속화하는 방법을 보여준다.

– 크리스 기슨스, 와와 CEO

이 책은 기존 기업이 데이터를 활용하고 실리콘밸리를 모방하는 데 필요한 로드맵을 제공한다.

_더그 메리트, 스플렁크 CEO

이 책은 정상을 지키고 싶은 모든 대기업들이 거쳐야 할 용기 있는 여정을 보여주며, 회사와 개인을 변화시키는 데 필요한 법칙을 제시하고 있다.

_크리슈난 라자고팔란, 하이드릭 앤드 스트러글스 CEO

오늘날 디지털 기술은 의료 서비스를 제공하는 방식을 변화시키고, 환자들이 치료에 더 깊이 참여할 수 있게 돕고 있다. 이 책은 이런 변혁을 구체화하는 방법을 알려준다.

_매들린 벨, 필라델피아 아동병원 CEO

휴린과 스나이더는 변화가 어려운 기성 회사들이 오늘날과 같은 디지털 시대에 우위를 점하고 승리할 수 있는 훌륭한 지침을 제공해준다.

_마크 버그나노, 케무어스 CEO

의료 서비스 업계에는 이미 디지털 혁명이 한창이다. '골리앗의 복수' 법칙은 우리를 디지털 파괴자와 파괴된 자들로 양분할 것이다.

_리네트 쿡, 칸타 헬스 CEO

이 책은 디지털 시대에 성공하는 데 필요한 새로운 기술과 경험에 대한 구체적이고 유용한 조언으로 당신의 경력을 구축해줄 귀중한 로드맵을 제시한다.

_머다드 바가이, 〈뉴욕 타임스〉와 〈월스트리트 저널〉 베스트셀러 작가이자 시드니 공과대학 교수

오늘날 디지털 변혁을 둘러싼 어지러운 경쟁 속에서 회사들은 적절한 분위기와 비전, 방향을 결정해야 한다는 매우 어려운 문제에 직면하고 있다. 모든 글로벌 리더들은 반드시 이 책을 주의깊게 읽어야 한다.

_셰인 테드자라티, 허니웰 사장 겸 CEO

디지털 변혁을 꿈꾸는 회사라면 결코 방관자가 되어서는 안 된다. 적극적으로 앞장서 나가는 리더가 되어야 한다. 이 책은 기존의 대기업들이 고객에게 획기적인 디지털 성과를 제공하고 이를 확대하는 데 적합한 자원과 역량을 갖추는 방법을 알려준다.

_마이크 로리, DXC 테크놀로지 CEO

이 책의 저자는 경영 컨설턴트이다. 나 역시 경영 컨설턴트로서 한국 기업의 변화와 혁신을 이끌어왔다고 자부한다. 그 과정에서 기업 고유의 특장점을 강화할 것을 주문해왔는데 그럼에도 많은 경영자들이 내부 강점에 집중하기보다 신기루 같은 외부 혁신을 갈구하는 모습을 보여 이를 안타까워한 적이 한두 번이 아니다. 이 책은 그 점에서 나와 생각을 같이한다. 기존 기업(골리앗)이 가진 7가지 강점 크라운 주얼Crown Jewel을 적시 적소에 활용한다면 위기를 기회로 전환하는 발판을 반드시 마련할 수 있을 것이다. 30년 컨설턴트 길에 함께해온 한국 경영자들이 이 책에서 기존 사업을 지켜낼 밝은 빛을 찾아내길 기대한다.

_김종립, 한국능률협회컨설팅 대표이사 부회장

지난 20년간 '파괴적 혁신'은 기업의 경영전략과 혁신 프로세스에 있어 가장 중요한 단어였다. 하지만 아이러니하게도 이런 화두가 '파괴자를 어떻게 방어할 것인가'라는 질문에 통찰력 있는 해법을 제공하지는 못했다. 《골리앗의 복수》는 그에 대한 유의미한 인사이트를 내놓았다. 많은 기업들에게 '민첩한' 골리앗이 되기 위해 지금 무엇을 해야 하는지에 대한 명확한 답을 제시한다. 디지털 트랜스포메이션이 화두인 지금, 변화와 성장을 원하는 리더라면 반드시 읽어야 할 필독서이다.

_정동일, 연세대학교 경영대학 교수

블록버스터가 넷플릭스에 무릎을 꿇고, 노키아가 애플에게 완패하고, 거대 호텔 체인들이 에어비앤비의 약진에 쩔쩔매고 있다. 우리는 이 같은 '디지털 디스럽션'을 지켜보며 한편으로 환호하고 다른 한편 경악을 금치 못했다. 하지만 이제, 본 게임이 시작되려 한다. 기존 기업들이 찬탈전을 준비하고 있기 때문이다. 바로 골리앗의 복수다. 방향은 정해졌으니 남은 문제는 시간이다. 골리앗의 복수전에 참가하고 싶다면 지금 당장 이 책을 읽고 '무엇을 실행해야 하는지'부터 배워라. 우리에겐 시간이 많지 않고, 당신이 고민하는 사이 반격의 기회는 점점 더 사라지고 있다.

_이동우, 경희대학교 경영대학원 스타트업MBA 교수

그들을 모방하지 않고
넘어서는 법

오늘날 디지털 파괴digital disruption(디지털 기술로 무장한 스타트업들이 기존 시장을 파괴하는 현상)는 공공과 민간을 막론하고 모든 경제 부문에 거대한 변화를 일으키고 있다. 디지털 혁신 부서를 신설하지 않은 기업 이사회나 경영위원회는 이제 찾아보기도 힘든 실정이다. 우리 모두 계속 앞으로 나아가야 한다는 것을 알고 있다. 그러나 문제는 이것이다. 우리는 도대체 어디로 가야 하는가?

지향하는 미래상을 분명히 갖고 있지 않으면 어떤 기업, 어떤 조직이든 변화와 혁신은 불가능하다. 안타깝게도 오늘날의 기존 기업들이 본보기로 삼을 수 있는 유일한 롤모델은, 그들 자신을 야금야금 위기로 몰아넣고 있는 디지털 파괴자들이다. 하지만 이들은 좋은 롤모델이 될 수 없다. 디지털 파괴자를 모방한다는 것은 남이 발명한 게임을 남에게 잘 맞는 방식으로 플레이한다는 것이기 때문이다. 이 얼마나 멍

청한 짓인가?

이 책을 읽는 여러분에게, 그리고 우리 모두에게 필요한 것은, 미래를 내다보고 우리 기업만이 지닌 고유한 유산과 자산을 활용하여 중요하고 역동적인 역할을 하게 하는 방법을 알려줄 마법의 수정구슬이다. 즉, '그들'이 현재 끼치고 있는 위협이 아니라 '우리'의 잠재력에 초점을 맞춰야 한다는 뜻이다.

《골리앗의 복수》는 바로 그 점에서 여러분을 도와줄 것이다. 저자인 토드 휴린과 스콧 스나이더는 디지털 혁신의 최정상에 서 있는 기업들과 10년 이상 함께 일해왔다. 나는 여러 프로젝트에서 두 사람과 함께 일하는 특권을 누릴 수 있었는데, 그들의 풍부한 경험과 날카로운 통찰력을 기꺼이 보증한다. 그들은 눈앞에 보이는 현상 너머의 진실을 예측하고, 실현 가능한 다양한 미래를 구상하고, 미래 시나리오의 거칠고 험난한 물살을 헤치고 전진해 그중에서 가장 밝고 유망한 길에 안착할 수 있도록 돕는 탁월한 능력을 지니고 있다.

이 책은 두 사람의 그런 모든 능력의 집합체로서 다양한 산업 분야에서 영리하고 민첩한 다윗의 위협적인 공격에 직면한 골리앗들의 이야기를 들려준다. 그중 일부는 현재 진행형이며, 디지털 파괴자에게 대항할 때 어떤 행동을 해야 하고 어떤 행동을 하지 말아야 할지에 대한 통찰력 있는 교훈을 제공한다. 또 어떤 사례들은 지금 당장 경계해야 하는 신호를 직관적으로 알려준다.

디지털 파괴자가 여러분의 업계를 얼마나 잠식했든 간에 이 책은 유용하게 활용할 수 있는 실제 사례와 참고 자료를 제공할 것이다. 휴린과 스나이더의 통찰력은 몹시 흥미로울 뿐만 아니라 여러분의 회사가 지금 직면하고 있는, 혹은 앞으로 직면하게 될 도전에 곧바로 적용할 수 있다. 예를 들어 공공 및 민간 부문의 리더라면 조직이 디지털 변혁 digital transformation(디지털 기술을 기존 조직 전반에 적용하여 구조를 혁신시키는 것) 의 충격을 흡수하고 우리 사회의 미래를 만들어가는 데 적극적인 역할을 할 수 있도록 활력을 불어넣어야 하는 과제에 직면해 있을 것이다.

처음부터 모든 것을 새로 시작하기에는 시간도 돈도 제한적이다. 우리가 할 일은 예전부터 갖고 있던 오래된 자산을 새롭게 되살려 다음 세대에 전해주는 것이다. 그러기 위해서는 배짱과 지성, 그리고 창의성과 상상력이 필요하다. 가능성을 실현할 수 있도록 돕는 이런 책이 있어서 정말 다행이다.

_제프리 A. 무어,

세계적인 경영컨설턴트이자 《캐즘 마케팅 Crossing the Chasm》 저자

한국이라는 홈구장 이점을 살려
골리앗의 복수에 성공하려면

출신지는 성공 여부에 큰 영향을 미친다. 가령 스포츠 경기에는 홈어드밴티지라는 것이 있는데 실제로 미국 NBA에서 홈팀은 정규시즌 경기에서는 60퍼센트 이상, 플레이오프 결승전에서는 80퍼센트 이상의 승률을 기록한다. 지금부터 나는 한국이 가진 홈어드밴티지에 대해 얘기하려 한다. 나는 한국이 미래의 디지털 골리앗을 육성하는 데 이상적인 곳이라 확신하는데 그 근거는 다음 2가지이다.

첫째, 한국은 디지털 커뮤니케이션과 디지털 결제 시스템, 엔터테인먼트 혁신을 일찍이 도입한 나라로 유명하다. 경험 많고 현명하고 까다로운 국내 시장을 보유했기에 현 상황을 점진적으로 개선하는 것이 아니라 디지털 상품과 도구, 솔루션을 이용해 판도를 뒤엎는 데 필요한 피드백을 얻을 수 있다. 이 과정에서 한국 사회에 축적된 디지털 지식은 그들이 원하는 '빨리빨리'를 가능하게 한다.

둘째, 한국의 기업들은 지금까지 세계 시장의 주도권을 추구해온 역사를 지니고 있다. 단순히 한국 고객에게 서비스를 제공하는 데 만족하지 않고 그들이 이뤄낸 디지털 혁명을 미국, 유럽, 다른 아시아 지역에도 상용화해온 것이다. 이런 야심 찬 포부가 있기에 한국 회사들은 어제의 게임을 잘하는 것을 넘어서서 게임의 판을 바꾸는 '대담한 도박'에 기꺼이 인적 자본과 금융 자본을 투자할 수 있는 것이다.

예를 들어 우리 모두에게 증강 지능augmented intelligence으로의 전환을 촉진하는 스마트폰은 삶에 없어서는 안 될 필수가 되었다. 현대 사회에서 스마트폰이 없다면 직장에서는 생산성을 잃고 개인 삶에서는 타인과의 연결성을 잃을 것이다. 이러한 기기들은 일상 업무의 자동화를 넘어 인간의 의사결정 및 전문지식의 디지털 증강이라는 다음 단계의 진화를 실현하고 있다. 스마트폰 시장의 선두주자로서 국제적인 명성을 떨치고 있는 삼성은 오늘날 디지털 공격자들에 맞서 판도를 뒤집을 능력을 지닌 대표적인 한국 기업이며, 국내 시장의 이점을 활용해 이미 큰 효과를 거두고 있다.

한편, 삼성은 이 책에서 언급하는 골리앗의 6가지 법칙 중 하나인 '리틀1'과 '빅1'을 이미 실행하고 있다. 삼성이 거의 모든 제품을 디지털 인텔리전스화하는 것을 목표로 삼고 있다는 사실은 상대적으로 덜 알려져 있는데 여기에는 텔레비전과 주방용품에 인터넷 및 앱을 연결하는 '리틀1' 혁신이 포함되어 있다. 동시에 실리콘밸리의 스마트싱스SmartThings를 인수해 IoT 기반 홈 자동화를 위한 '빅1'을 실천하는 중이다.

삼성만이 아니다. LG, 현대, 기아 등 다른 선도 기업들 역시 세계적인 규모로 디지털 파괴자들의 실천서를 활용하고 있다. 그 시작점은 우리가 크라운 주얼crown jewel이라 부르는 것에 대한 객관적이고 냉정한 평가다. 나중에 상세히 얘기하겠지만 간단히 말하면 크라운 주얼은 회사가 통제할 수 있는 고유한 자산 또는 역량을 의미한다. 이는 다른 경쟁업체들이 모방하기 어려운 것으로 고객이 원하는 혁신적 디지털 성과를 제공하는 데 필수적이다. 크라운 주얼은 종종 혁신적인 기술 특허를 포함하지만 기업의 상황과 여건에 따라 대규모 데이터 세트나 광범위한 설치 기반, 특권적 글로벌 제휴에 초점을 맞출 수도 있다.

우리는 《골리앗의 복수》를 쓰기 위해 수십 개 산업 분야에 걸쳐 수백 개 기업의 디지털 관련 성공과 실패 사례를 조사했다. 디지털 파괴의 위기에서도 성공한 기존 기업들에게는 공통점이 있었는데 그것은 4장에서 9장에 걸쳐 기술한 6가지 법칙을 따르고 있었다는 점이다.

회사 차원에서든 개인 차원에서든 현명한 자기잠식cannibalization(한 기업의 신제품이 기존 주력제품의 시장을 잠식하는 현상)을 실천하려는 의지는 점점 더 중요해지고 있다. 이는 회사가 미래의 성장을 확보하기 위해 과거 사업의 쇠퇴를 가속화할 수 있는 위험을 감수할 필요가 있음을 의미한다.

예를 들어 마이크로소프트MicroSoft는 클라우드 컴퓨팅 부문에서 아마존Amazon, 구글Google과 경쟁하기 위해 윈도에서 발생하는 단기 수익을 기꺼이 희생시켰다. 마이크로소프트 윈도는 컴퓨팅의 중심이 메인프레임에서 데스크톱으로 이동함에 따라 회사를 글로벌 리더로 만들어준 독점적 프로그램이다. 동시에 많은 마이크로소프트 주주들을 부자로 만들어준 수단이기도 했다. 마이크로소프트는 클라우드 컴퓨팅이라는 미래의 물결을 수용할 용기를 갖고 있었고, 이제는 윈도 시절보다도 더 중요하고 가치 있는 기업이 되었다.

다른 글로벌 리더들도 디지털 파괴 시대에서 살아남기 위해 대담한 길을 걷는 중이다. 모건 스탠리Morgan Stanley는 전통적인 인간 기반의 자산운용과 경쟁하는 로보어드바이저roboadvisor 서비스에 막대한 투자를 하고 있고, 베터먼트Betterment와 웰스프런트Wealthfront 같은 디지털 공격자들에 대항해 효과적으로 업계 판도를 뒤집고 있다. 최근에는 디스카운트 증권사인 이트레이드ETrade의 인수를 발표하는 등 발전에 더욱 박차를 가하는 중이다.

NASA는 한때는 불가능하다고 여겨졌던 변화를 창출하고 있다. 인간의 우주 진출에 있어 비용이 많이 들고 진전이 더딘 내부 프로젝트에만 의존하는 대신, 엘론 머스크Elon Musk의 스페이스X SpaceX, 제프 베조스Jeff Bezos의 블루 오리진Blue Origin 같은 회사와 손잡고 외부의 혁신 모델을 수용한 것이다. 이는 NASA가 재능 있는 엔지니어들에게 새로운 역할을 부여했다는 점에서 대단히 대담한 시도였다.

여러분의 회사가, 여러분 개인이 어떤 분야에 있는가와 상관없이 디지털 파괴에 어떻게 대응하느냐에 따라 장기적인 성공 여부가 판가름 난다. 부디 한국이라는 홈구장의 이점을 최대한 활용하여 '골리앗의 복수를 위한 6가지 법칙'을 이용해 디지털 미래로 가는 길을 다지기 바란다.

_토드 휴린과 스콧 스나이더

차례

추천의 글_ 그들을 모방하지 않고 넘어서는 법 011
한국 독자들에게_ 한국이라는 홈구장 이점을 살려 골리앗의 복수에 성공하려면 014

1부
승자가 모든 것을 가져간다

01 살아남을 것인가 물힐 것인가:
역사를 바꾼 기업들의 공통점

다시 쓰는 다윗과 골리앗 이야기 028 | 거대 골리앗 GM의 부활 031 | 골리앗의 복수를 위한 6가지 법칙 038 | 우리에겐 반격할 시간이 얼마나 남았을까 047 | 실행에 앞서 던져야 할 3가지 질문 053

02 무엇으로 싸울 것인가:
기존 기업만이 가진 7개의 보석

디지털 파괴자를 파괴하기 위한 첫 번째 063 | 크라운 주얼(1) 자체 자금 조달 가능한 구조 066 | 크라운 주얼(2) 탄력적인 브랜드 가치 069 | 크라운 주얼(3) 기존 고객 관계 072 | 크라운 주얼(4) 설치 기반 075 | 크라운 주얼(5) 데이터 세트 078 | 크라운 주얼(6) 상호저촉특허 081 | 크라운 주얼(7) 업계 표준에 미치는 영향력 084 | GM의 7가지 보석과 실행 전략 엿보기 087

03 어떻게 움직일 것인가:
바벨 분포도의 오른쪽 곡선으로 이동하는 법

평균의 시대는 끝났다고 말하는 이유 094 | 골리앗이 되어버린 아마존, 소매업계에서 보

내온 경고의 메시지 097 | 승자 독식 구조의 핵심, 고객 기대 래칫 101 | 고객수용 포물선이 의미하는 것 109 | 영구적 알고리즘 우위를 얻는 3단계 116

2부
골리앗이 다윗을 이기는 6가지 법칙

04 [법칙 1] 고객에게 10배 만족감을 선사하라:
획기적 고객 성과를 이루는 3단계

단계(1) 목표 설정하기: 고객 중심형 목표를 10단어 내로 정한다 132 | 단계(2) 계획하기: 구매자 페르소나를 파악한다 139 | 단계(3) 실행하기: 고객을 위한 '완전한 제안'을 고안한다 147 | [워크시트] 자기평가표 작성하기 153

05 [법칙 2] 큰 혁신과 작은 혁신을 동시에 실행하라:
마스터카드의 '빅1'과 '리틀1'

과제(1) '빅1'과 '리틀1'을 차별화한다 165 | 과제(2) 전사적 혁신 문화를 육성한다 169 | 과제(3) '리틀 1' 아이디어를 빠르게 실행한다 173 | 과제(4) 병행의 힘을 구사한다 177 | 과제(5) 벤처투자위원회를 설립한다 179 | 과제(6) '빅1' 이어달리기를 시행한다 184 | 마스터카드의 '빅1'과 '리틀1'은 어땠을까 191 | 혁신 프로그램의 안전성 시험하기 193 | [워크시트] 자기평가표 작성하기 195

06 [법칙 3] 데이터를 화폐처럼 사용하라:
데이터를 활용한 웨더 채널의 3단계 도약

오클랜드 애슬레틱스 야구팀의 승리, "통계가 이긴다" 204 | 단계(1) 데이터 대차대조표를

작성한다 208 | 단계(2) 데이터 활용성을 평가한다 217 | 단계(3) 데이터 수익을 극대화한다 220 | 케이블방송국에서 거대 API 플랫폼으로, 웨더 채널의 변신 230 | [워크시트] 자기평가표 작성하기 234

07 [법칙 4] 외부 혁신 인재를 적극 도입하라:
NASA와 개방형 혁신 네트워크

기존 기업의 불치병 "우린 모든 걸 다 알아" 243 | 개방형 혁신 채널로 아이디어 주고받기 246 | 오만한 골리앗이 열린 파트너가 되기 위한 8가지 조치 250 | '기업발전 도구'를 활용한 성공 사례: 인텔 캐피털부터 구글, IBM까지 256 | 폐쇄 조직 NASA의 결단, 개방형 혁신의 비밀 263 | [워크시트] 자기평가표 작성하기 266

08 [법칙 5] 적절한 기술보다 적절한 인재가 우선이다:
인재 영입의 6가지 원칙

의료 서비스 개념을 뒤집은 펜실베이니아 대학병원 275 | 원칙(1) 조직 지식을 존중하라 281 | 원칙(2) 3D 디지털 역할 이상의 인재를 추구하라 283 | 원칙(3) 선제적 기술 개발에 전념하라 290 | 원칙(4) 벤처 관리자를 중시하라 296 | 원칙(5) AI와 인간을 조화롭게 활용하라 301 | 원칙(6) 디지털 민첩성을 향상시키라 308 | [워크시트] 자기평가표 작성하기 313

09 [법칙 6] 한 차원 더 높은 목표를 설정하라:
애플이 회사명에서 '컴퓨터'를 삭제한 이유

2007년 애플이 일으킨 변혁의 그래프 322 | 회사 목적을 다시 세우기 위한 5번의 질문 327 | 이제는 '자기잠식'을 현명하게 이용할 때다 330 | 새 비전에 디지털 세대 의견을 적극 반영하라 337 | 이사회에서 일선 직원까지 위에서 아래로 정비하기 340 | 리더의 움직임은 회사의 목적과 일치해야 한다 347 | 보험회사 디스커버리의 새로운 목적 찾기 350 | [워크시트] 자기평가표 작성하기 355

3부
파괴자 실천서 실행하기

10 회사를 위한 파괴자 실천서

방어와 공격, 그 균형점을 찾아야 한다 366 | 준비: 파괴자 실천서를 실행하기 위한 몇 가지 377 | 사례: 마스터카드의 파괴자 실천서 살펴보기 384 | 계획: 각 회사에 맞게끔 실천 계획 작성하는 법 387 | 점검: 월별, 분기별, 연례 전략 검토하기 396

11 개인을 위한 파괴자 실천서

평사원에서 임원까지, 직급별로 자기 역량 평가하기 409 | 개인의 지속가능성장을 결정하는 3가지 요소 418 | 경력을 관리하기 위한 대안 시나리오 428 | 개인의 목적과 회사의 목적이 양립하는가 432 | 1개월, 6개월, 1년 실행 계획 짜기 435 | 미래의 헤드라인을 현실로 만들기 위한 발판 438

부록 | 골리앗의 복수 실행계획표 양식 440
참고자료 449
찾아보기 451

1부

승자가
모든 것을
가져간다

01

GOLIATH'S REVENGE

살아남을 것인가
묻힐 것인가

:

역사를 바꾼
기업들의 공통점

"어쩌다가 파산했나?
처음에는 천천히, 그러다 갑자기."
– 어니스트 헤밍웨이, 작가

✤✤✤

승차 공유 업체에 일찍부터 투자를 감행한 기업, 캘리포니아 주 정부로부터 완전 자율주행 자동차의 시험 운행을 가장 많이 승인받은 회사, 많은 사람들이 자신의 자동차를 운전할 필요가 없고, 어떤 이들은 아예 자동차를 소유할 필요가 없는 미래의 새로운 비즈니스 모델을 구축한 곳, 빠르고 저렴하고 장거리 주행이 가능한 전기차를 출시한 최초의 기업, 자율주행 자동차 산업의 길고 긴 디지털 파괴 게임에서 승리하기 위해 막대한 자금을 들여 실리콘밸리의 인재들을 영입하는 곳, 소프트뱅크SoftBank의 손정의에게 22억 5,000만 달러의 투자금을 유치한 회사⋯⋯.

이 회사의 이름은 무엇일까? 구글? 애플Apple? 테슬라Tesla? 아마존? 아니면 우버Uber일까? 전부 틀렸다. 정답은 바로 GM General Motors이다. 그렇다. 10년 전에 금융위기에서 살아남기 위해 미국 정부의 구제를 받아야 했던 GM의 변모는 대단하다. 오늘날 전 세계 자동차 산업계가 디지털 혁신의 3대 요소인 전동화, 자율주행, 공유경제를 기반으로 빠르게 변모하는 상황에서도 무럭무럭 꾸준히 성장하고 있는 것이다. 명실상부 골리앗의 면모를 가진 GM은 어떻게 위기를 극복하고 혁신을 이루었을까?

다시 쓰는
다윗과 골리앗 이야기

여러분 모두 성경에 나오는 다윗과 골리앗 이야기를 알 것이다. 수 세대에 걸쳐 다져진 기존 기업들은 새로 등장한 디지털 스타트업에 대항해 용감히 싸우지만 형편없는 시야와 부족한 상상력 때문에 날아오는 돌멩이를 보지 못하고 당하는 골리앗이다. 샌프란시스코와 상하이, 베를린, 텔아비브의 유니콘 회사들이 다양한 업계에서 위세를 떨칠수록 기존 기업들은 파산하고 사람들은 실업자가 된다. 이 새 시대의 우화에서 다윗의 투석기는 바로 AI(인공지능) 로봇이다. 우리는 성경의 다윗과 골리앗 이야기가 어떻게 끝나는지 알고 있다.

실제로 일부 기존 기업들은 골리앗의 운명을 맞이했다. 앞에서 예로 든 디지털 파괴 기업들은 풍부한 자금력과 유능한 직원, 최신 기술로 무장하고 있다. 이들은 결코 가볍게 볼 수 있는 상대가 아니다. 10만 명의 직원을 가진 초국적 거대기업이든, 열 명의 직원이 전부인 작은

회사든 상관없다. 우리는 이미 블록버스터Blockbuster가 넷플릭스Netflix
에게 무릎을 꿇고, 노키아Nokia가 애플에게 완패하고, 수천수만에 달
하는 소매업체들이 아마존에게 고객을 빼앗겨 '조기 은퇴'하는 모습을
목격했다.

그런데 우리는 지금 그보다 더 흥미로운 일이 일어나고 있다고 생
각한다. 우리는 그것을 '골리앗의 복수'라고 부른다. 드디어 정신을 차
린 기존 기업들이 다윗의 전략과 전술, 도구를 이해하기 시작한 것이
다. 그들은 디지털 파괴자들이 기존의 전통적인 경쟁자들을 굴복시키
고 업계 전체를 뒤집어 질서를 재편하는 모습을 지켜보았고, 실리콘밸
리의 젊은 천재들이 그들의 비즈니스를 파괴하는 것을 가만히 앉아 속
수무책으로 바라보기만 하는 것이 아니라 '우리도 저들과 같은 전략과
전술, 도구를 사용할 수는 없을까?'라고 스스로 묻기 시작했다. 심지어
어떤 이들은 그보다 더 높고 멀리 바라보기에 이르렀다. 핵심 비즈니
스를 디지털 파괴로부터 방어하는 한편, 파괴자의 매뉴얼을 이용해 고
성장 인접 시장으로 확장해나가기 시작한 것이다.

골리앗의 복수는 단순히 기존 기업의 조직적 차원에서만 일어나고
있는 것이 아니다. 기업의 고위 임원들, 중간관리자, 현장의 직원들에
이르기까지 그 안에서 일하는 사람들 역시 새로운 시나리오를 짜는 중
이다. 불안과 급변의 시대에 평생 고용을 보장받기 위해 자신의 역할
을 적극적으로 재창조하고 있는 것이다. 이들은 통상적인 업무를 컴퓨
터에게 넘겨주고, 전에는 시간이 없어 시도하지 못했던 고가치 활동에
시간과 노력을 투자한다. 새로운 현실에 눈을 뜬 직원들은 회사 측의

인식이나 요구가 없는 상황에서도 앞으로 회사가 직면할 디지털 미래에 필요하게 될 새로운 기술과 역량을 쌓고 연마하는 중이다.

우리는 이 책에서 이런 기존 기업과 직원들이 골리앗의 복수를 이루도록 도울 6가지 법칙에 대해 설명할 것이다. 그 전에 먼저, GM이 어떻게 성공적인 재기를 할 수 있었는지 자세히 살펴보자.

거대 골리앗
GM의 부활

시장의 장기적인 주도권 확보에 필요한 깊고 넓은 기관 지식institutional knowledge을 구축하기 위한 가장 유용한 방법은 일찍이 초반에 실수를 저지르는 것이다. 1994년, 애플이 야심 차게 출시한 뉴턴Newton PDA를 생각해보자. 뉴턴은 상업적으로는 처참한 실패를 기록했지만, 첨단 기술 역사상 가장 중요한 제품 중 하나가 될 아이폰iPhone의 조상이다. 아이폰은 전 세계적으로 10억 대 이상이 팔렸고, 현재 애플의 전체 매출의 약 3분의 2를 차지하는 괴물이다. 두 번째 시도가 이렇게 중요한 법이다. 스티브 잡스Steve Jobs는 아이폰의 성공을 확신한 나머지 아이폰의 출시와 동시에 회사 이름(애플 컴퓨터Apple Computer)에서 아예 '컴퓨터'라는 단어를 빼버렸다.

애플이 뉴턴을 개발하고 있던 무렵, GM은 대기업이 출시한 최초의 전기 자동차인 EV1을 개발 중이었다. EV1은 1996년, 즉 테슬라가 설

립되기 7년 전이자 테슬라가 최초로 개발한 전기 자동차인 모델S Model
S가 출시되기 무려 16년 전에 출시되었다. GM의 EV1은 과감한 도박
이었고, GM의 뉴턴이었다. EV1은 단기간에 대참패를 기록하고 단종
됐는데, 이런 실패의 경험은 사실 회사가 장기적인 성공을 이루는 데
필수적인 요소다.

전기 자동차의 역사는 20세기 초반까지 거슬러 올라간다. 마크 트웨
인이라는 필명으로 더 잘 알려진 새뮤얼 클레멘스 Samuel Clemens는 "역
사는 반복되지 않지만, 그 운율은 반복된다"라고 말했다. 이 격언은 지
금까지도 유효하다. [그림 1-1]은 1917년 디트로이트 일렉트릭 Detroit
Electric이라는 자동차 광고로, 치솟는 휘발유 가격과 값싼 전기요금을
비교하고 있다.

당시 GM은 깨닫지 못했지만, EV1은 골리앗의 복수를 달성하기 위
해 반드시 거쳐야 할 단계였다. 현재 자동차 산업계는 디지털 다윗들
에 포위된 형국이다. 테슬라, 구글, 우버, 리프트 Lyft, 애플, 집카 Zipcar,
비야디 BYD Auto를 비롯해 이보다 덜 유명한 수많은 회사들에 이르기
까지, 모두가 전동화와 자율주행, 공유경제로 상징되는 자동차 산업의
미래를 새롭게 만들고 있다. 이 책을 읽는 여러분이 어느 나라에 살고
있든, 어떤 업계에 종사하든 간에 이와 비슷한 디지털 파괴자들의 이
름을 떠올릴 수 있을 것이다.

EV1은 전동화가 변화시킬 자동차 산업의 미래에 대한 GM의 관심
을 촉발시켰고, 이는 2010년의 하이브리드 자동차 셰비 볼트 Chevy Volt
와 2016년의 완전 전기 자동차 셰비 볼트 Chevy Bolt의 탄생으로 이어졌

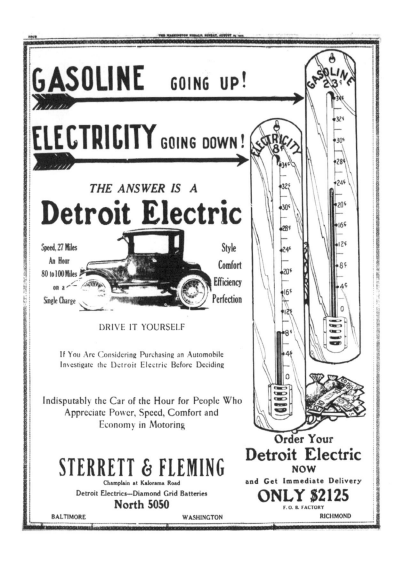

[그림 1-1] 디트로이트 일렉트릭 광고

01 살아남을 것인가 묻힐 것인가

다. 후자의 볼트는 2017년 〈모터 트렌드Motor Trend〉에서 '올해의 자동차'로 선정되어 테슬라의 모델3 model3을 제치고 시장을 선도하기도 했다. 간단히 말해 GM은 전동화에 관해서만큼은 고객과 자동차 판매상, 주주들로부터 확고한 신뢰를 받을 자격이 충분하다.

그러나 한편으로 자율주행 부분에서는 그런 장기적이고 체계적인 기관 지식을 구축하는 이점을 누리지 못했다. 그래서 GM이 선택한 방법은 크루즈 오토메이션Cruise Automation을 인수하는 것이었다. 샌프란시스코에 본사를 둔 크루즈는 2016년 초반 GM이 인수할 당시 3년차 신생 회사에 불과했다. 그런데 GM은 크루즈의 인수합병에 10억 달러라는 거금을 투자했다. 즉, 이 스타트업에서 일하는 40명의 직원들이 1인당 각각 약 2,500만 달러의 가치를 지니고 있다고 판단한 것이다. 같은 기준으로 비교하자면 GM 직원들의 가치는 1인당 30만 달러에 불과하다.

하지만 이러한 선택은 아주 위험한 도박은 아니었다. GM은 막대한 거금을 들여 크루즈를 인수한 결정—우리가 앞으로 '빅1'이라고 부를 과감한 혁신—에 확신이 있었다. 자체 조사 결과 앞으로 자율주행 기술 역량이 중요한 차별화 요소로서 비즈니스 성공의 갈림길이 되리라는 결론이 내려졌기 때문이다. 자율주행 기술에 대한 독립적인 개발 능력은 GM의 장기적 성공에 꼭 필요한 첨단기술 영역이었고, 그것을 확보하는 것은 절대적으로 이겨야 할 싸움이었다.

변혁의 마지막 요소인 공유경제는 GM에게 가장 어려운 분야였다. 전통적인 자동차 제조사는 고객들이 자동차를 소유하고 운전하는 것을 중요하게 여긴다고 믿으며, 이는 아메리칸 드림의 핵심 신조이자 GM이라는 브랜드와 문화, 가치의 근본 토대이기도 했기 때문이다. 그러나 GM은 일찍이 자동차 공유에도 손을 댔다. 1926년에 렌터카 시장에 진입할 때 허츠Hertz Drive-Ur-Self System를 인수한 것이다. 우버가 설립되기 무려 83년 전의 일이었다. 렌터카 비즈니스는 GM에게 주로 어떤 고객들이 렌터카를 이용하고, 혹은 장단기 임대를 원하는지에 대해 중요한 통찰력을 제공해주었다.

이처럼 다양한 경험과 그로 인해 얻은 자신감으로 GM은 더 크고 대담한 도박을 감행할 수 있었다. 바로 차량공유와 승차공유였다. 먼저 차량공유 부문을 성장시키기 위해 GM은 2016년 1월, 자금난으로 문을 닫은 사이드카Sidecar라는 승차공유 회사를 인수하여 사업에 활용할 자산과 유능한 직원들을 확보했다. 그런 다음 모바일 앱에서 GM 차량을 시간 단위로 빌릴 수 있는 새로운 차량공유 플랫폼인 메이븐Maven을 출시했다. 메이븐은 한 시간 단위로 가까운 곳에 있는 자동차를 빌려 사용할 수 있는 GM 버전의 집카라고 할 수 있다. 짧은 시간 동안만 자동차를 운전할 필요가 있는 사람들에게 안성맞춤인 서비스였다. 특히 우버나 인스타카트Instacart, 도어 대시Door Dash 같은 회사에서 시간제 근무를 하는 임시직 노동자들에게 이상적인 서비스이기도 했다.

두 달 후, GM은 당시 55억 달러의 시장가치를 지녔다고 평가되었던 승차공유 회사인 리프트에 5억 달러를 투자하는 과감한 계획을 시행했다. 이로써 GM은 밀레니얼 세대가 이끄는 '자동차 구매에서 승차 구매로의 변화'에서 가장 앞자리를 차지하게 되었다. 처음에 GM 주주들은 이 투자를 탐탁지 않게 생각했지만, 이후 구글이 10억 달러를 추가로 투입하면서 리프트의 회사 가치가 21개월 만에 110억 달러로 뛰어오름에 따라 GM은 2년 사이에 2배의 투자 수익을 올리는 성과를 올린 셈이 되었다.

메이븐과 리프트에 대한 투자에는 분명한 시너지 효과가 존재했다. 리프트의 성장에 결정적 영향을 미친 요소 중 하나는 운전자가 메이븐이 시간 단위로 대여해주는 믿음직한 최신 모델 차량에 대한 접근성이었다. 이렇게 GM은 내부 혁신 이니셔티브와 외부 기업 인수합병 및 투자로 구성된 균형 잡힌 포트폴리오를 통해 주요 자동차 회사 중에서 디지털 미래에 대응할 수 있는 유리한 포지션을 확립하는 데 성공했다.

골리앗의 복수를 위한 GM의 전사적 노력과 헌신은 조직 상층부에서부터 시작되었다. 2016년 말 GM의 CEO 메리 바라Mary Barra는 〈비즈니스 인사이더Business Insider〉와의 인터뷰에서 "지난 50년보다 향후 5년간 더 많은 변화가 있을 것입니다"라고 말했다. 이러한 인식하에 GM은 과감한 시도를 통해 지난 수십 년 동안 축적해온 비즈니스 모델, 기술 플랫폼, 공급 생태계, 고객 세분화 등을 발전시키고 있다.

GM의 주주들은 충분한 보상을 받고 있다. 2016년 초반 이후 GM의 주가는 거의 50퍼센트 가까이 상승했고, 현재 기업 가치는 1,400억 달러가 넘는다. 최근에는 소프트뱅크 비전 펀드SoftBank Vision Fund로부터 22억 5,000만 달러의 투자금을 유치하기도 했다.

이는 단지 한 회사에만 국한된 사례는 아니다. 여러 산업 분야에서 이와 비슷한 현상이 나타나고 있다. 규모가 크든 작든, 기존 기업과 그 직원들이 더 이상 디지털 파괴자들에게 위축되지 않고 자신들이 스스로 파괴자의 길로 나서고 있는 것이다. "이제까지 해온 방식을 가능한 오랫동안 유지하자"라든가 "너무 손해 보기 전에 은퇴만 할 수 있으면 좋겠네" 같은 사고방식이 이제는 "우리의 고유한 능력을 활용해 파괴자들을 파괴하자"로 바뀌고 있다.

골리앗의 복수를 위한
6가지 법칙

———

지금부터 소개할 법칙은 조직이 골리앗의 복수를 달성하기 위해 미래의 비전과 전략, 실행 방식을 결정하고 조정하는 데 사용되는 기본 원칙이다. 기존 기업과 디지털 파괴자의 소비자 인지도와 시장점유율은 결국 각 기업이 이 새로운 법칙에 얼마나 잘 대응하느냐에 달려 있다. 더불어 이 법칙은 여러분의 업계가 디지털 변혁을 겪을 때 여러분 각자의 개인적인 경력에도 커다란 영향을 미칠 것이다.

여러분과 여러분의 회사도 디지털 파괴자를 상대하기 위해 여러 방법을 시도해봤으리라. 내부적으로 디지털 혁신 프로젝트를 시행하거나, 유명한 최고디지털책임자CDO를 영입하거나, 고객들과 함께 디지털 혁신 프로젝트를 실천하거나, 유명 회사에 거금을 주고 IT 시스템 업그레이드를 의뢰했을 수도 있다. 어쩌면 이 모든 것을 전부 시도해봤을 것이다. 물론, 여러분만 그랬던 것은 아니다.

디지털 파괴는 새로운 개념이 아니다. 15년 전에 RFID Radio Frequency Identification(무선 주파수 인식)는 포장 소비재의 재고 관리와 유통 방식을 변화시켰다. 20년 전에 온라인 뱅킹은 소매금융업계에 지각변동을 일으켰고, 아마존은 25년 전부터 온라인 서적 판매로 보더스Boders와 챕터스Chapters, 반스앤노블Barns&Noble에 포화를 퍼부었다. 어쩌면 여러분은 지금까지 디지털 파괴에 대항할 충분한 시간이 있었음에도 아직도 원하는 결실을 얻지 못했다고 좌절감을 느끼고 있을지도 모르겠다.

여기 두 가지 반가운 소식이 있다. 첫째, 여러분은 혼자가 아니다. 규모가 크든 작든, 여러분과 같은 업계에 있는 거의 모든 회사가 우리가 이른바 '디지털 생각 속임수'라고 부르는 것을 시도하고 있다. 간단히 말해, 실질적이거나 본질적인 변화는 없이 그저 '디지털로 전환하겠다' 혹은 '온라인으로 간다'고 선언만 하는 것이다. 아직 다른 경쟁자들에 비해 혼자서만 크게 뒤처진 것은 아니다.

둘째, 여러분도 GM처럼 조직적인 노력으로 결실을 거둘 수 있다. 여러분 회사에서 시행했던 프로젝트들을 떠올려보라. 여러분 회사에도 뉴턴이나 EV1이 분명히 있었을 것이다. 그 자체로는 성공하지 못했지만, 장기적인 성공의 토대가 될 수 있는 것들 말이다.

그렇다면 디지털 파괴자에게 반격을 시도하고 업계의 판도를 바꾸려는 노력이 성공적인 결실을 맺으려면 어떻게 해야 할까? 우리는 이 책에서 바로 정답을 내놓을 작정이다. 개인적인 경력의 관점에서도, 회사의 관점에서도 디지털 변혁에 초점을 맞출 때 신속함은 정말로 중요한 요소다. 다음 6개의 법칙을 살펴보면서 현재 여러분과 여러분의

　　　　　　　　　　　　　01 살아남을 것인가 묻힐 것인가

회사가 실천 중인 노력 중 무엇이 그 법칙에 부합하는지, 앞으로 중단하거나 방향을 전환해야 하는 것은 무엇인지 생각해보라.

법칙 1: 고객에게 10배 만족감을 선사하라
"작년보다 조금 나은 것으로는 충분하지 않다."

—

실리콘밸리의 다윗들이 가르쳐준 가장 중요한 교훈은 벤처 투자가들이 이른바 '10X' 고객 성과customer outcomes라고 부르는 것, 즉 현재보다 '10배' 나은 상품이나 서비스를 제공하는 것을 목표로 삼아야 한다는 점이다. 이는 기존 기업들이 내놓는 '작년보다 조금 나은'이라는 목표와는 대조적이다.

디지털 파괴자는 시장 판도를 뒤집는 획기적인 고객 성과에 초점을 맞춘다. 테슬라는 기존의 가솔린 자동차와는 근본적으로 다른 자동차를 설계했고, 아이폰과 안드로이드 스마트폰은 모토롤라Motorola와 노키아 휴대전화보다 100배는 더 발전했다. 블록버스터의 고객은 비디오테이프를 빌리러 매장까지 가야 했으나(심지어 정해진 기한 내에 비디오를 반납하지 않으면 연체료도 내야 했다) 넷플릭스는 언제 어디서든 영화를 즐길 수 있는 서비스를 제공했다. 우리가 무슨 이야기를 하려는지 짐작이 가는가?

골리앗의 복수를 위한 첫 번째 법칙은 바로 고객에게 획기적인 제품이나 서비스를 제공하는 것이다. 고객 성과를 주안점으로 삼지 않거나 '조금 나은 수준'의 목표에 만족한다면 나머지 법칙은 아무 쓸모도 없기 때문이다.

4장에서 우리는 고객 성과에 초점을 맞춘, 여러분과 팀, 회사를 위한 혁신 포트폴리오 관리 도구를 소개할 것이다. 시스코Cisco와 GEGeneral Electric가 그랬듯, 이 도구는 여러분의 비즈니스에도 도움이 되리라고 믿는다.

법칙 2: 큰 혁신과 작은 혁신을 동시에 실행하라
"하향식 혁신과 상향식 혁신을 동시에 실천한다."

—

시스코의 CEO인 존 챔버스John Chambers는 '병행의 힘'에 대해 자주 언급한다. 이는 혁신의 우선순위를 결정할 때 때로는 선택의 여지가 없다는 것을 뜻한다. 가끔은 서로 모순적으로 보이는 두 가지를 동시에 실행해야 할 때도 있다. 골리앗의 복수를 달성하기 위해서는 여러 가지 재주를 한꺼번에 부릴 수 있어야 한다. 파괴적이고 거대한 '빅1' 혁신뿐만 아니라 소소하고 점진적인 '리틀1' 혁신을 함께 일궈낼 수 있어야 한다.

'빅1' 혁신은 GE 디지털GE Digital의 사물인터넷IoT 플랫폼인 프리딕스Predix나 BBVA의 대규모 디지털 뱅킹 투자처럼 CEO 수준에서 크고 과감한 도박을 시도할 것을 요구한다. 이처럼 회사의 사활이 걸린 대규모의 하향식 혁신을 시행하려면 성공 가능성이 있는 모든 기회에 접근할 수 있도록 전사적 규모의 '빅1' 이어달리기를 해야 한다. 그러나 이 같은 '빅1' 혁신은 재정적으로나 조직적으로나 여러 번 시도할 여유가 없으므로 적중률이 높을 필요가 있다.

한편 '리틀1'은 집단적 지혜를 활용해 고위 간부들은 미처 그 존재조차 인식하지 못했던 기회들을 포착한다는 점에서 '빅1'에 버금가는 중요한 혁신이다. '리틀1'은 직원들에게 혁신에 대한 권한을 부여하고 조직에 혁신 문화를 심는다. 제너럴 밀스General Mills의 레모네이드 가판대 프로그램이나 화이자Pfizer의 과감한 시도 이니셔티브Dare to Try Initiative, 어도비Adobe의 킥박스Kickbox는 전 직원이 참여하는 상향식 혁신이 회사 발전에 얼마나 기여할 수 있는지를 보여준다.

5장에서 여러분과 여러분의 회사가 어떻게 '빅1'과 '리틀1' 혁신의 균형을 맞추면서 나아갈 수 있는지 알아볼 것이다.

법칙 3: 데이터를 화폐처럼 사용하라
"이미 갖고 있는 데이터를 적극 활용한다."

—

소비주의가 한창이던 1980년대에 이런 말이 유행한 적이 있다. "죽을 때 장난감을 가장 많이 가진 사람이 승자다." 요즘에는 이 말을 "가장 많은 데이터를 관리하는 회사가 승자다"라고 바꿔야 할지도 모르겠다. 이제 많은 기존 기업들이 데이터의 진정한 가치를 깨닫고 이 귀한 보물의 잠재력을 일깨워 디지털 파괴자들에 대한 반격에 나서고 있다. 이들은 데이터의 선순환에 대해서도 알게 되었다. 오늘날에는 많은 데이터를 보유할수록 더 많은 알고리즘 우위를 획득할 수 있고, 그 결과 더 많은 데이터를 확보할 수 있다.

핵심은 그 데이터가 현재의 핵심 사업을 디지털 폭도들로부터 보호하는 한편, 인접 시장으로 나아가 성장할 수 있도록 돕는 알고리즘 우위를 제공해줄 훌륭한 원자재라는 것이다. 데이터는 골리앗의 복수를 위한 첫 번째 법칙인 획기적 고객 성과를 제공하는 데 사용할 수 있는 가장 값진 화폐나 마찬가지다. 아마 여러분은 회사가 보유하고 있는 방대한 데이터가 얼마나 되는지 정확히 파악하지 못하고 있을 뿐 아니라 그 데이터 자산 중 얼마나 많은 양을 제대로 활용하고 있는지도 알지 못할 것이다. 이 부분에 대해서는 기성 주자의 이점을 다룬 2장과, 데이터를 디지털 파괴자로부터 안전하게 보호하면서 그것을 유리하게 활용할 방법을 알려주는 6장에서 자세히 살펴보도록 하겠다.

법칙 4: 외부 혁신 인재를 적극 도입하라
"'여기서 개발한 게 아니야'의 저주를 극복한다."

—

GM의 사례에서 알 수 있듯이, 골리앗의 복수를 달성하기 위해서는 지금 할 수 있는 것보다 더 빠른 혁신이 필요하다. 두 번째 기어, 즉 지금의 투자와 노력을 혁신적 제안으로 변환시켜 고객에게 획기적 성과를 제공할 수 있는 도구가 필요한 것이다.

이 두 번째 기어를 작동시키려면 내부에서 개발한 기술을 보강 및 보완할 수 있는 광범위한 외부 혁신 네트워크를 만들어 활용해야 한다. 즉, '여기서 개발한 게 아니야'와 '우리는 모든 걸 알아'라는 사고방식에서 벗어나 외부 혁신가와 벤처를 끌어안아야 한다는 것이다. 그러기 위해서는 회사 밖 혹은 업계 외부에 있는 새로운 혁신 주체를 신속하게 포착하고 검증하고 흡수할 수 있는 올바른 환경과 도구, 조직, 자금 조달 체계가 필요하다.

기존 기업들은 특히 이런 초기 벤처 조직이 '나비의 날개'를 망가뜨리지 않고도 효과를 발휘할 수 있도록 벤처식 사고와 고객 니즈 및 운영 체제에 관한 특화된 도메인 지식domain knowledge을 접목할 필요가 있다. 7장에서 이 두 번째 혁신 기어를 이용해 실제로 어떤 기업들이 어떻게 다음 단계로 발전했는지 설명할 것이다.

법칙 5: 적절한 기술보다 적절한 인재가 우선이다
"선제적 기술을 개발하면 필요한 인재가 따라온다."

—

일반적으로 회사에서 오늘날 디지털 비즈니스의 새로운 요구에 부응할 수 있는 인력은 전체의 약 2퍼센트에 불과하다. 법칙 5에 도달할 즈음이라면 사용자경험 설계User Experience Design와 데이터과학, 머신러닝machine learning(자신의 동작을 스스로 개선할 수 있는 슈퍼컴퓨터의 능력, 기계학습), 로봇공학, 인공지능 등의 신기술에 대한 수요가 여러분이 준비된 것보다 더 빠르게 증가할 것 같다는 예감에 당혹감을 느끼게 될 것이다. 그러나 디지털 변혁에 필요한 핵심 기술은 은행 계좌를 가진 보통의 회사라면 아무 문제 없이 사용할 수 있다.

그보다는 특정 영역에 대한 전문지식과 새로운 디지털 기술 역량을 통합하는 속도야말로 미래의 성공 여부를 가를 것이다. 이 사실을 아는 골리앗들은 선제적 기술 개발과 자원 재활용에 막대한 투자를 쏟아 붓고 있다. 이들은 신기술 관련 역량을 회사의 미래 산업 능력과 수익 성장, 이윤 확장을 위한 주요 지표로 간주하기 때문이다.

또 이들은 구체적인 양적 평가가 중요하다는 사실을 깨닫고, 디지털 혁신에 대한 직원들의 관심을 불러일으키기 위해 그들의 노력과 성과에 대한 보상 기준을 새로이 다듬고 있다. 단기재무제표에 지나치게 집중하는 것은 디지털 인재 기반을 구축하는 데 필요한 중장기 투자를 저해하는 가장 확실한 방법이다. 어떤 회사들은 우리가 '2중 속도 조직 설계'라고 부르는 중간 단계가 필요한데, 이에 대해서는 8장에서 자세히 다룰 것이다.

법칙 6: 한 차원 더 높은 목표를 설정하라
"진정으로 중요한 것에 초점을 맞춘다."

—

디지털 변혁이 현재의 비즈니스를 잠식할지도 모른다는 두려움은 디지털 시대를 사는 기업들의 가장 큰 근심거리이다. 코닥Kodak은 디지털카메라를 개발하고도 필름 산업을 지키기 위해 제품의 상업화를 포기했다. 블록버스터는—고객들이 진저리치는—연체료라는 추가 마진을 잃지 않으려다가 넷플릭스에 패했다. 이와 비슷한 사례는 무수히 많다.

디지털 파괴자에게 반격해 판도를 뒤집고자 하는 기존 기업들은 영리한 카니발라이제이션Smart cannibalization, 다시 말해 현명한 자기잠식을 받아들인다. 과거의 물결과 새로운 변화 양쪽 모두에 올라탈 수 있는 새로운 경쟁 사업을 만들어내고, 현상 유지를 위해 미래를 잠식당하는 사태를 피하기 위해 인적 자본 및 금융 자본을 별도의 분리된 영역에서 조달한다. 이를 위해서는 현재 비즈니스의 정의를 재정립하고 회사의 사명을 다시 규정할 필요가 있다. 야심 찬 골리앗들은 직원과 고객, 주주들이 공감할 수 있는 더욱 광범위하고 강력한 사명을 목표로 삼고 지속 가능 경영을 위한 3대 축, 즉 이익, 사회, 환경에 새롭게 초점을 맞춘다.

비즈니스의 사명을 근본적으로 새로 정립하지 않는다면 '이 또한 지나가리라'는 느긋한 마음가짐으로 디지털 변혁이 끝나기를 그저 가만히 앉아 기다릴 수밖에 없다. 골리앗의 복수에 필요한, '위험을 감수하지 않으면 얻는 것도 없다'는 마인드에 관해서는 9장에서 자세히 다룰 것이다.

우리에겐 반격할 시간이
얼마나 남았을까

———

자, 이제 각오를 다질 시간이다. 이 6가지 법칙은 각각 개별적으로 작용하지도 않고, 쉽고 빠른 해결책을 제공해주지도 않는다. 골리앗의 복수는 최소한 3년에서 5년 정도 걸리는 길고 꾸준한 여정이다. 심지어 오늘날 가장 공격적이고 적극적인 골리앗들도 이 법칙들 중 일부만을 실천하고 있을 뿐이다. 이 법칙에 대한 여러분이나 여러분 회사의 솔직한 평가가 너무 냉정하거나 비판적이라고 생각하지 말라. 지금은 개인의 커리어나 회사, 업계에 일어나고 있는 거대한 지각변동에 대해 사탕발림으로 두루뭉술하게 넘어갈 때가 아니다.

진실은 가혹하다. 디지털 파괴자들은 날마다 각성하고 일어나 업계의 서열을 바꾸고, 여러분의 가장 중요한 고객과 직원, 주주들의 마음을 빼앗아가려고 한다. 이들이 너무 강력해져 감히 대적할 수 없는 수준에 도달하기 전에 답을 찾아야 한다. 이 여섯 가지 법칙을 실행할 시간이 얼마나 많이 남았느냐는 질문에 답할 수 있는 것은 오직 여러분 뿐이다. 경주는 이미 시작되었다.

디지털 파괴자들에게 반격할 수 있는 시간이 얼마나 남았는지 알아보는 첫 번째 단계는 출발 지점을 정확히 파악하는 것이다. 디지털 변화가 업계 전반을 흔들고 있는 지금, 여러분과 여러분의 회사는 장기적 성공과 수익성 있는 성장을 위해 얼마나 잘 준비되어 있는가? 한 가지만은 분명하다. 현상 유지를 위해 노력하는 것은 결코 성공으로 가는 길이 아니다.

지금까지 6가지 법칙에 대한 기본적인 소개를 했다면, 이제 여러분에게 시간이 얼마나 남았으며 얼마나 시급한 상태에 있는지 알아볼 시간이다. 먼저 빈 종이 두 장을 꺼내 각 종이의 왼쪽에 6가지 법칙을 적어보라. 첫 번째 종이에는 각 법칙에 대해 여러분이 동료들보다 직업적으로 얼마나 잘 준비되어 있는지를 생각해 A, B, C, D로 평가하고, 두 번째 종이에는 여러분의 회사가 업계에서 새로 부상하는 경쟁업체들과 비교해 어떤 상태에 있는지 평가한다.

객관적인 시선으로 엄격하게 평가하라. 대학 시절 훌륭한 교수들이 활용했던 상대평가법을 떠올려보라. 해당 규칙에서 여러분이나 회사가 동료 집단이나 경쟁업체에 비해 평범한 수준이라면 C를, 평균 이하라고 생각한다면 D를 매기라. F는 없다. 쉽게 비유하자면 이건 중간고사 성적이므로 낙제를 선언하기엔 아직 성급하기 때문이다. 여러분이 이미 최고라고 생각한다면 주저 없이 A를 매겨도 된다. 평균보다는 낫지만, 아직 업계 표준이 될 정도는 아니라고 생각된다면 B가 적당하다.

앞으로 이 책을 읽어나가며 각각의 법칙에 대해 상세한 논의를 진행하면 더욱 과학적이고 객관적인 기준으로 점수를 매길 수 있을 것이다. 그런 다음 기말고사에서 최종 점수를 확정하게 된다. 그러니 일단 지금은 주관적인 자기평가 시간을 가져보자. 앞으로 연습 활동을 할

법칙 1: 고객에게 10배 만족감을 선사하라	**A**	+ 새로운 사용자경험 설계에 활용될 미술 학위 + 밀레니얼 자동차 구매자들의 선호 동기에 접근 용이
법칙 2: 큰 혁신과 작은 혁신을 동시에 실행하라	**A**	+ 신속한 기술 개발을 위한 새로운 디지털 순환배치 프로그램 + 공유 차량 서비스 출시에 도움, 내부 생산성 개선 활동
법칙 3: 데이터를 화폐처럼 사용하라	**D**	− 미흡한 수학적 배경 때문에 승진 지연 가능성 + 유다시티Udacity와 칸 아카데미Khan Academy에서 온라인 통계학 수강
법칙 4: 외부 혁신 인재를 적극 도입하라	**B**	+ 덴버 시가 첨단기술산업 도시로 부상 + 자동주행 외에 다른 분야에서 공적 인맥 구축
법칙 5: 적절한 기술보다 적절한 인재가 우선이다	**B**	+ 개인적으로 칸 아카데미에서 온라인 통계학 수강 − 여행 일정 때문에 유데미Udemy 베이직 코딩 수강 연기
법칙 6: 한 차원 더 높은 목표를 설정하라	**C**	− 현재 직무에 통달하기 위해 '묵묵히' 열심히 일함 − 직업적 목표와 개인적 목표의 균형을 달성하기 위해 아직 노력 중

[그림 1-2] 6가지 법칙 중간 평가표(개인)

01 살아남을 것인가 묻힐 것인가

때 참고 기준으로 삼을 수 있을 것이다.

자기평가표를 완성하는 데 도움이 될 예시 2가지를 소개한다. 앞의 [그림 1-2]는 GM에서 일하는 그레이스라는 가상의 직원이 완성한 평가지다.

그림에서 볼 수 있듯 그레이스는 자신의 학력과 배경을 완전히 새로운 방식으로 활용할 방법을 찾아냈다. 기업들이 획기적 고객 성과를 제공하는 데 사용자경험 설계가 얼마나 중요한지 깨닫게 되면서 대학에서 미술을 공부한 그레이스는 상대적으로 유리한 위치를 확보했다. 그러나 한편으로는 그녀의 창의성을 실무에 접목시키는 데 필요한 통계학과 코딩 온라인 강좌에 시간을 투자해 부족한 전문기술 영역을 메워야 한다. 그레이스는 평생 고용이란 에스컬레이터를 타고 위아래로 움직이는 것과 비슷하다는 사실을 깨달았다. 일자리를 유지하려면 선행적이고 지속적인 자기계발이 필요하다.

[그림 1-3]은 가상의 직원 그레이스가 6가지 법칙에 대해 자신의 회사 GM을 평가한 표다. 물론 다른 직원들은 그레이스와 다른 평가를 내릴 수도 있다. 이는 여러분의 회사에 대해서도 마찬가지이며, 이것이야말로 이 활동의 진짜 핵심이다. 회사에 대한 중간 평가는 회사가 골리앗의 복수를 실행할 준비가 얼마나 되어 있는지 그리고 앞으로 어떤 점을 개선해야 하는지에 대한 솔직하고 열린 논의를 촉진하기 위한 것이다.

이 장에서는 GM을 계속해서 사례로 제시할 것이다. 이 회사가 자동차 산업계의 디지털 파괴자들을 파괴할 수 있는 강력한 위치에 있다고 믿기 때문이다. [그림 1-3]에서 볼 수 있듯 그렇다고 해서 GM이 골리 앗의 복수를 위한 6개 법칙 전부에서 평균 이상을 기록하는 것은 아니 다. 오히려 그레이스의 중간 평가는 GM이 법칙 2, 법칙 4, 법칙 6에서 는 상당히 앞선 반면 법칙 1, 법칙 3, 법칙 5에서는 개선할 필요가 있음

법칙 1: 고객에게 10배 만족감을 선사하라	C	+ 대중용 전기차에 대한 확고한 태도 − 전반적 고객 경험에 대한 돌파구 미흡
법칙 2: 큰 혁신과 작은 혁신을 동시에 실행하라	A	+ 전동화와 관련된 오랜 경험으로 과감한 도전 가능 + 상품과 비즈니스 모델에 대한 혁신 병행
법칙 3: 데이터를 화폐처럼 사용하라	C	− 데이터 권리, 집산, 분석에 대한 분산된 접근 방식 − 회사 차량의 완전한 원격측정에 대한 기계 학습 프로그램 부재
법칙 4: 외부 혁신 인재를 적극 도입하라	A	+ 다양한 혁신 방향: R&D, 제휴, 투자, 인수합병 등 + 사업체 설립에 대한 민첩한 접근
법칙 5: 적절한 기술보다 적절한 인재가 우선이다	B	+ M&A를 이용한 자동주행 기술 인재 확보 − 소프트웨어와 분석 정보보다 하드웨어에 초점
법칙 6: 한 차원 더 높은 목표를 설정하라	A	+ 업계 발전 빛 새로운 사명에 대한 명확하고 대담한 설명 + 미래의 고객 성과가 사명의 핵심

[그림 1-3] 6가지 법칙 중간 평가표(회사, GM의 사례)

을 지적하고 있다.

개인이든 회사든 디지털 파괴라는 현 상황에서 6개 법칙 모두에서 A를 받는다는 것은 상상하기 어렵다. 잠시 시간을 내어 여러분과 여러분의 회사가 현재 각 법칙에서 어떤 수준에 있는지 생각해보고, 대략적인 평균 점수를 계산해보라.

평균 점수가 B+ 이상이라면 축하한다. 동료나 경쟁자들보다 어느 정도 앞서 있다는 뜻이며, 이 책의 교훈을 적용하여 인접 시장에서 수익성 있는 성장을 이루는 장기 비전을 세울 수 있음을 의미하기 때문이다. 여러분과 여러분의 회사는 파괴당하는 것이 아니라 파괴자가 될 준비가 되어 있다.

평균 점수가 B나 B-라면 현재 비즈니스의 단기적 보호와 디지털 공격이라는 중기적 목표를 고려해 회사의 자원을 균형 있게 분배해야 할 시점이 되었음을 의미한다. 나아가 여러분도 개인적 발전과 조직 활동의 관점에서 양쪽 모두에 전략적으로 초점을 맞춰야 할 필요가 있다.

평균 점수가 C+ 이하라면 경종을 울려야 할 때다. 즉시 빈틈없는 실행 계획을 세우고, 잃어버린 시간을 만회하기 위해 서둘러 움직여야 한다. 여러분의 핵심 비즈니스는 이미 위험에 처해 있고, 업계의 동료들은 골리앗의 복수를 위한 계획의 최소한 일부 중요한 측면에서 여러분을 벌써 앞질러 있을 것이다.

실행에 앞서 던져야 할
3가지 질문

———

골리앗의 복수를 위해서는 먼저 다음과 같은 3개의 중요한 질문에 답해야 한다.

1. 내가 일하는 업계와 회사, 그리고 내 경력에 디지털 파괴가 어떤 영향을 미칠 것인가?
2. 회사와 내가 장기적인 성공을 거두려면 어떤 단계를 거쳐야 하는가?
3. 최소의 위험으로 최대의 성과를 거두려면 무엇을 우선 과제로 삼아야 하는가?

2장은 여러분의 회사가 골리앗의 복수를 위한 여정을 시작하는 데 사용할 도구, 즉 회사의 강점을 파악하게 해줄 것이다. 3장은 승자가 대부분을 독식하는 디지털 파괴 세상에서 변혁의 속도를 조절할 수 있게 도울 것이며, 각 장에서 디지털 파괴자들에게 반격하고 있는 여러 산업 분야의 실제 회사들의 사례를 만나볼 수 있다.

개인적 경력과 회사의 미래 전략에 대해 고민한다면 디지털 파괴가 어떻게 진행되고 있는지 자세히 이해할 필요가 있다. 특히 우리는 디지털 파괴와 다른 형태의 경쟁을 구분하고, 왜 이 새로운 공격자들에게 반격하는 것이 최우선 과제가 되어야 하는지를 설명할 것이다. 만약 성격이 급한 편이고 이미 자신이 속한 조직의 강점과 디지털 관련 산업의 변화에 대해 속속들이 알고 있다면 곧장 4장으로 넘어가도 좋다.

골리앗의 복수를 달성하기 위해서는 앞에서 설명한 6가지 법칙에 부합하는 행동을 취해야 한다. 우리는 이미 각 법칙과 관련한 역량에 대한 자기평가를 통해 첫 번째 단계를 완료했다. 이 연습 활동은 대학에서 어떤 전공을 선택하고 자신에게 어떤 직업이 알맞을지 판단하도록 돕는 적성검사와 비슷하다고 할 수 있다. 다음 단계는 회사가 어떤 법칙을 효과적으로 실행하고 있고 혹은 무시하고 있는지, 그리고 골리앗의 복수를 달성하기 위해 조직을 포지셔닝하려면 무엇을 해야 할지에 대해 동료들과 허심탄회하게 토론하는 것이다.

4장부터 9장까지는 이와 관련해 냉정하고 객관적인 논의에 필요한 틀과 체계를 제공한다. 여러분은 6가지 법칙을 적용하는 법을 배움으로써 디지털 파괴의 시대에 회사를 성장시키고 개인의 커리어를 빠르게 발전시킬 수 있을 것이다.

우리는 앞에서 시행한 중간 평가가 책 뒤쪽으로 가면 더욱 정확하고 구체적으로 발전할 것이라고 말한 바 있다. 4장부터 9장까지 각 장의 끝부분에 더욱 상세한 평가표를 제시할 것이다. 하나는 여러분의 개인 경력을 위한 것이고, 다른 하나는 회사의 전략용이다. 해당 평가표는 A, B, C, D로 매긴 점수가 실제 각 법칙의 맥락에서 무엇을 의미하는지 객관적인 지표를 제공한다.

여러분은 이 평가표를 두 가지 방법으로 활용할 수 있다. 첫째, 여러분 개인이나 회사의 현 상태를 파악하고, 둘째, 최종 점수를 향상시키기 위해 어떤 조치를 할 것인지 실행의 우선순위를 결정하는 것이다. 이 두 가지는 개인적 측면과 조직적 측면 모두에서 중요하다.

6가지 법칙에 대한 논의에는 각각 구체적인 사례 연구가 포함되어 있다. 이 책에서 예시로 제시된 회사들은 골리앗의 복수라는 경주에서 해당 업계의 선두주자로 부상하는 중이다. 이들은 디지털 파괴라는 게임에서 최후의 승자가 되는 데 유리한 위치를 점하고 있으며, 회사의 중요도와 매출, 이익을 증가시키기 위해 이 급격한 변화의 시기를 유익하게 활용하고 있다. 다양한 산업 분야 및 지역을 망라한 실제 사례들은 여러분이 미래를 계획하는 데 실용적인 본보기가 될 것이다.

우리는 이 책을 미래에 대한 비전과 전략, 그리고 실천을 일치시키는 데 필요한 구조적 접근법에 대한 설명으로 마무리할 것이다. 10장에서는 골리앗의 복수를 추구하는 회사들이 따를 수 있는 체계적인 실행 계획인 '파괴자 실천서'를 제공한다.

모든 것을 하루아침에 바꿀 수는 없다. 오히려 그랬다가는 지금껏 힘들게 쌓아 올린 사업이 무너질 수도 있다. 중요한 것은 현실적이고 실용적인 계획을 단계적으로 실천해나가는 것이다. 다기능 혁신 계획이 없는 막연한 선언이나 일방적인 하향식 혁신으로는 얼마 남지 않은 시간마저 낭비하고 승자에게 업계 전반을 내주게 될 것이다. 우리가 제시하는 구체적인 사례들을 통해 '파괴자 실천서'를 활용한 회사들의 성공과 실수를 보고 배우기 바란다.

11장에서는 개인이 장기적으로 성공적인 경력을 쌓기 위해 투자해야 할 새로운 기술과 역량 및 경험을 강조한 직업적 실행 계획에 대해 알아볼 것이다. 이사회의 일원이나 고위 임원, 중간관리자나 실무팀장, 독립 계약자 등 어떤 위치에 있든 간에 여러분은 앞으로 중요한 역할을 수행해야 하며, 이는 지금까지 성공적으로 수행해왔던 것과는 다른 역할일 가능성이 크다. 어쩌면 여러분의 경력을 더욱 높고 깊은 곳까지 발전시키기 위해 현재의 자신을 파괴해야 할 수도 있다. 소매업, 금융업 등 이미 디지털 파괴에 휩쓸린 산업 분야를 보면, 재교육 계획이 하향식으로 내려오기만을 가만히 기다렸다가는 직업적 만족도와 안정적인 경력 모두가 위험에 빠질 가능성이 있다.

이 책의 마지막 부분에서 우리가 강조하는 것이 한 가지 있다. 바로 우리가 '현명한 자기잠식'이라고 부르는 것을 포용해야 한다는 점이다. 때로는 몸에 좋은 약이 입에는 쓰다는 사실을 명심하라. '현명한 자기잠식'도 마찬가지다. 중요한 비즈니스 결정을 내려야 할 때 위험과 보상은 떼려야 뗄 수 없는 불가분의 관계다. 골리앗의 복수를 실천하고 디지털 파괴자를 파괴하고자 할 때도 마찬가지다. 우리는 여러분을 '현명한 자기잠식' 모델로 무장시킬 것이며, 여러분은 가장 낮은 위험으로 최대의 효과를 얻을 수 있는 '효율적 투자선efficient frontier'에 도달할 수 있게 될 것이다. 이 모델은 너무 더딘 변혁 그리고 과격한 변화로 인한 핵심 사업의 단기적 수익 악화라는 두 가지 위험 사이에서 절충안을 마련하게 해준다.

그러므로 소셜미디어를 잠시 중단하고, 도움이 될 교훈을 배우고, 여러분만의 독특한 상황에 맞춰 새로운 법칙을 적용하게 도와줄 연습 활동에 시간을 투자하고, 개인의 경력 및 회사의 장기적인 성공을 위한 길을 계획하라. 이 모든 일이 벅차고 부담스럽게 느껴진다면, 좋은 소식이 하나 있다. 여러분은 스스로 짐작하는 것보다 골리앗의 복수를 실행하는 데 유리한 위치에 있다. 이제 '기성 주자의 이점'에 대해 알아볼 시간이다.

02

GOLIATH'S REVENGE

무엇으로
싸울 것인가

:

기존 기업만이 가진
7개의 보석

———

"네가 잘하는 걸 해."

"그런 거 없는데요." 해리는 저도 모르게 대꾸했다.

"뭐라고?" 무디가 으르렁거리며 말했다.

"내가 있다고 하면 있는 거야. 잘 생각해봐라. 네가 제일 잘하는 게 뭐지?"

— J. K. 롤링, 《해리 포터와 불의 잔》

———

컨설턴트로서 실리콘밸리의 다양한 회의에 참석하다 보면 아주 뻔뻔하고, 가끔은 모욕적이기까지 한 스타트업의 인식에 놀라게 된다. "큰 회사들은 도대체 이해를 못 한다니까요"라든가 "빠른 곳이 느린 곳을 씹어 먹게 돼 있죠" 또는 "여기서 일하던 사람 하나가 큰 회사로 옮기면 두 회사의 평균 IQ가 상승하죠"까지. 어떤 사람들은 복도에서 스타트업의 CEO를 붙들고 "대기업이나 기존 기업과 함께 일을 하면 회사가 멍청해지거나 느려지거나 혹은 그 둘 다가 될 수 있으니 신중해야 한다"고 충고하기까지 한다.

과연 그럴까? 기존 기업은 굼뜨고 꽉 막힌 조직이고, 디지털 시대에는 상대적으로 작고 민첩하고 영리한 벤처 기업이 유리할 것이라는 일반적인 인식이 맞을까? 스타트업들의 이런 '오만함'은 물론 한창 젊을 때의 혈기나 허세로 이해할 수도 있을 것이다. 그러나 한층 더 깊은 이면을 들여다보면, 벤처투자 스타트업이 얼마나 허술하고 위태로운 것인지 감지할 수 있다. 스타트업이 다음 투자를 받을 때까지 생존할 수 있을지 여부는 이른바 '눈길 사로잡기'나 그보다 더 애매한 '시장 선도력' 같은 기준에 대한 투자자들의 주관적인 평가에 달려 있다. 스타트업 초기의 CEO는 3분의 1에서 절반 이상의 시간을 사업 운영보다 투자자금을 유치하기 위한 노력에 투여하는 것이 현실이다.

결론부터 이야기하자면, 기성 기업은 디지털 파괴라는 엄중한 현실에서 승리할 수 있는 충분한 이점을 가지고 있다. 이 장에서는 기성 기업이 골리앗의 복수를 위해 자신의 이점을 확대하고 활용하는 법을 알려줄 것이다.

디지털 파괴자를
파괴하기 위한 첫 번째

———

앨러스터 무디가 해리 포터에게 말한 것처럼, 여러분이 가장 잘하는 게 뭔지 잠시 고민해보자. 더 구체적으로 말하자면, 여러분의 크라운 주얼crown jewel(기업의 인수합병 시 매수 대상 회사의 사업 부문이나 자회사 가운데 자산 가치나 수익 가치, 사업 전망 따위가 가장 매력적인 것)은 무엇인가? 여기서 크라운 주얼은 회사가 골리앗의 복수를 달성하는 시발점이 될 가장 중요한 역량이나 핵심 자산을 뜻한다. 이것이 여러분이 가진 기성 주자의 이점의 근원이며, 여러분과 회사가 디지털 파괴자를 파괴하는 첫 번째 단계로서 방어 모드에서 공격 모드로 변화하는 기본 발판이기도 하다. 자, 다시 한 번 묻겠다. 여러분의 크라운 주얼은 무엇인가? 쉽게 대답할 수 없는 경우가 대부분일 것이다. 다음 세 가지 시험을 통과한 자산이나 역량만이 크라운 주얼이 될 자격을 얻을 수 있다.

1. **고객 가치에 필수적인가:** 10명의 고객에게 여러분의 제품이나 서비스에 돈을 쓰는 중요한 이유가 해당 자산이나 역량이냐고 묻는다면, 8명이상이 그렇다고 답할까?

2. **오직 여러분만이 통제할 수 있는가:** 해당 자산이나 역량을 업계의 다른디지털 파괴자들도 보유하고 있는가? 그 자산이 여러분의 회사와 다른경쟁자들을 차별화해주는가?

3. **남들이 모방하기 어려운가:** 디지털 파괴자들이 해당 자산이나 역량을 모방하는 데 최소 1년 이상의 시간이 소요되며, 따라서 충분한 여유를 갖고 경쟁자들과 격차를 벌릴 수 있는가?

자신이 어떤 고유한 크라운 주얼을 갖고 있는지 분석하기 위해서는 냉정하고 솔직한 자기평가가 필수이다. 디지털 경쟁이 업계 전반을 뒤흔들고 있는 지금, "우리가 잘하는 것은 무엇인가?"를 넘어 "이것이 고객들에게 왜 중요한가?"를 파악할 필요가 있다. 어떤 종류의 자산이나 역량도 크라운 주얼이 될 수 있지만, 우리가 시작점을 제시한다면 도움이 될 것이다.

디지털 파괴자에게 효과적으로 대항하고 있는 기존 기업들은 여러분야에 걸친 크라운 주얼을 보유하는 경향이 있다. 다음 7가지 분야에서 앨러스터 무디의 충고에 따라 스스로의 능력을 파악해보자. 바로자체 자금 조달이 가능한 재정 구조, 탄력적인 브랜드 가치, 기존 고객관계, 설치 기반, 데이터 세트data sets, 상호저촉특허blocking patents(소유자는 다르지만 권리 범위에서 서로 중복되거나 결합되는 특허), 그리고 업계 표준에 미치는 영향력 등이 그것이다.

　이상의 7가지 분야에 대해 이야기하기 전에 먼저 기존 기업들이 자주 언급하긴 하지만 그 자체로는 본질적 가치가 없는 한 가지 자산에 대해 짚고 넘어가보자. 바로 특정 분야에 대한 전문지식, 즉 도메인 지식이다. 도메인 지식의 문제는 앞에서 말한 두 번째 시험을 통과하기가 어렵다는 점이다. 특정 도메인 지식을 원하는 스타트업은 그 분야의 전문가를 고용하면 된다. 그들은 기꺼이 해당 산업의 가치 사슬과 핵심 프로세스, 이익 창출 요인 등에 대해 알려줄 것이다. 은퇴한 전문가를 컨설턴트로 고용하면 그보다 더 저렴하게 원하는 바를 획득할 수 있다.

크라운 주얼(1)
자체 자금 조달 가능한 구조

─────

기존 기업은 거의 항상 디지털 파괴 기술과 최소한 일부라도 혁신 투자에 필요한 자금을 자체 조달할 수 있는 기존의 핵심 비즈니스 사이의 전투에 뛰어들어야 한다. 운이 좋은 회사들은 성장이 다소 둔화되긴 했지만 여전히 막대한 현금 흐름을 조달해주는 핵심 비즈니스를 여럿 보유하고 있다. 자체적으로 자금 조달이 가능하다는 점은 디지털 파괴에 대응하는 아주 강력한 크라운 주얼이 될 수 있다.

몇 가지 사례를 살펴보자. 마이크로소프트Microsoft가 보유하고 있는 오피스 및 윈도 프로그램은 엄청난 속도로 성장 중인 IaaS infrastructure as a service(CPU, 메모리, 저장장치 및 네트워크 등 IT인프라를 서비스 형태로 제공하는 클라우드) 부문에서 경쟁하는 데 필요한 수십억 달러의 현금흐름을 조달하고 있다. 실제로 마이크로소프트는 초기에 상당한 위험을 무릅쓴 덕에 아마존 웹 서비스Amazon Web Service, AWS와 함께 명실상부한 시장 선도

자로서의 입지를 굳힐 수 있었다. 지난 몇 년간 마이크로소프트의 아주어Azure는 AWS보다도 빠른 성장세를 기록하는 등 괄목할 만한 성과를 이뤄냈다. 마이크로소프트의 자체 자금 조달 혁신 역량은 특히 IaaS 분야에서 경쟁하는 데 필요한 거액의 자금을 조달하기 위해 투자자들의 너그러움에 의존해야 하는 랙스페이스Rackspace나 에퀴닉스Equinix 와 같은 디지털 공격자들의 공격을 방어하는 데 효과적이었다.

자체 자금 조달이 가능한 재정 구조는 다른 많은 산업 분야에서도 그 위력을 자랑하고 있다. 금융 서비스를 제공하는 슈왑Schwab의 대규모 뮤추얼 펀드 사업은 로보어드바이저robo-advisor 개발에 필요한 운용 자금을 마련해주고 있으며, 덕분에 베터먼트와 웰스프런트 같은 디지털 파괴자들과 효과적으로 경쟁 중이다. 경쟁사들보다 수년이나 늦게 출발했음에도 고객들에게 슈왑의 자동화 자산관리 시스템은 디지털 파괴자들의 그것과 대등한 수준이라고 인식되고 있다.

일본의 히타치Hitachi는 다양한 경제 부문에 걸쳐 폭넓은 글로벌 비즈니스의 이점을 누리고 있는 기업이다. 엘리베이터와 에스컬레이터, 수자원 처리, 기차, 발전 시설, 배전망 관리 솔루션, 건설용 중장비에 이르기까지 히타치의 시장지배력은 7,000억 엔(63억 달러) 이상의 영업 이익과 2,500억 엔(23억 달러) 이상의 잉여현금흐름을 창출하고 있다. 이 같은 재정 능력 덕분에 히타치는 수평적 사물인터넷IoT(사물과 사물이 인터넷으로 연결되어 서로 정보를 주고받는 환경) 애플리케이션 개발을 가속화하여 히타치의 다양한 산업 분야를 공격하는 수십 개의 수직형 사물인터넷 소프트웨어 회사들에게 대항해 반격을 가할 수 있었다.

02 무엇으로 싸울 것인가

이 밖에도 수많은 사례들이 있다. 외부 투자금에 의존해야 하는 스타트업과는 달리 디지털 환경에서 회사의 성공을 위해 장기적인 투자를 감행할 수 있는 능력은 거의 모든 기존 기업들이 활용할 수 있는 자산임에도 불구하고 저평가되는 실정이다.

크라운 주얼(2)
탄력적인 브랜드 가치

———

자체 자금 조달이 가능한 혁신 다음으로 기존 기업이 가진 강점은 탄력적인 브랜드 가치이다. 브랜드 가치는 업계의 디지털 파괴자에 대항하고, 결과적으로 그들을 능가하고자 하는 기존 기업에게 놀라울 정도로 효과적이고 신기할 정도로 유연한 도구다. 가장 중요한 것은 브랜드 가치가 단순한 인지도 이상의 의미를 지닌다는 점이다.

기업 브랜드의 본질적 가치는 지금까지 고객과 약속을 지키며 쌓아온 역사에 있다. 컨설팅 회사인 브랜드 파이넌스Brand Finance의 분석에 따르면, 월마트Walmart의 브랜드 가치는 610억 달러, AT&T의 브랜드 가치는 820억 달러에 달한다. 석유와 천연가스 회사인 페멕스Pemex(남미에서 약 80억 달러), 통신회사인 에티살랏Etisalat(중동에서 80억 달러), 소비자 가전 회사인 삼성(아시아에서 920억 달러) 등도 브랜드 가치가 높은 기업이다.

스타트업은 높은 클릭 수와 팔로워, 최신 보도자료에 대한 '좋아요' 덕분에 미디어의 야단스러운 호응을 얻을 수 있을지는 몰라도 기존 기업들이 지닌 꾸준하고 지속적인 브랜드 가치를 보유한 곳은 매우 드물다. 스타트업 브랜드는 상대적으로 짧은 역사와 고객 약속에 대한 들쑥날쑥한 이행으로 자주 어려움을 겪는다. 심지어 일부는 과대 선전과 기대 이하의 제품 때문에 시간이 지날수록 부정적인 브랜드 가치를 쌓기도 한다.

그렇다면 우리가 잠재적인 크라운 주얼이라고 제시한 '탄력적인 브랜드 가치'와 '브랜드 가치'의 차이점은 무엇일까? 그 답은 여러분의 브랜드 가치가 얼마나 탄력적인지에 달려 있다. 생각해보라. 만일 여러분의 회사가 인접 시장에서 새로 경쟁하거나 새로운 디지털 제품을 제시한다면, 지금까지 고객과의 약속에 충실했던 과거가 고객의 신뢰로 돌아올 수 있을까?

이 질문에 답할 수 있는 것은 오직 여러분뿐이다. 만일 그 대답이 '그렇다'라면 여러분은 기존의 브랜드 가치를 '탄력적인 브랜드 가치'라는 새로운 기성 주자의 이점으로 변환시킬 수 있다. 브랜드 가치는 목적을 위한 수단이 될 것이다. 탄력적인 브랜드 가치는 새로운 고객 약속, 즉 혁신의 밑거름이 된다. 여러분은 시장과 소비자들이 말만 거창하고 실현은 그에 미치지 못하는 스타트업에 의존하지 않고 새롭고 혁신적인 솔루션을 택하도록 도울 수 있을 것이다.

GE는 자사의 글로벌 브랜드 가치를 디지털과 관련해 탄력적인 브랜드 가치로 전환하는 데 괄목할 만한 성과를 달성했다. 특히 항공기

엔진과 MRI 기기, 발전소, 그리고 지구상에서 가장 열악한 환경에서 사용되는 석유 및 가스 굴착기 등을 관리하는 GE의 서비스 사업 분야는 수십 년 동안 고객과의 약속을 안정적으로 실천해왔다. GE가 기존의 원격 모니터링 및 진단 서비스를 넘어 더욱 광범위한 성장을 추구하게 되자 GE 디지털 브랜딩은 고객 기반 내의 디지털 발자국을 자산성과 관리 및 현장 서비스 자동화 같은 새로운 영역으로 확장할 수 있는 기회를 제공했다.

GE의 브랜드 가치를 탄력적인 브랜드 가치로 변환시킨 것은 결코 공짜가 아니었다는 사실에 주목하라. 2012년부터 GE는 마인드+머신Mind+Machines 고객 컨퍼런스를 개최하고 전통적인 미디어 및 디지털 미디어 전반에 상당한 투자를 함으로써 디지털 영역에 대한 약속을 지켰다는 명성을 쌓아 올렸다.

크라운 주얼(3)
기존 고객 관계

———

세 번째 크라운 주얼은 바로 기존 고객 관계다. 기존 고객 관계는 앞서 언급한 탄력적인 브랜드 가치를 능가하는 시장 형성력을 지닌다. 어떤 산업 분야에서든 신규 고객을 확보하는 데 드는 비용은 기존 고객들에게 새로운 제품이나 서비스를 판매하는 비용의 3~5배에 달한다. 이러한 사실은 점진적으로, 그러나 확실하게 기존 기업들에게 유리한 방향으로 판도를 바꿀 수 있는 열쇠가 된다.

디지털 파괴자는 거의 모든 수익 증가분이 신규 고객 매출에서 나오는 반면, 기존 기업들은 오랜 시간에 걸쳐 구축된 고객 관계 내에서 이루어지는 새로운 거래가 수익 증가의 대부분을 차지한다. 매출이익의 관점에서 볼 때 이러한 차이의 결과는 어마어마하다. 장기적인 시장 주도권을 차지하기 위해 다투는 경쟁은 단거리 경주라기보다는 마라톤에 가깝기 때문이다.

어떤 시장이든 초기에 3~5개의 미래지향적 고객에게 판매하는 것은 비교적 어렵지 않다. 모든 산업에는 얼리어답터가 있기 마련이며, 이들은 지속적인 경쟁우위를 찾아 동종업자들보다 먼저 파괴적인 혁신을 실천한다. 금융 서비스 분야에는 골드만삭스Goldman Sachs가 있고, 소매업계에는 테스코Tesco, 엔터테인먼트업계에서는 디즈니Disney, 항공산업계에서는 버진 애틀랜틱Vergin Atlantic이 있다. 이들은 까다롭기는 하지만 혁신적 솔루션에 있어서만큼은 그렇지 않다.

문제는 혁신이 시장에 진입한 후 규모 확장이라는 어려운 과제를 마주하게 될 때 발생한다. 디지털 파괴자들이 누리는 시장 선도자라는 지위는 대개 시장의 주도권이 캐즘chasm(첨단기술이나 상품이 개발되어 출시된 다음, 초기 시장과 주류 시장 사이에서 일시적으로 수요가 정체되거나 후퇴되어 단절이 일어나는 현상)이 발생하기 전 선각자 고객에게서 캐즘 후 실용적인 고객으로 이동할 때 그 위력을 잃는다. 이런 대중 시장 고객들의 구매 기준과 구매 과정은 기존 기업들에게 크게 유리하다.

대중 시장의 고객들은 전혀 모르는 회사와 완전히 처음부터 시작하는 것을 좋아하지 않는다. 여러분 회사의 영업사원과 고객사의 구매 담당이 수년, 때로 수십 년에 걸쳐 맺어온 관계는 여러분이 생각하는 것보다 훨씬 깊고 끈끈하다. 여러분은 이미 고객사에서 사전에 설정된 결제 방식과 함께 공식 공급업체 목록에 올라 있을 것이다. 현장에서 고객과 시간을 보내는 직원들은 이미 고객사의 배경 조사와 보안 감사를 통과했을 것이며, 고객사 내부를 출입할 수 있는 출입증을 갖고 있을 수도 있다.

이런 행정적인 측면 외에도 여러분 회사의 직원들은 고객의 독특한 니즈와 기대에 대해 내부자적 지식을 갖추고 있을 것이다. 이러한 사실들은 여러분의 회사가 사람을 통해서든 인수합병을 통해서든 장기 고객들에게 판매할 수 있는 혁신적 솔루션의 범위를 넓히는 데 매우 유용하게 작용한다.

GM 같은 소비자 기업이나 GE 같은 산업 회사는 이런 혁신의 교차 판매 방식이 얼마나 효과적인지 이미 입증한 바 있다. GM은 테슬라 같은 디지털 파괴자와 경쟁하기 위해 자동차 판매상 네트워크와 오랜 시간에 걸쳐 구축된 영업 및 서비스 관계를 활용하고 있다. GE는 기존 고객에게 디지털 솔루션을 교차판매하는 효과적인 방법으로서 영업 전문가와 첨단기술 전문 디지털 판매자를 묶어 2인 1조 영업을 활용한다. 혁신에 있어서 시장 선도자를 쫓는 입장이라고 해도 기존 고객 관계라는 기성 주자의 이점을 과소평가해서는 안 된다.

크라운 주얼(4)
설치 기반

———

회사의 설치 기반installed base은 기존 고객 관계에서 파생되는 요소다. 설치 기반이란 고객들이 이용하고 있는 회사의 자산 또는 서비스의 총합을 의미하며, 간단히 말해 과거 여러 세대 동안 누적된 상품과 서비스 혁신의 영향력이다. 골리앗의 복수를 달성할 수 있는 회사들은 이런 설치 기반을 추적할 수 있는 정교한 시스템, 그리고 회사와 고객 모두에게 더 많은 가치를 제공하기 위한 분명한 혁신의 방향성을 지니고 있다.

회사가 갖추고 있는 설치 기반이 크라운 주얼로서 얼마나 가치가 있는지 평가하기 위해서는 우리가 '디지털 수익률'이라고 부르는 것을 계산해봐야 한다. 디지털 수익률이란 연간 디지털 수익을 제품의 누적 설치 기반 가치로 나눈 값으로, 회사의 설치 기반 가치는 대략 지난 5~10년간의 연평균 제품 매출액에 고객이 제품을 사용한 기간의 추정값을 곱한 값이다.

예를 들어 여러분이 공조 시스템 공급업체이고 연평균 100만 달러의 제품 매출을 올리고 있으며 고객들이 평균 10년마다 제품을 교체한다면, 여러분의 설치 기반 가치는 1,000만 달러이다. 만약 애플이 1년에 평균 1,000억 달러 상당의 아이폰을 판매하고 고객들이 평균 3년마다 전화기를 바꾼다면, 애플의 설치 기반 예상 가치는 3,000억 달러이다.

디지털 수익률은 디지털 혁신에서 비롯된 연매출액을 예상 설치 기반 가치로 나눈 값이다. 예를 들어 앞에서 말한 공조 시스템 공급업체가 원격 모니터링과 유지보수 서비스를 제공하는 대신 연간 5만 달러의 서비스 비용을 부과한다면, 이 회사의 디지털 수익률은 5퍼센트다. 애플의 아이폰 사업에 대한 디지털 수익률은 앱스토어 매출액 120억 달러와 연간 서비스 수익(아이튠스와 아이클라우드 포함) 300억 달러를 예상 설치 기반으로 나눈 값, 즉 14퍼센트라고 할 수 있다.

시스코는 설치 기반을 통해 오랫동안 기성 주자의 이점을 누려왔고, 이 크라운 주얼을 활용해 핵심 비즈니스인 스위칭 및 라우팅 시장을 방어하는 한편으로 고성장 인접 시장에 진출하고 있다. 10년 전 이 회사는 스마트 넷 토털 케어Smart Net Total Care 같은 정교한 고객 설치 기반 관리 툴 개발에 대규모 투자를 실행하면서 고객 지원 및 네트워크 최적화 서비스를 디지털화하고, 핵심 비즈니스에서 고객 지원 형태를 사후 서비스에서 사전예방 체제로 변환하여 디지털 수익률을 끌어올렸다. 또 텔레프레전스TelePresence(인터넷망을 통한 원격 회의 방식) 협업이나 만물인터넷Internet of Everything, IOE(사물인터넷이 진화하여 만물이 연결되는 미래의 인터넷) 애플리케이션 같은 인접 시장으로 고객들을 끌어들이기 위해 고객의 IT 시스템이 아니라 시스코의 알고리즘으로 조정되는, 보다 세분화된 구성 매개변수를 기반으로 하는 새로운 네트워크 최적화 솔루션을 개발했다.

어디에서 시작하든 간에 설치 기반을 크라운 주얼로 인식하면 디지털 수익률을 증가시키는 데 에너지를 쏟을 수 있다. 설치 기반이라는 기성 주자의 이점은 오늘날의 핵심 비즈니스를 보호하는 동시에 미래에 새로운 시장으로 확장할 수 있게 도와줄 도약판이 되어줄 것이다.

크라운 주얼(5)
데이터 세트

———

데이터 세트는 기성 주자의 이점 중에서 이해도는 가장 낮지만, 장기적으로 가장 중요한 자원이 될 수 있다. 디지털 파괴자는 오랫동안 축적된 업무 프로세스와 경영 지표, 고객 구매 패턴, 투자수익률ROI 모델 등에 대해 세분화된 데이터를 얻을 수만 있다면 무슨 짓이든 할 것이다. 실제로 일부 기존 기업들은 고작 몇 푼을 벌기 위해 소중한 데이터 세트를 스타트업과 공유함으로써 커다란 잠재적 이점을 낭비하고 있다.

인공지능, 머신러닝, 빅데이터 분석이 산업 전반으로 확산되어 중추적 역할을 하게 됨에 따라 앞으로는 우리도 알고리즘 우위의 관점에서 사고하게 될 것이다. 즉, 어떤 회사가 특정 산업에서 업계에 대한 도메인 지식을 인간 전문가를 능가하는 컴퓨터 기반 통찰력으로 가장 효과적으로 변환했는가? 이 정교한 알고리즘에 기반한 최적화는 거의 모든 핵심 비즈니스 프로세스에 적용될 수 있다.

디지털 파괴의 물결이 처음 밀려왔을 때, 회사의 알고리즘 우위는 몸값이 비싼 과학자들로 이루어진 소규모 팀에 의존하는 경향이 있었다. 이 기적을 행하는 자들은 다양한 운영 시스템과 IT 시스템으로부터 파편화된 데이터를 수집하여 분석에 용이하도록 정제하고 표준화했으며, 통계적·시각적·분석적 접근법을 추가해 데이터라는 건초더미에서 통찰력이라는 바늘을 찾을 수 있게 만들었다. 그러나 초반의 시범 운영과 개념 검증proofs of concept은 순조로웠으나, 6장에서 설명하겠지만, 이런 인간 중심적인 데이터 접근법의 규모를 획기적으로 확장하는 것은 어려운 일이었다.

미래의 알고리즘 우위는 머신러닝에 의해 크게 발전할 것이다. 컴퓨터는 인간 과학자들은 결코 따라갈 수 없는 속도로 데이터 세트의 패턴을 집계하고 표준화해서 식별할 수 있다. 알고리즘 우위라는 이 두 번째 물결에 대비하려면 통제 가능한 보유 데이터 목록을 파악하고, 이를 보호할 수 있는 데이터 통합관리 방침과 도구를 가동하고, 해당 데이터를 잠재적인 기성주자의 이점에서 강력한 크라운 주얼로 전환하는 데 필요한 머신러닝 역량에 투자하거나 다른 이들과 협력해야 한다.

데이터과학 부문이 지닌 어두운 비밀 하나는 대부분의 기존 기업이 그들의 비즈니스가 매일같이 생산하는 데이터 세트를 거의 이해하지 못하고 있다는 사실이다. 데이터는 SAP와 오라클Oracle, 인튜이트Intuit 같은 기존의 '기록 시스템' 응용 프로그램이나 제3의 서비스 회사에서

운용되는 '고객 서비스 시스템', 재무팀이 운영 동향을 이해하기 위해 사용하는 다양한 스프레드시트, 그리고 밀레니얼 세대 고객들이 회사와 관계를 맺을 때 선호하는 소셜미디어 플랫폼 같은 '고객 참여 시스템' 전반에 조각조각 흩어져 있을 가능성이 크다.

이런 상황에서 스플렁크Splunk 같은 기업들은 기성 회사들의 데이터 세트 통합과 분류를 돕는 비즈니스를 통해 소규모 회사에서 수십억 달러 규모의 서비스 제공업체로 성장했다. 만일 디지털 솔루션이 미래의 매출 성장과 수익에 중요한 역할을 할 것이라고 단순히 믿고 있다면, 여러분은 지금 통제 가능한 데이터 세트를 분류하고 이용하고 활성화하는 데 충분한 투자를 하고 있지 않은 것이다.

크라운 주얼(6)
상호저촉특허

___

기존 기업에게 유리하게 작용하는 또 다른 잠재 분야는 지적재산 intellectual property, IP이다. 특히 지난 세월 혁신 및 연구개발을 통해 '상호저촉특허'를 취득했다면 골리앗의 복수를 달성하는 데 필요한 시간을 벌 수 있다. 상호저촉특허는 여러분의 회사가 특정 제품을 판매하거나 특화된 비즈니스 프로세스를 실행할 수 있는 한시적이고 독점적인 기회를 제공한다. 기성 주자의 이점이라는 측면에서 가장 강력한 상호저촉특허는 피할 방법이 거의 없고 기간이 만료될 때까지 충분한 시간이 남은 것들이다.

우리가 이 상호저촉특허를 기성 주자 이점의 후반부에 올린 이유가 있다. 지적재산 보호는 기존 기업들이 활용하기 가장 어려운 이점 중 하나다. 먼저 특허권은 회사가 영업 중인 모든 국가와 지역에서 따로 출원되어야 한다. 그런 다음 각 특허 당국의 심의와 승인을 거쳐야 하

02 무엇으로 싸울 것인가

며, 마지막으로 특허권을 등록한 후에는 여러분의 지적재산권을 침해할 수 있는 이들에게 이를 강력하게 어필해야 한다.

마지막 단계에는 거의 항상 강력한 위협이 동반되는데, 때로는 여러분의 핵심 비즈니스를 방해하려는 공격적인 경쟁사에게 실제로 법적 조치를 취해야 하는 경우도 있다. 특히 디지털 공격자들은 지적재산권에 있어 사전에 허락을 받기보다 일단 일을 저지른 다음 용서를 구하고 수습하는 방식에 익숙해져 있다. 예를 들어 우버는 구글의 웨이모Waymo 자율주행차라는 지적재산을 침해한 데 대해 2억 4,500만 달러의 합의금을 지불하기로 했다.

상호저촉특허는 마음이 약한 사람들에게는 별로 탐탁지 않을 수도 있지만 매우 뛰어난 효력을 발휘할 수 있다. 우리 중 한 명은 기업용 모빌리티의 선도주자인 심볼 테크놀로지Symbol Technology(현재는 지브라 테크놀로지Zebra Technology)에서 제품 부문을 운영한 적이 있다. 심볼은 매우 어려운 산업 환경 속에서 바코드 레이저빔을 움직이고 조악한 휴대용 리더기를 작동시키기 위해 수년 동안 연구개발에 매달렸고, 그 결과 강력한 상호저촉특허권을 보유하게 되었다.

당시 심볼이 직면하고 있던 디지털 파괴는 인쇄된 바코드에서 RFID 태그라는 전파인식 기술로의 이동이었다. 심볼이 보유하고 있던 바코드 스캐닝과 기업용 와이파이 전원관리에 대한 상호저촉특허는 경쟁 우위를 확보할 수 있는 기술을 보호하고, 높은 라이선스 수익을 확보하고, RFID 분야의 선도주자인 매트릭스Matrics를 인수해 인쇄 바코드와 RFID 태그를 모두 읽을 수 있는 차세대 이동형 리더기로 시장에 진출하는 데 필요한 시간을 벌어주었다. 적어도 심볼 테크놀로지의 경우 상호저촉특허는 강력한 기성 주자의 이점을 확보해준 가장 중요한 크라운 주얼 중 하나였다.

크라운 주얼(7)
업계 표준에 미치는 영향력

———

마지막이자 일곱 번째 기성 주자의 이점은 상호저촉특허와 관련이 있다. 사실 우리 사회는 전반적으로 디지털 미래로 전환할 준비가 아직 되어 있지 않은 상태다. 일부 기술은 평가절하되고 있고, 어떤 기술들은 아직 공급이 한정적이다. 어떤 회사는 거대한 업계 영향력과 수익, 시가총액을 지니는 반면, 어떤 회사들은 과거 한 세기 동안 성공을 누리고도 앞길을 찾지 못해 갈팡질팡하고 있다. 이 같은 혼란 속에서 정부는 국가 차원에서 의무규정이 실현되고, 노동자의 안전과 재정적 안정이 기업의 이익과 함께 우선시되며, 데이터가 최고인 세상에서 소비자의 개인정보보호가 보장될 수 있도록 안간힘을 쓰고 있다.

　디지털 파괴자들은 업계 표준이라는 게임에서는 아직 초보자들이다. 벤처 투자가들은 적어도 회사의 규모가 작을 때에는 엔지니어(물건을 만드는 사람)와 영업팀(물건을 파는 사람)에게만 돈을 쓰고 싶어하고, 다른 모든 비용은 예산에서 제외시키기 일쑤다. 이는 골리앗의 복수를 꿈꾸는 기성 회사들에게 유리하게 작용할 수 있다. 거의 모든 국가에는 특정 산업에 대한 경쟁 규칙을 만들고 시행하는 정부 및 산업 표준 기관이 존재하기 때문이다.

이 같은 업계의 규제와 법칙은 디지털 파괴가 진행되는 속도에 직접적인 영향을 끼친다. 따라서 기존 기업은 정부의 규제와 업계 내 자체 시행 규칙에 직접적인 영향력을 행사함으로써 회사의 혁신 프로그램이 성공을 거둘 시간을 벌 수 있다. 나아가 이런 규제와 규칙은 특정 혁신이나 비즈니스 모델에 유리하게 작용할 수 있으며, 디지털 파괴 환경에서 선두를 차지하기 위한 시합에서 승패를 결정할 수도 있다.

브로드컴Brodcom과 퀄컴Qualcomm 같은 기업들은 특히 무선통신 업계 표준이 자사에서 생산하는 칩과 혁신에 유리하게 설정되도록 영향력을 행사하고 있다. 3G에서 4G로, 그리고 4G에서 5G로 전환될 때 이동통신 및 인터넷협회Cellular Telecommunications and Internet Association, CTIA 같은 단체들은 업계 표준에 특정 기술이 포함되거나 배제되도록 직접적인 영향을 끼친다. CTIA는 미국 연방통신위원회FCC나 유럽 전자통신규제기구BEREC 같은 정부 규제 기관에 적극적으로 로비를 펼친다. FCC와 BEREC은 모두 무선통신 업계에서 성공하는 데 결정적인 요소를 관리하며, 그중에는 스펙트럼 접근과 망중립성 규제, 다양한 보편적 서비스 의무 등이 포함된다.

다양한 분야의 많은 기존 기업들이 업계 표준에 대한 영향력을 통해 자사의 혁신이 성과를 거둘 때까지 시간을 벌고 있다. 몬산토Monsanto

와 듀퐁DuPont은 유전자조작 종자 및 식품과 관련해 자사에게 유리한 정부 규제를 확보하고 부정적 규제를 막아내는 데 능숙하다. 암젠Amgen과 제넨테크Genentech는 자사의 유전자 치료제에 미국 식품의약국FDA뿐만 아니라 타국 규제기관의 승인을 받기 위해 막대한 영향력을 행사한다. 미국의 케이블 회사들은 비영리 혁신공유 단체인 케이블랩CableLab을 설립하여 DOCSIS Data-over-Cable Service Interface Specifications가 데이터 전송 표준 규격으로 인정받도록 지원함으로써 다른 통신회사들에 비해 유리한 경쟁 우위를 확보할 수 있었다.

어떤 산업 부문이든 디지털 파괴자들에게 반격을 가하고 싶다면 법규제와 규칙, 관습, 그리고 기술 표준을 여러분에게 유리하게 좌우할 수 있는, 업계 표준에 미치는 영향력의 강력한 잠재력을 과소평가하지 말기 바란다.

GM의 7가지 보석과
실행 전략 엿보기

———

1장에서 우리는 GM의 놀라운 귀환에 대해 이야기한 바 있다. GM은 여러 개의 크라운 주얼을 가동해 기성 주자의 가장 중요한 이점을 활용하고 있다.

첫째, GM은 연간 1,000만 대 이상의 가솔린 자동차를 판매하고 있으며, 이를 통해 전동화, 자율주행, 차량 및 승차 공유 시스템 개발에 필요한 혁신 투자의 상당 부분을 자체 조달할 수 있는 재정적 자원을 마련한다. 반면 테슬라의 전기자동차 판매량은 겨우 10만 대에 그쳤다. 이는 GM이 재정적 측면에서 테슬라보다 100배나 유리하다는 것을 뜻한다.

둘째, GM은 세계 각국에서 널리 인정받는 글로벌 브랜드가 되기 위해 수십 년간 투자해왔다. 그중 하나인 쉐보레의 브랜드 가치만 해도 120억 달러에 달할 것으로 추산된다. GM은 셰비 볼트Volt와 볼트Bolt

를 통해 브랜드 가치를 탄력적인 브랜드 가치로 진화시켰다.

셋째, GM은 광범위한 판매망과 기존의 충성 고객들에게 새로운 전기자동차를 교차 판매할 수 있는 능력에 힘입어 매출원가 측면에서 커다란 레버리지 효과를 누리고 있다.

넷째, GM은 오래전부터 디지털 수익률에 투자하고 있다. 이를테면 온스타OnStar 시스템은 구글이 탄생하기 2년 전인 1996년에 출시됐다.

다섯째, 최근 몇 년 사이 GM은 내부 생산성과 새로운 고성장 비즈니스 개발을 위해 브랜드와 지역, 자회사 전반에 걸친 데이터를 통합하는 데 많은 노력을 쏟고 있다.

여섯째, 2016년에 GM은 포드Ford와 혼다Honda, 현대 등 다른 자동차 대기업들과 손잡고 이른바 특허 괴물들이 그들의 혁신을 재빨리 상업화하는 것을 막기 위해 지적재산권을 공유하기 시작했다.

마지막으로 GM은 캘리포니아 주 정부의 전기자동차 법안이 EV1 출시에 대한 촉매제가 되었을 때부터 업계 표준을 정립하는 데 깊이 관여해왔다. 최근 GM은 배터리 구동 차량이 어떤 날씨에도 안전하며 신뢰할 수 있다는 사실을 규제 당국에 입증하기 위해 워렌 테크놀로지 센터Warren Technology Center의 환경 테스트 시설에 막대한 투자를 쏟아 붓고 있다.

우리는 여러분의 회사가 기성 주자의 이점 모두를 갖고 있을 거라고 기대하지는 않는다. 그런 점에서 GM은 상당히 독특한 사례이다. 그러나 여러분은 어쩌면 7가지 범주 외에 크라운 주얼이 될 만한 또 다른 자산이나 역량을 보유하고 있을지도 모른다. 앞으로 여러분의 과제는 각각의 영역에서 잠재적인 크라운 주얼을 찾아 우리가 제시한 3가지 기준─고객 가치에 필수적인가, 여러분만이 통제할 수 있는가, 남들이 모방하기 힘든가─을 통과할 수 있는지 평가하는 것이다. 이 세 가지 시험을 모두 통과했다면 이제 골리앗의 복수를 위한 6가지 법칙을 적용할 출발점에 선 것이다.

03

GOLIATH'S REVENGE

어떻게
움직일 것인가
:

바벨 분포도의 오른쪽
곡선으로 이동하는 법

———

"어제의 홈런이 오늘 경기를 이기게 해주지는 않는다."

– 베이비 루스, 야구선수

———

✦✦✦

먼저 '나쁜 뉴스'를 들려주겠다.

좋은 뉴스만 듣고 싶겠지만 여러분에게 선택권 따위는 없다. 앞에서 강점으로 활용할 수 있는 크라운 주얼을 파악했다면 지금쯤은 쓴 약을 삼킬 준비가 되어 있어야 하는 것이 당연하다. 참으로 안타깝게도 우리는 혁신의 전리품이 민주적으로, 혹은 공평하게, 혹은 (어떤 이들이 생각하는 것처럼) 공정하게 분배되지 않는 시대를 살고 있다.

지난 세월 동안 기성 회사들을 에워싸 경쟁으로부터 보호해왔던 해자가 매월, 매분기, 매년 바싹 말라가고 있다. 한편 그와 동시에 골리앗의 복수를 열망하는 몇몇 회사들은 디지털 공격자들을 본받아 그들보다도 더욱 강력하고 지속적인 차별화 요소를 활성화하는 중이다.

이제 안정적인 '평균'의 세상은 종말을 고하고, 기업들은 승자 독식의 정글에서 디지털 파괴자들의 공격을 방어하고 디지털 리더십을 획득하는 과제에 직면해 있다. 이번 장에서는 그와 관련해 고객수용 포물선과 영구적인 알고리즘 우위를 이용하는 법을 배워보자.

평균의 시대는 끝났다고
말하는 이유

————

우리는 학창시절 통계에서 가장 중요한 개념은 정규분포라고 배웠다. 주어진 변수를 무작위로 관측할 경우, 이들이 평균값 주위에 군집해 있으며 그 범위를 벗어난 이상점의 수는 상대적으로 적다는 것은 꽤 안정적이고 편안한 개념이었다. 이 사실을 개인에게 적용하면, 평균적인 지능을 가졌다는 것은 우리가 대다수 사람들만큼 똑똑하다는 의미다. 우리는 '정상'이고, 집단의 일부였다. 그보다 더 크고 많은 것을 갈구할 수는 있어도 평균에 머무른다는 것은 사실 불편한 일은 아니다. 디지털 시대가 오기 전에 우리는 [그림 3-1]처럼 보기 좋은 대칭곡선 속에서 살고 있었다.

[그림 3-1]의 오른쪽 그림은 마음이 영 불편하게 느껴진다. 이런 그래프를 '편향된 바벨 분포barbell distribution(관측값이 중앙이 아니라 양 극단에 집중됨)'라고 부르는데, 그래프의 한쪽 혹—이 그림의 경우에는 왼

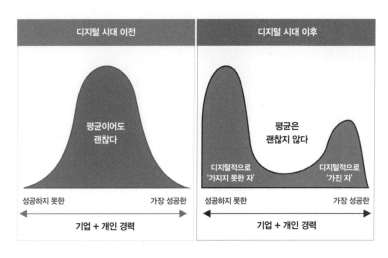

디지털 시대 이전	디지털 시대 이후

평균이어도
괜찮다

성공하지 못한 　　　　 가장 성공한

기업 + 개인 경력

평균은
괜찮지 않다

디지털적으로
'가지지 못한 자'　　　　디지털적으로
'가진 자'

성공하지 못한 　　　　 가장 성공한

기업 + 개인 경력

[그림 3-1] 평균의 종말

쪽—이 다른 한쪽보다 현저하게 높이 솟아 있다. 선진국이든 개발도
상국이든 오른쪽 그래프는 골칫거리다. 여러분 주위에도 좋은 대학을
졸업하고 열심히 노력했지만 높은 자리로 승진하지 못했거나 아예 중
간에 일자리를 잃고 정체된 사람들이 많을 것이다.

'디지털 격차'라는 용어는 오른쪽 그래프의 오른쪽 곡선 위의, 디지
털 기술에 익숙한 직원들과 왼쪽 곡선 위의 그렇지 못한 이들의 직업
경력이 크게 갈린 이유를 설명할 때 사용된다. 문제는 업계 내에서 오
직 소수들만이 직업적으로 전망이 밝고 수익이 빠르게 증가하는 미래
를 걸고 있다는 점이다. 디지털 분야에서 유리한 직원이 있는 반면, 그
들의 많은 동료들은 직업적 전망이 정체돼 있거나 추락할지도 모른다
고 우려하고 있다. 아마 이 책을 읽는 상당수도 저 오른쪽 곡선 위에서

장기적인 위치를 확보하려면 어떤 기술을 익히고 발전시켜야 할지 배우기 위해 이 책을 집어 들었을 것이다.

디지털 격차는 개인뿐만 아니라 회사에도 적용된다. 일부 기존 기업들은 디지털 시대 이후 그래프의 오른쪽 곡선 위에 자리잡기 위해 필요한 조치를 적극적으로 시행하고 있다. 구체적인 사례에 대해서는 장기적인 성공으로 가는 길을 위한 6가지 법칙에 대해 이야기하면서 살펴볼 것이다. 우리가 사례로 든, 복수를 갈망하는 골리앗들은 시급하게 요구되는 대규모 혁신 투자 때문에 기존의 이윤 성장 계획이 다소 지연되기는 했지만, 시장지배력과 수익은 이미 상승세로 접어들었다.

안타깝게도 대부분의 기업들은 앞으로도 '평균'이 계속 안정적인 경쟁력을 지닐 것이라는 희망에 매달려 있다. 그들은 디지털 파괴의 물결이 한여름의 폭풍우처럼 지나가고 나면 모두가 '정상'으로 돌아오리라고 기대한다. 그러나 불행히도 오늘날에는 거의 모든 산업이 디지털 역량을 가진 자와 그렇지 못한 자로 양분되며, 그 중간은 비어 있다는 현실을 직시해야 한다. 어제의 평균적인 회사는 앞으로 3~5년 사이에 업계에서의 위상과 수익, 이윤을 잃게 될지도 모른다. 이제 '평균'이 매달 점점 더 힘들어지고 있는 대표적인 산업계를 한번 살펴보자. 바로 소매업이다.

골리앗이 되어버린 아마존,
소매업계에서 보내온 경고의 메시지

——

농구에 '샷클락shot clock'이라는 것이 있다. 공을 가진 팀은 최대 24초 안에 슛을 시도해야 하고, 그렇지 않으면 공에 대한 소유권을 잃는다는 규칙이다. 만약 여러분이 야심만만한 타입이 아니라면, 공을 가지고 있는 것만으로도 기분이 좋을 것이다. 여러분이 공을 가지고 있는 동안에는 상대팀도 점수를 낼 수 없기 때문이다. 하지만 슛을 던지지 않으면 여러분의 팀도 점수를 낼 수 없다. 만일 전략이 그저 공을 갖고 있는 것뿐이라면, 여러분은 그 게임을 오래 플레이할 수 없을 것이다.

오늘날의 온라인 소매업은 마치 한 팀이 공을 독차지하고 있는 농구 시합처럼 느껴진다. 여러분이 지금 어떤 분야에서 일하든 소매업을 타산지석으로 삼아야 마땅한 이유다. 기성 주자의 이점을 디지털 리더십으로 전환하기 위해 너무 오래 기다리는 것은, 실패로 가는 가장 명백한 길이다. 2015년부터 2018년 사이에 미국에서 얼마나 많은 대형 소매업체들이 파산했는지 보라. 더 리미티드The Limited, 아메리칸 어패럴 American Apparel, 나인웨스트Nine West, 퀵실버Quicksilver, 알프레드 안젤로 Alfred Angelo 팩션PacSun, 페이레스 슈즈Payless Shoes, 록포트Rockport, 린넨 스앤싱스Linens 'n Things, A&P, 스포츠 어서리티Sports Authority, 시티 스 포츠City Sports, 브룩스톤Brookstone, 라디오색RadioShack, 보더스, 짐보리 Gymboree, 토이저러스Toys 'R' Us, 굿타임 스토어Good Time Stores, 비타민 월드Vitamin World, 그리고 가장 최근에 파산한 시어스Sears까지 음식, 의 류, 신발, 전자기기, 서적, 장난감, 엔터테인먼트, 스포츠용품을 망라한 소매산업 전반에서 수많은 사업체들이 무너졌다.

미국 밖에서는 캐나다의 이튼 백화점Eaton's과 프랑스의 카르벵 Carven, 영국의 브라이트하우스 그룹BrightHouse Group, 아쿠아스큐텀 Aquascutum, 예거Jaeger 등 유서 깊은 소매업체들이 그와 비슷한 운명을 따랐다. 그 결과 디지털 시대 이후 바벨 분포도는 왼쪽으로 무겁게 치 우쳤으며, 매장 중심 소매업체들의 디지털 미래에 대한 집단적인 망설 임은 결과적으로 막대한 주주 가치를 훼손하고, 수천 명의 경력을 급 격히 단축시켰다.

그렇다면 그 많던 소비자들은 모두 어디로 갔을까? 바벨 분포도의 오른쪽 곡선은 놀라울 정도로 응축되어 있다. 다음 문장을 천천히 읽 어보라. "아마존의 전자상거래 수익은 미국의 여타 모든 전자상거래 업체의 수익을 전부 합산한 것과 거의 맞먹는다." 이마케터eMarketer의 조사에 따르면, 아마존의 전자상거래는 2018년 미국 전자상거래량의 49퍼센트를 차지하는데, 이는 2년 전인 38퍼센트보다 11퍼센트나 상

[그림 3-2] 온라인 소매업계의 골리앗이 된 다윗

출처: 이마케터, 아마존 프라임 데이 보고서, 2018년 6월

03 어떻게 움직일 것인가

승한 수치다.

일대일 비교의 관점에서 보면 상황은 더욱 나쁘게 보인다. [그림 3-2]에서 보듯이, 아마존은 전자상거래 분야에서 다윗과 기성 골리앗들을 모두 압도적으로 제치고 있다. 오른쪽에 표시된 로고들의 개수는 해당 회사가 아마존의 전자상거래 수익에 미치려면 같은 회사가 몇 개나 더 있어야 하는지를 가리킨다.

아마존의 사례는 골리앗의 복수를 꿈꾸는 기업들에게 커다란 경종을 울려준다. 소매업계의 실태는 여러분이나 회사가 현재의 핵심 비즈니스가 위협받고 있다는 사실을 부정하거나 디지털 미래에 성공하는 데 필요한 다소 불쾌한 변화를 계속 뒤로 미룬다면 어떤 일이 벌어질지를 보여준다.

디지털 파괴자들에 대한 이런 본능적인 회피 반응은 결국 우리가 "승자가 대부분을 가져간다"라고 부르는 결과로 이어질 것이다. 아직 시간이 있을 때 여러분 업계의 아마존을 물리치려면 디지털 시대에 소수 회사에 권력이 집중되는 메커니즘을 이해해야 한다.

공을 갖고만 있어서는 안 된다. 뛰고 달려서 슛을 던져야 한다. 혁신과 기술 개발 부문에서 뒤처진다면 힘들고 어려운 도전을 마주하게 될 것이며, 반대로 앞서 나간다면 무한한 보상을 즐길 수 있을 것이다. 그것이 바로 승자가 되었을 때 손에 넣을 수 있는 것이다. 이 장에서는 승자가 대부분을 가져갈 수 있게 하는 가장 중요한 동인에 대해 알아볼 것이다. 우리는 이것을 '고객 기대 래칫ratchet'이라고 부른다.

승자 독식 구조의 핵심,
고객 기대 래칫

볼트에 너트를 끼워본 적이 있다면 래칫이 뭔지 알 것이다. 래칫 렌치는 한쪽 방향으로만 돌릴 수 있는 공구다. 래칫을 돌리면 안쪽 기어에 숨겨져 있는 멈춤쇠가 톱니를 지나며 딸깍거리는 소리가 나는데, 멈춤쇠는 래칫이 정방향으로 움직일 때는 순조롭게 돌아가지만, 반대쪽으로 돌리려고 하면 톱니에 걸려 역회전을 방지하는 역할을 한다.

고객 기대도 마찬가지다. 일단 여러분이나 경쟁자가 고객들에게 획기적인 성과를 제공하고 나면(여기에 대해서는 4장에서 다루도록 하겠다) 다시는 뒤로 돌아갈 수 없다. 래칫에서 나는 딸깍 소리는 시장에 존재하는 모든 경쟁자가 점유율을 잃지 않으려고 새로운 상품과 서비스를 들고 달려오는, 시합의 시작을 알리는 소리다.

어쩌면 여러분은 "그게 자본주의 아닌가요?"라고 물을지도 모르겠다. 대답은 '그렇다'이기도 하고 '아니다'이기도 하다. 지금까지 회사들은 경쟁사 A와 경쟁사 B가 서로를 번갈아 뛰어넘으며 뒤처진 경쟁사의 고객을 빼앗는 게임을 해왔다. 하지만 이런 소규모 접전은 거의 언제나 사소한 기능을 둘러싼 싸움이었고, 그들의 지속적인 개선과 제품 혁신이라는 무기고에는 한도가 있었다. 경쟁사들은 상처를 입거나 타박상을 입을 수는 있어도 기업 수준의 육박전에서 치명상을 입지는 않았다.

그러나 디지털 파괴의 물결이 밀려오면서 과거의 고상하고 격식 있는 경쟁은 훨씬 치명적인 결과를 낳는 방식에 자리를 내어주게 되었다. 거의 모든 산업에서 업계 판도를 뒤바꾸고 모방이 어려운 고객 성과가 구현되는 빈도가 늘고 있다. 이런 파괴적인 고객 성과는 대개 제품 혁신뿐만 아니라 비즈니스 모델의 혁신 — 업계 내의 기본적인 상호교환을 재규정하는 — 에서 비롯된다.

블록버스터는 그들이 DVD 대여 서비스(그리고 연체료 수금)를 제공하는 사업을 하고 있다고 생각한 반면, 넷플릭스는 사업 전체의 목적을 언제 어디서든 즐길 수 있는 엔터테인먼트로 재정립했다. 코닥이 마진율이 높은 필름을 판매하는 데 매달리고 있을 때 소니Sony와 삼성은 자녀들의 디지털 사진을 찍는 부모들에게 즉각적인 만족감을 주는 데 전력투구했다. 포격을 개시하는 것은 거의 언제나 태생부터 디지털 중심인 공격자들이지만, 전통적인 기업들 역시 그만큼 파괴적이 될 수 있다. 1장에서 본 것처럼 GM은 독특한 혁신으로 바벨 분포도의 오른쪽 언덕으로 이동했고, 테슬라나 구글 같은 신흥 회사들과 함께 자동차 산업을 이끌고 있다.

이 같은 파괴적 혁신의 가속화는 놀랄 만큼 집중력이 짧은 고객 세대를 탄생시켰다. 우리는 혁신된 버전의 주의력결핍장애를 갖는 것이나 마찬가지다. 가격과 성능, 품질, 서비스에 대한 고객 기대 및 가치는 래칫의 멈춤쇠처럼 한쪽으로 고정되어 있다.

어제의 지속적 개선은 오늘의 기본 기능으로 전락한다. 오늘의 파괴적 혁신은 내일이 되면 필수적으로 보유해야 할 역량이 될 것이다. 고객 기대 래칫이야말로 소비자 및 산업 부문에서 승자가 대부분을 가져가는 역학을 일으키는 주범이다. 각 분야별로 구체적인 사례들을 살펴보자.

테슬라 운전자 "내 차는 시간이 지날수록 좋아진다"
—

자동차는 역사적으로 우리 삶에서 우아하게 나이 들고 있는 몇 안 되는 제품 중 하나다. 사실 오늘날 미국의 도로 위를 굴러다니는 자동차들의 평균 나이는 약 12년이다. 지난 10년간 자동차 회사들이 추가한 사소한 기능들은 사람들이 오래된 차를 바꾸도록 설득하지 못했다는 뜻이다. 하지만 그런 추세는 이제 곧 바뀔 것이다.

테슬라가 딸깍거리는 고객 기대 래칫이 자동차 산업 전반에 대대적인 영향을 끼치고 있다. 기술 플랫폼을 설계하고, 팀의 기술 능력을 우선시하며, 이미 갖고 있는 자동차의 가치를 높이는 새로운 비즈니스 모델을 개발하고 있는 테슬라는 그들이 판매하는 차량이 수명을 다할 때까지 무선 소프트웨어 업그레이드를 통해 새로운 기능을 추가한다.

단순히 버그를 수정하거나 사소한 기능을 업그레이드하는 데 그치지 않고, 구매했을 때는 없었던 완전히 새로운 기능들을 추가하고 있다. 이를테면 경사로 밀림 방지, 빗물 감지 와이퍼, 자동 비상 제동, 가정용 와이파이 공유, 전화기를 사용해 자동차를 차고나 좁은 주차공간에서 빼내는 '소환' 명령 등이 그것이다. 공장에서 출시되었을 때에는 그런 기능이 탑재되어 있지 않던 자동차에도 전부 무료로 업데이트가 제공된다.

더 인상적인 것은 테슬라가 순수하게 소프트웨어 업데이트만으로 가속 및 제동 능력을 개선했다는 점이다. 4기통 엔진 자동차를 샀는데 어느 날 아침 일어나보니 8기통으로 바뀌어 있는 것과도 같다. 정말 놀라운 혁신이 아닌가! 테슬라는 자동차 제조사와 구매자가 무엇을 주고받을 수 있는지에 대해 완전히 새로운 책을 쓴 셈이다!

그것은 정말 혁명적인 아이디어였다. 테슬라가 아닌 3년차 자동차는 하루아침에 전부 구식이 되었고, 5년이 넘은 자동차는 골동품으로 전락했다. 기존의 자동차는 테슬라가 매달 혹은 두 달마다 제공하는 무료 업그레이드와 혁신적인 새 기능을 갖추고 있지 않았다. 그보다 더 나쁜 것은 전통적인 자동차의 기존 성능이 시간이 지날수록 시들하게 느껴진다는 것이다. 가령 내비게이션의 윈도 기반 사용자 인터페이스나 오래된 지도 정보가 그랬다.

"내 차는 시간이 지날수록 좋아진다"는 획기적인 고객 성과의 훌륭한 예시다. 테슬라는 자동차 산업의 구매 기준을 근본적으로 재정립했고, 이제 다른 모든 자동차 회사들은 고객 기대 래칫이 딸깍거리는 소리를 듣고 있다. 그 소리는 테슬라 운전자들이 커다란 목소리로 복음을 전파하면서 더 증폭되었다. 그들은 마치 크리스마스 아침에 놓여 있는 선물처럼 1년에 6~8번씩 그들의 자동차에 마법처럼 설치된 새 기능과 성능에 대한 만족감을 아낌없이 늘어놓았다.

5년 후면 이런 소프트웨어 업데이트 기능이 없는 자동차는 아무도 사려 하지 않을 것이다. 전통적인 자동차 회사들은 고객 기대 래칫의 딸깍 소리에 대응하고 싶어도 커다란 인재 공백에 직면해 있다. 2015년에 테슬라의 기술 관련 직원은 약 60퍼센트가 소프트웨어 엔지니어였지만, 전통적인 자동차 회사들은 고작 2퍼센트에 불과했다.[1] 첨단기술에 대한 수요와 공급 사이의 이 거대한 격차는 모든 기성 자동차 회사들이 해결해야 하는 문제다. 발 빠르게 대응하는 자들만이 승자가 되어 대부분을 가져갈 수 있을 것이다.

각 산업·상업 부문에서 일어난 고객 기대 래칫의 변화
—

테슬라가 자동차 업계에 영향을 미친 것처럼, 고객 기대 래칫은 다양한 산업 및 상업 부문에 영향을 끼치고 있다. 예를 들어 원격 모니터링 기능으로 '홈에 호출'할 수 있는 장비들은 지난 20년간 HVAC 시스템과 항공기 엔진, 기관차, MRI 기계, 동력발전 가스 터빈 등 다양한 제품에 소리 없이 내장되어왔다.

원래 이런 원격 모니터링 기술은 단방향 데이터 흐름을 가능하게 하고, 추적 및 분석을 위해 기계 설정 매개변수, 작동 상태, 성능 측정 지표 및 센서 데이터를 중앙집중 서버로 다시 가져오는 데 사용되었다. 이런 시스템은 통상적으로 '원격 모니터링 및 진단' 혹은 단순히 RM&DRemote Monitoring & Diagnostics라고 불렸는데, RM&D 솔루션은 중요하고 값비싼 기계에 집중되는 경향이 있었고, 고객이 장비 제조업체와 체결하는 확장 서비스 계약에 포함되는 경우가 많았다.

그런데 최근 산업 및 상업 부문에서 고객 기대 래칫이 두 번 딸깍거리며 돌아갔다. 첫째, 고급 센서와 엣지 스토리지, 원격 네트워크 및 데이터 전송 비용이 저렴해짐에 따라 원격 장치의 범위가 펌프와 밸브, 제어판, 지게차, 컨베이어 등의 중저가 장비까지 확대되었다. 센서 네트워크의 확산은 단순히 몇 개의 값비싼 기계 장비를 넘어 운영 프로세스 전체에 엔드투엔드end-to-end 디지털 가시성을 부여하는 중이다.

두 번째 딸깍 소리는 단방향이었던 데이터 흐름이 양방향으로 변한 것이다. 최첨단 산업 및 상업 장비 제조업체들은 이제 기계의 작동 매개변수를 원격으로 조정해 예상치 못한 다운타임downtime(비가동시간)이 발생하는 것을 예방하고 성능을 최대화할 수 있게 되었다. RM&D 시스템은 이제 대규모 데이터 분석과 머신러닝을 기반으로 하는 정교한 설비성능관리APM 및 작동 최적화에 자리를 내주고 있다. 이런 솔루션은 그저 화려한 대시보드에 정보만 표시하는 게 아니라 알고리즘을 사용해 고객의 디지털 가시성을 원격으로 향상시킨다.

현재 철도업계에서 고객 기대 래칫의 이 두 번의 딸깍거림이 일어나고 있다. 현대식 기관차가 생성하는 센서 데이터의 용량과 세분화, 빈도는 놀라운 수준이며, 약 250개 이상의 센서가 분당 최대 15만 개의 데이터 포인트를 생성한다. 보통 열차 엔지니어들은 12시간 단위로 교대하는데, 이는 그들이 근무를 할 때마다 1억 800만 개의 데이터 포인트를 생성한다는 의미다!

이 같은 디지털 가시성은 날씨, 위치, 가속 및 속도에서부터 진동, 온도, 유체 수위, 설정 매개변수 및 조작자의 행동에 이르기까지 모든 정보를 포함한다. 열차나 기관차만 모니터링의 대상이 되는 것은 아니다. 고압 연료 펌프와 터보차저, 제동장치, 압축기, 제어 시스템을 비롯한 기관차 내부의 각 주요 하부 시스템에서도 센서 데이터가 수집되고 있다.

이 모든 데이터에는 GE가 '디지털 쌍둥이'라고 부르고 히타치는 '디지털 아바타'라고 부르는 것, 즉 컴퓨터 시스템 내 해당 기계의 실시간 시뮬레이션에 계속해서 통합된다. 데이터 세트 중 일부는 용량이 너무 커서 기계 내부에 저장되며, 열차가 와이파이 접속이 가능한 역이나 서비스 저장소에 도착했을 때에야 운영자의 원격 모니터링 시스템에서 볼 수 있다. 그러나 그중 가장 중요한 데이터는 셀룰러나 위성 데이터 전송을 통해 실시간으로 확인이 가능하다.

두 번째 딸깍임은 열차에 대한 실시간 원격 관리 능력을 획기적으로 향상시켰다. 회사의 디지털 쌍둥이 혹은 디지털 아바타에 내장된 알고리즘은 실패로 이어질 수 있는 지표를 의미하는 패턴을 끊임없이 찾아다닌다. 실제로 이 알고리즘은 매일같이 모든 기관차의 하위 시스템의 '유용 수명'을 계산하고 있다. 그렇게 계산된 수치는 기관차의 정비 시기, 해당 정비를 완료하는 데 가장 적합한 차량기지, 추가 예방 정비,

그리고 다운타임을 최소화하기 위해 차량기지에 미리 준비돼야 하는 부품 등 열차의 정비 활동에 가장 우선적으로 필요한 조치를 결정하는 데 사용된다.

철도 산업계의 획기적 고객 성과는 적어도 단기적으로나마 유용 수명을 원격으로 확장할 수 있는 능력이다. 예를 들어 GE의 최신형 기관차는 센서 네트워크가 열차를 손상시킬 수 있는 기계 결함을 발견하면 '림프 홈 모드'로 전환할 수 있다. 예를 들어 이제까지 4,800마력으로 달렸다면 이후에는 2,400마력으로 운행되는 식이다. 기관차는 출력을 낮춰 선로를 막지 않고 서비스 기지로 귀환할 시간을 벌 수 있고, 따라서 수천만 달러의 생산성을 손상시킬 가능성을 차단할 수 있다. 기차는 배나 트럭, 비행기처럼 장애물을 돌아서 갈 수가 없기 때문이다.

GE는 오랜 시간 동안 안정적으로 구축된 기관차 시장의 기준을 변화시켰다. 열차의 성능을 원격으로 최적화하는 이런 디지털 솔루션은 열차가 더 이상 예기치 못한 다운타임으로 손실을 입을 필요가 없는 미래로 달려가도록 산업 전반을 떠밀고 있다. 거의 모든 산업 및 상업 부문에는 고객 기대 래칫을 딸깍거리며 경쟁자들을 수세에 몰아넣는 승자가 대부분을 가져간다.

고객수용 포물선이
의미하는 것

———

치열한 경쟁을 의미하는 샷클락, 그리고 고객 기대의 획기적 변화에 관망적으로 대처하는 접근 방식, 이 두 가지가 왜 더 이상 효과가 없는지에 대한 이야기로 다시 돌아가보자. 발 빠른 선도자들에게는 유리하고 자기만족에 안주하는 이들에게는 불리한 두 가지 역학이 있다. 바로 고객수용 포물선과 영구적 알고리즘 우위이다.

점진적인 혁신이 발생하여 고객 A가 올해 여러분의 개선된 제품이나 서비스를 사용하고 고객 B가 다음 해에 그것을 수용한다면, 두 고객의 전체적인 재정 성과에는 유의미한 차이가 없다고 할 수 있다. 본질적으로 고객 B는 고객 A가 여러분의 혁신기술을 수용하고 약속된 혜택을 얻었는지 지켜보고 평가할 수 있는 공짜 혜택을 얻는 셈이다. 만약 고객 A가 좋은 결과를 얻는다면 고객 B는 실질적인 손해 없이 1년 뒤에 혁신을 수용할 수 있고, 그렇지 않은 경우에는 혁신을 실행하는 시간과 투자를 아낄 수 있다.

　[그림 3-3] 하단의 두 그래프처럼, 점진적 혁신은 오랜 기간에 걸쳐 현재와 잠재 고객 기반을 통해 서서히 스며드는 경향이 있다. 어쩌면 여러분은 "왜 고객 A가 자진해서 회사의 실험 도구가 되겠는가?"라고 물을지도 모르겠다. 좋은 질문이다. 2장에서 선각자 고객에 대해 이야기한 것을 기억하는가? 그런 고객들은 아직 입증되지 않은 선도적인—또는 끝내주게 멋진—최신식 혁신을 누구보다 앞서 시도하는 것을 좋아한다. 선각자 고객 회사는 업계마다 3~5개쯤 존재하며, 그들의 경영진은 대부분 해당 산업계의 연례 컨퍼런스에서 기조연설을 맡

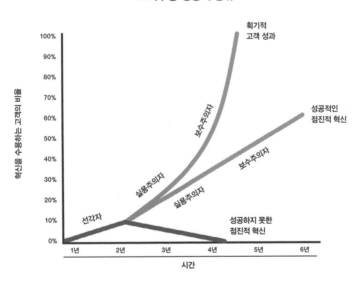

[그림 3-3] 점진적 혁신 vs. 획기적 고객 성과

는다. 이들 기업 고객들의 동기는 최첨단 기술혁신을 실천하고 있다는 영광스러운 명성을 얻는 것이다. 동네에서 최초로 전기자동차를 샀다고 뽐내는 이웃사람의 회사 버전인 셈이다. 무리에서 1등이 되어야 한다는 그들의 본능은 조직적인 것만큼이나 개인적인 것이다.

예를 들어보자. 린다 딜먼Linda Dillman은 기존 기업에서 일하는 강력하고 유능하며 비전을 지닌 전형적인 리더다. 그는 2004년 월마트가 포장 상자와 팔레트 공급망 관리에 RFID—말하는 바코드—를 적극적으로 활용하던 시기에 최고정보관리책임자CIO로 재직했다. 당시 다른 소매업체들은 월마트가 그 새로운 혁신을 폭넓게 배치하는 모습을 주의 깊게 연구하며 소규모 테스트, 즉 개념 증명 프로젝트를 실시했다. 18개월에서 24개월이 지난 후 월마트의 RFID가 창출하는 경제적 수익이 종이 바코드와 비교했을 때 소요 비용이나 당시 기술에 내재된 위험에 비해 그리 크지 않다는 사실이 명백해졌다.

이러한 사실을 깨달은 테스코와 앨버트슨Albertsons, 세인즈베리 Sainsbury와 세이프웨이Safeway 등의 소매업체는 위험이 낮은 일정과 신중한 접근법을 채택, 새로운 RFID 시스템을 배치했다. 그들의 기술수용 곡선은 오른쪽으로 이동하며 점진적으로 상승하는, 성공적이고 점진적인 혁신의 형태를 띤다[그림3-3]의 가운데). 심지어 10년 이상이 지난 지금도 대부분의 포장된 소비자상품이 바코드 스캔을 통해 제조업체에서 소매업체로 이송된다. RFID 시스템이 완전히 배치되기까지는 지금부터 10년 또는 그 이상이 걸릴 수도 있다.

반면 획기적 고객 성과의 고객수용 양상은 [그림 3-3]의 상단에서 볼 수 있는 것처럼 포물선 형태를 띤다. 제품과 비즈니스 모델의 혁신이 결합해 발생하는 파괴적인 효과와 수익성 향상의 가능성이 결합되면 실용주의자와 보수적 고객의 수용 행태가 변화한다. 이럴 때는 획기적 고객 성과를 채택하는 것을 미루면 위험하기 때문에 이런 고객들은 선각자를 관찰하는 단계를 생략하고 집단적으로 혁신을 수용한다.

금융업계의 로보어드바이저는 이런 획기적 고객 성과에 대한 업계 전반에 걸친 신속한 수용의 좋은 예라고 할 수 있다. 일반적으로 자산 관리는 두 가지 요소로 구성된다. 투자자의 자산 배분(주식, 채권, 현금의 비율)을 관리하는 재무설계와 돈을 투자하는 투자관리이다. 부자들을 위해 일하는 재무설계사는 사설 자산관리사나 사설 자산운용가, 자산설계 전문가로도 불리는데, 우리에게는 독립투자자문independent financial advisor, IFA이나 재무설계사라는 이름이 더 익숙할 것이다. 투자관리사는 어떤 유형의 투자를 관리하느냐에 따라 다양한 직함으로 불린다. 가장 흔한 호칭은 뮤추얼 펀드 매니저이지만 그 밖에도 벤처 자본가, 헤지펀드 매니저, 사모펀드 총괄파트너, 혹은 아주 오래된 명칭인 주식중개인이 그것이다.

투자관리사의 역할은 지난 20년 사이 투자 방식이 능동적 투자에서 수동적 투자로 바뀌면서 점차 붕괴되고 있다. 수동적 투자란 가령 인덱스 투자처럼 특정 부문(예를 들어 S&P500)의 모든 주식을 골고루 보유함으로써 시장 수준의 수익을 추구하는 것을 말한다. 뮤추얼 펀드 같은 능동적 투자는 일부 종목을 선택해 시장 수익률 이상의 수익을 내는 것을 목표로 한다.

2001년부터 2016년까지 16년 동안 대기업 뮤추얼 펀드의 92퍼센트가 S&P500의 수익률을 넘어서지 못했다. 이는 대규모 능동적 펀드에 돈을 투자한 10명의 투자자 중 9명은 만약 시장 수익률에 만족했다면 오히려 더 많은 돈을 벌었을 것이라는 의미다. 지난 10년 사이, 전문 지식이 없는 일반 투자자조차도 '앞면이 나오면 내가 이기고 뒷면이 나오면 당신이 지는heads-I-win, tails-you-lose(어느 쪽이 나와도 이기는)' 계산법을 파악하게 되었다.

현재는 미국 자산의 약 3분의 1이 인덱스 뮤추얼 펀드나 EFT(상장지수펀드)를 통해 수동적으로 투자되고 있으며, 2017년 한 해에만 능동적 주식형 펀드에서 2,000만 달러가 빠져나갔고, 그와 비슷한 액수가 수동적 펀드에 투입되었다. 투자관리사 역할의 붕괴 역시 RFID 공급망과 비슷한 과정을 따라가고 있다. [그림 3-3]에서 점진적으로 오른쪽 상단으로 향하는 그래프 말이다.

현재 재무설계사의 역할은 시장에서 급격히 파괴되고 있으며, 그 양상은 [그림 3-3] 상단에 있는 포물선, 즉 획기적 고객 성과로 나타나고 있다. 수동적 투자의 성공은 전체 투자 포트폴리오를 다양한 자산군에 걸쳐 주기적으로 재조정하는 데 달려 있다. 이를테면 국내 주식과 해외 주식, 주식과 채권, 현금처럼 말이다. 포트폴리오를 조정하는 이유는 각 투자 대상의 자산 비율을 일정하게 유지하기 위해서이다. 지난번 재조정 후 가치가 상승한 자산군은 일부를 고가로 매도하고, 반대로 가치가 하락한 자산군은 일부를 낮은 가격에 매수하는 식으로 말이다. 재무설계사는 이처럼 자산 비율을 체계적으로 재조정하는 대가로 투자자에게 연간 총 투자자산의 1퍼센트에서 1.5퍼센트의 수수료를 부과한다.

　로보어드바이저는 디지털 파괴자인 베터먼트와 웰스프런트가 부상하면서 금융업계의 주류로 떠올랐다. 2008년에 설립되어 각각 2010년과 2012년에 두각을 나타내기 시작한 두 회사는 알고리즘을 이용해 포트폴리오 재조정을 체계화하고, 수수료는 불과 0.25퍼센트만 요구했다. 얼핏 보기에 일반 재무설계사의 연 1퍼센트 수수료에 비해 그리 획기적인 고객 성과는 아닌 것으로 생각될 수도 있지만, 이렇게 생각해보라. 균형 잡힌 투자 포트폴리오의 평균 수익률은 연 5~6퍼센트이며, 재무설계사가 가져가는 1퍼센트의 수수료를 내지 않을 수 있다면 20퍼센트의 투자수익을 더 가져갈 수 있다. 심지어 이 수수료는 요즘 예금 이자의 100~200퍼센트에 달한다.

　금융서비스업계의 반응은 신속했고, 그 결과는 [그림 3-3]의 상단에 있는 포물선 그래프로 나타났다. 겨우 5년도 안 돼 100개 이상의 회사가 로보어드바이저를 도입했으며, 로보어드바이저는 현재 2,200억 달러 이상의 자산을 관리하고 있다. 베터먼트와 웰스프런트가 관리하는 자산만 160억 달러로 추산되며, 이 또한 계속 증가 중이다.

　그러나 현재 로보어드바이저 시장의 선두주자는 금융업계의 터줏대감인 뱅가드Vangurd(로보어드바이저 관리 자산 830억 달러)와 슈왑(로보어드바이저 관리 자산 200억 달러)이다. 다른 기성 회사들도 그들을 따라 피델리티Fidelity는 디지털 자문을 두고 있고, 모건 스탠리는 디지털 투자 플랫폼을 개발했으며, TD 아메리트레이드TD Ameritrade는 핵심 포트폴리오

상품을 로보어드바이저에게 맡기고 있다.

획기적 고객 성과를 마주한 금융서비스업계는 이를 신속하게 수용하여 해당 업계의 아마존이 탄생해 경쟁할 엄두도 내지 못할 규모로 성장할 기회를 사전에 차단했다. 뱅가드와 슈왑, 피델리티는 고객수용 포물선을 예측하고, 아무 대응도 하지 않는다면 베터먼트와 웰스프런트 같은 디지털 파괴자가 승자가 되어 시장의 대부분을 가져갈 것이며 그들의 자산 관리 비즈니스가 디지털을 활용하지 못하는 왼쪽 곡선으로 추락할 것임을 깨달았다.

그래서 이들 업계의 기성 주자들은 다른 접근법을 선택했다. 상품과 비즈니스 모델 혁신에 투자하고, 경쟁력 있는 로보어드바이저를 수용하고, 인력들을 일반적인 증권 중개에서 자본시장 사업부로 재빨리 변경 배치한 것이다. 현재의 자산관리 비즈니스를 잠식해서라도 장기적인 고객 관계를 보호하겠다는 이들의 군건한 의지는 승자 독식의 흐름을 누그러뜨리고 골리앗의 복수를 실현하기에 알맞은 포지셔닝을 구축할 수 있게 해주었다.

영구적 알고리즘
우위를 얻는 3단계

———

승자가 대부분을 가져가는 결과를 낳는 두 번째 동인은 우리가 '영구적 알고리즘'이라고 부르는 것이다. 간단히 설명하자면, 어떤 산업 분야에서든 오늘날에는 가장 많은 데이터를 수집, 관리, 분석, 체계화하는 회사가 AI와 머신러닝이라는 측면에서 오랫동안 경쟁 우위를 차지하게 될 것이다.

이 같은 시나리오가 극단적인 형태로 실현되면, 두 개의 업체가 시장을 양분해 독점할 수 있다. 예를 들어 블룸버그Bloomberg와 로이터Reuters는 금융서비스업계의 주식거래용 단말기 시장에서 그런 특권적 지위를 누리고 있다. 실제로 두 회사는 금융 시장에서 연간 150억 달러 이상의 수익을 벌어들이고 있다. 월스트리트나 런던, 프랑크푸르트, 홍콩의 증권거래소에 가면 블룸버그나 로이터의 단말기를 두세 대, 심지어 네 대까지 사용하는 트레이더들을 쉽게 찾아볼 수 있으며, 많은 트레이더들이 거래소는 물론 집에도 한 대씩 보유하고 있다. 이 주식 거래용 단말기 한 대의 사용료는 연간 최대 2만 4,000달러에 달하는데, 이 두 회사가 아닌 제3의 옵션은 실질적으로 존재하지도 않는 실정이다.

이런 동향은 광고업계에서도 나타난다. 디지털 기술이 등장하기 전, 광고업계는 다양한 종류의 회사들이 감자 칩과 맥주, 자동차, 영화 등의 광고를 따내기 위해 치열하게 경쟁하는 곳이었다. 국가마다 서너 개의 주요 TV 네트워크(미국의 경우 ABC, CBS, NBC, 폭스)와 두세 개의 대형 신문사(캐나다의 경우 〈글로브Globe〉, 〈메일Mail〉, 〈내셔널 포스트National Post〉)가 포진해 있었다. 광고주들은 그런 구도를 좋아했다. 서로 다른 미디어들이, 또는 같은 종류의 미디어 안에서 배고픈 경쟁자들이 서로 다투며 광고 단가를 낮췄기 때문이다.

그러나 디지털 시대가 되자 상황이 바뀌기 시작했다. 오늘날에는 구글과 페이스북Facebook이 모든 온라인 광고 매출의 73퍼센트를, 그리고 온라인 광고비 증가분의 83퍼센트를 점유하고 있다. 온라인 광고 시장은 월스트리트에서 받아 보는 시장정보보고서와 비슷하다. 승자가 대부분의 몫을 가져간다.

거의 모든 산업에서 이와 비슷한 현상이 발생하고 있다. IRI와 닐슨Nielsen은 포장 소비재 및 소매산업계에서 소비자 행동 분석의 대가들이다. 에퀴팩스Equifax와 트랜스유니온TransUnion, 익스피리언Experian의 신용점수는 미국 주요 은행들의 대출 절차에 너무 깊이 침투해 있어 제4의 회사가 끼어들 여지가 없다.

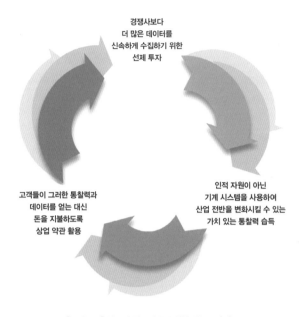

경쟁사보다
더 많은 데이터를
신속하게 수집하기 위한
선제 투자

인적 자원이 아닌
기계 시스템을 사용하여
산업 전반을 변화시킬 수 있는
가치 있는 통찰력 습득

고객들이 그러한 통찰력과
데이터를 얻는 대신
돈을 지불하도록
상업 약관 활용

[그림 3-4] 영구적 알고리즘 우위를 얻는 3단계

이처럼 극단적인 승자들이 존재할 수 있었던 것은 모두 영구적인 알고리즘 우위 때문이다. 알고리즘 우위는 [그림 3-1](디지털 시대 이후 바벨 그래프)의 오른쪽 곡선에 위치한 회사들에서 찾아볼 수 있는데, 이들은 모두 [그림 3-4]처럼 동종업계 경쟁자들보다 세 가지의 자기 강화 행동을 실천했다.

선제적 데이터 수집
—

영구적 알고리즘 우위를 획득한 회사들은 모두 과감한 선제적 조치를 취했다. 설령 단기적으로는 손실을 입더라도 최대한 폭넓고 많은 데이터를 수집하기 위해 투자를 아끼지 않은 것이다.

1982년에 마이클 블룸버그Michael Bloomberg는 전에 일하던 살로몬 브라더스Salomon Brothers가 다른 회사에 인수되었을 때 받은 1,000만 달러의 퇴직금으로 자신의 이름을 딴 회사를 창립했다. 그는 그 돈으로 주식과 채권 거래 데이터를 수집하는 컴퓨터 시스템을 개발했는데, 당시는 어떤 회사도 그런 데이터를 디지털 형태로 집계하지 않던 시절이었다. 블룸버그의 대담한 시도는 탁월한 결실을 거뒀고, 그는 억만장자가 되었으며, 나중에는 뉴욕 시장까지 역임했다.

이와 마찬가지로 1990년대에 구글은 월드와이드웹 전체에 흩어져 있는 문서를 훑고 수집하는 기발한(그리고 값비싼) 목표에 뛰어들었다. 실제로 '구글Google'은 '구골googol'이라는 단어의 철자를 변형한 것으로, 구골은 10의 10제곱을 뜻한다. 그것이 당시 구글이 수집하고 분석하며 관리하고자 했던 데이터의 규모였다.

마지막으로 IRI와 닐슨은 소비자 구매 패턴에 대한 자료를 수집하기 위해 상당히 흥미로운 방법을 택했다. 그들은 주요 소매업체에 일종의 거래를 제안했는데, 소매업체가 사용하는 포스POS 기계의 거래 원시 데이터에 대한 접근을 요청하면서 그 대가로 관련 정보와 통찰력을 '무료' 또는 할인된 가격으로 제공하겠다고 약속한 것이다. 당시 대부분의 소매업체들은 고객 데이터를 그냥 '놀리고' 있었기 때문에 데이터 수집에 동의했고, 그 결과 IRI와 닐슨은 산업 데이터 허브로 성장할 수 있었다.

기계 분석 이용

—

6장에서 더 자세히 다루겠지만, 인간은 대규모 데이터 정보를 처리할 수 없지만 기계는 가능하다. 영구적 알고리즘 우위를 확보한 기업들은 방대한 데이터 자산을 산업 전체를 변화시킬 수 있는 고가치 통찰력으로 전환하는 패턴을 발견하고, 이를 체계화했다.

블룸버그와 로이터의 단말기는 트레이더들이 가격이 잘못 산정된 금융 상품을 발견하고 가치가 오른 자산에서 발생하는 이익을 포착하는 데 필요한 분석 도구를 갖추고 있다. 또 상급 트레이더가 그들의 컴퓨터 기반 모델을 통해 1,000분의 1초 동안 발생하는 아주 사소한 실수를 발견하고 바로잡을 수 있도록 유연한 환경을 제공한다.

구글은 최초의 검색 엔진은 아니었으나 2개의 탁월한 알고리즘을 함께 구현하는 최초의 검색 엔진이었다. 첫 번째 알고리즘인 페이지랭크PageRank는 전 세계 웹상에 존재하는 정보를 매우 독특한 방식으로 정리했다. 링크의 수가 많을수록 해당 웹사이트의 가치를 높이 평가하고 검색 결과에 높은 점수를 부여하는 식으로 특정 웹사이트를 링크한 다른 웹사이트의 수를 계산한 것이다. 그 결과 구글은 인포식Infoseek과 야후Yahoo!, 알타비스타AltaVista 같은 다른 검색 사이트보다 훌륭한 검색 결과를 산출하게 되었다.

둘째로 애드워즈AdWords 알고리즘은 가장 높은 가격을 부른 입찰자에게 가장 눈에 띄는 자리에 있는 광고를 판매하는 방식이었다. 검색창 오른쪽에 노출되는 유료 광고의 가격은 수요와 공급에 따라 유동적으로 결정되었다. 이 애드워즈 알고리즘이야말로 오늘날 실리콘밸리 명예의 전당에 오른 비즈니스 모델을 탄생시킨 장본인이며, 말 그대로 '돈을 찍어내는 도구'였다.

마지막으로 IRI와 닐슨은 데이터과학을 이용해 점포 상권 및 가격 탄력성 도구 등의 알고리즘을 개발했다. IRI는 소매업체가 "구매자들이 얼마나 멀리서 우리 매장까지 물건을 사러 올 것인가?"라는 질문에 대한 답변을 얻을 수 있게 해주었고, 닐슨은 식품 및 음료업체가 "특정 제품의 가격을 10퍼센트 올린다면 판매량이 얼마나 하락할까?"라는, 그보다 더 중요한 질문에 대답할 수 있게 도와주었다. 이런 가격 탄력성 도구는 지금까지 대부분 인간 데이터 분석가가 개발했지만, 최근에는 점점 더 많은 도구들이 머신러닝 도구에 의해 개발되고 있다.

더 많은 데이터를 얻기 위한 상업 약관 활용
—

세 번째 단계는 영구적 알고리즘 우위에 '영구적'이라는 개념을 삽입하여 오늘날의 디지털 선도 기업들이 누리고 있는 엄청난 규모의 수익을 창출하는 것이다. 업계의 혁신적인 기업들과 그 고객들 사이에는 보이지 않는 계약이 존재한다. 가장 기본적인 계약은 바로 디지털 파괴자가 고객 행동에 대한 세부 정보를 활용하여 시간이 지날수록 제품을 개선할 권리를 보유한다는 것이다. 때때로 약관은 그보다 한층 더 나아가 디지털 파괴자가 문제의 알고리즘을 근본적으로 더욱 강력하게 보완하는, 완전히 새로운 데이터 풀을 이용할 수 있게 허용하기도 한다.

이런 '통찰력을 교환하기 위한 데이터'는 IRI와 닐슨의 성공을 이끈 주축이며, 이는 지금도 그렇다. 두 회사는 최종 소비자 패널처럼 소비자 구매 데이터를 얻기 위한 수많은 도구를 보유하고 있지만, 이는 전국의 모든 소비자층에 비하면 매우 작은 일부분에 불과하다. 기존의 알고리즘을 개선하고 그들의 제품과 구매 고객에게 더 많은 비용을 부과할 수 있는 완전히 새로운 알고리즘을 개발할 수 있는 기본 토대는 바로 포스 시스템에서 추출한 원시 데이터를 사용할 권리에 있다.

페이스북은 이런 데이터 교환에 20억 명이 넘는 소셜미디어 사용자들을 참여시키는 놀라운(어떤 이들은 무섭다고 말함) 일을 해냈다. 이들은 약관을 수십 차례에 걸쳐 변경하고, 새로 출시한 서비스에 페이스북 친화적인 사용자 데이터 권한을 기본 설정으로 적용하고, 새로운 데이터를 광범위하게 제공할 수 있는 서비스(메신저 등)를 새로 출시하고, 인스타그램Instargram이나 왓츠앱WhatsApp 같은 회사를 인수해 그들이 보유한 방대하고 세분화된 소비자 데이터를 손에 넣었다. 우리는 페이스북이, 제품과 서비스를 판매하고자 하는 회사들에게 잠재 고객을 더욱 정교하고 세심하게 겨냥하는 광고를 판매하기 위해 우리의 개인 데이터를 사용하고 있다는 사실을 모두 알고 있다. 그러나 페이스북의 다른 알고리즘이 맞춤 제공하는 서비스를 좋아하는 이상, 그 사실에 대해서는 대개 너그럽다. 페이스북의 서비스 덕분에 못 보고 놓칠 뻔한 뉴스를 보거나 오랫동안 소식이 끊긴 친구들과 다시 연락할 수 있기 때문이다.

데이터를 선제적으로 수집하고, 컴퓨터 분석을 이용하고, 이용 약관을 활용해 더 많은 데이터를 모은다면 영구적인 알고리즘 우위를 얻을 수 있다. 고객수용 포물선과 영구적인 알고리즘 우위를 이용해 승자가 대부분을 가져가는 역학이야말로 여러분과 여러분 회사가 지금 즉시 골리앗의 복수를 위한 6가지 법칙을 실천에 옮겨야 하는 이유이다. 이제 그 첫 번째 법칙으로 넘어가보자.

2부

골리앗이
다윗을 이기는
6가지 법칙

04

GOLIATH'S REVENGE

[법칙 1]
고객에게 10배 만족감을 선사하라

:

**획기적 고객 성과를
이루는 3단계**

———————

"사실 나는 우리가 해낸 일들만큼 하지 않은 일들도 자랑스럽다.
혁신이란 많은 것들에 대해 '아니오'라고 말하는 것이다."

– 스티브 잡스, 전 애플 CEO

———————

✛ ✛ ✛

이제는 규범에 대해 이야기할 차례다.

"무슨 일이 일어나고 있는가?"에서 "어떻게 하지?"로 질문을 바꿔보자. 앞장에서 내준 숙제를 제대로 했다면 이제 여러분은 세 가지를 갖고 있다. 골리앗의 복수를 위한 6가지 법칙에 대한 개인 경력 및 회사의 중간 성적표(1장)와 회사에 기성 주자의 이점을 부여할 수 있는 크라운 주얼 목록(2장)이 그것이다. 지금부터는 골리앗의 복수를 위한 6가지 법칙이 여러분과 여러분 회사가 디지털 파괴를 극복하고 [그림 3-1]의 승자 그래프에서 오른쪽 곡선으로 나아가는 데 어떤 의미를 갖는지 알아볼 것이다.

대부분의 기존 기업이 공격적인 디지털 파괴자를 만났을 때 보이는 반사적인 반응은 "우리는 더 혁신적이 되어야 한다"이다. 물론 덜 혁신적이 되는 것보다는 것보다는 낫지만, 그런 결심만으로는 혁신 전략의 초점을 어디에 맞춰야 할지 결정하는 데는 별 도움이 되지 않는다. 크든 작든 모든 조직은 혁신에 투자할 에너지와 인재, 자본에 한계가 있다. 그러므로 회사에 고수익 성장을 안겨주고 여러분의 경력을 발전시킬 가능성이 큰 획기적 고객 성과에 노력을 집중해야 한다.

이 장의 첫머리에 인용된 스티브 잡스의 말처럼, 혁신 주도의 성장을 추구할 때에는 특정 혁신에 있어 해야 할 일을 선택하는 것만큼이나 하지 않아야 할 일을 결정하는 것이 중요하다. 애플은 잡스의 지휘 하에 개인 컴퓨터라는 틈새시장에서 점차 여러 시장으로 뻗어 나갔으며—음악 분야에서는 아이팟, 스마트폰 분야에서는 아이폰, 태블릿에서는 아이패드—결과적으로 산업 전반을 디지털적으로 재창조하는 기업으로 진화했다. 하지만 실은 아이폰과 아이패드 기술이 2007년에 거의 동시에 완성되어 있었다는 사실은 잘 알려져 있지 않다.

애플은 아이패드의 출시를 2년이나 미루는 엄청난 배짱을 발휘했다. 잡스는 획기적 고객 성과—휴대전화를 단순한 통신기기가 아니라 삶의 통제 센터로 바꾸는 것—의 효력이 2년 정도는 충분히 유지될 것이라고 생각했다. 그동안 애플은 아이폰의 획기적인 고객 약속을 이행하기 위해 필요한 애플리케이션 생태계를 구축하는 데 전념했다. 그리고 2010년이 되자 아이패드를 출시, 엄청난 성공을 거뒀다. 아이패드의 출시를 미룬다는 결정을 내리는 데 얼마나 커다란 자제심과 자신감이 필요했을지 상상해보라. 그것이 바로 애플이 세계 최고의 기업이 될 수 있었던 가장 큰 요인 중 하나다.

그렇다면 회사에 필요한 이런 중추적 혁신의 우선순위를 결정하려면 어떻게 해야 할까? 어떤 요소들을 고려하고, 조직 내 구성원들이 어떻게 그 결과를 충실하게 이행하게 할 것인가? 이 장에서는 여러분의 회사가 애플처럼 되기 위해 거쳐야 할 3단계에 대해 설명할 것이다. 각 단계의 핵심 내용은 다음과 같다.

1. 목표를 설정하라

고객들에게 10배의 가치를 제공하고, 여러분 회사가 지닌 기성 주자의 이점을 독특하게 활용할 수 있는 잠재력을 지닌 획기적 성과가 무엇인지 규정하라.

2. 과정을 계획하라

획기적 고객 성과를 제공하기 위해 단기적이고 달성 가능한 목표를 순차적으로 설정하고, 가치 계단의 각 단계에 위치한 4개의 구매자 페르소나를 파악하라([그림 4-2] 참고).

3. 실행하라

가치 계단의 각 단계마다 획기적 고객 성과의 중요한 측면을 제공하되 현재 및 잠재 고객이 소비 방법을 알고 있는 규모의 완전한 제안whole offer을 구체적으로 지정하라.

이 장의 마지막 부분에서는 1장에서 만들었던 중간 성적표를 마무리하게 된다. 이 장을 마치고 나면 법칙 1에 대한 기말시험 해답지를 얻을 수 있을 것이다.

단계(1) 목표 설정하기:
고객 중심형 목표를 10단어 내로 정한다

———

짐 콜린스Jim Collins와 제리 포라스Jerry Porras는 1994년에 출간한《성공하는 기업들의 8가지 습관》에서 BHAG, 즉 '크고 대담하며 도전적인 목표a big, hairy, audacious goal'라는 개념을 소개한 바 있다. 대부분의 회사들은 이를 내부 중심적 관점에서 정의하는 경향이 있다. 다시 말해 회사의 재정적 목표, 혹은 그보다 더 나쁜 경우 그들의 전문 분야를 내세우며 허세를 부리는 것이다. 이를테면 "우리는 줄기세포 치료 분야에서 10억 달러 규모로 성장할 것이다"라거나 "인도와 중국에 진출해 5년 내에 2배 이상의 수익을 낼 것이다"처럼 말이다. 사명 선언은 유행처럼 퍼져나갔다. 어떤 회사들은 고용주가 독단적으로 선택한 '거창한 목표'를 직원들에게 상기시키기 위해 작은 플라스틱 카드에 그것을 인쇄해 붙여놓기도 했다.

　마이크로소프트의 초창기 BHAG는 "모든 가정과 모든 책상 위에

PC를"이라는 컴퓨터의 대중화에 집중되어 있었다. 이런 획기적인 고객 성과는 마이크로소프트를 첨단기술업계의 로빈후드로 만들어주었다. 마이크로소프트는 전에는 오직 특권층만 사용할 수 있었던 고가의 제품을 거의 모든 사람들이 사용할 수 있게 만드는 데 그들이 가진 모든 혁신 역량을 쏟아 부었다.

구글이 초반에 내세운 BHAG는 "전 세계의 정보를 체계화한다"였는데, 이는 방대한 정보를 확산, 배포하는 인터넷의 능력과 사람들의 궁금증을 해결하게 돕는 검색 엔진을 활용하는 고객 성과였다. 테슬라의 BHAG는 다른 자동차 회사의 그것보다 훨씬 크고 거창했다. "지속 가능한 에너지로의 세계적 전환을 가속화한다." 이러한 목표는 테슬라가 비용 효율적인 에너지 저장 시스템과 태양열 전지판뿐만 아니라 전기자동차와 고속충전소 전반에 걸친 혁신을 이루게 해주었다.

마이크로소프트와 구글, 테슬라가 처음 여정을 시작했을 때 이 목표는 전부 불가능해 보였다. 그러나 목표를 이루기 위해 전념한 지 7~10년이 지났을 때 그들은 최소한 부분적으로나마 성공을 거두었다.

이런 예시들이 고객 만족을 위한 획기적인 성과에 초점을 맞추고 있는 반면, 다른 회사들은 산업 전체가 마주한 문제를 해결하기 위해 그와 똑같은 접근법을 이용하고 있다. 일본의 히타치가 좋은 예이다. "사회적 혁신을 위한 디지털 솔루션"에 초점을 맞춘 획기적 고객 성과를 추구하는 히타치는 빅데이터와 AI 역량을 구축하여 전 세계 사상가와 실천가들이 범세계적 네트워크를 통해 협력하고 사회적 문제에 대한 새로운 해결책을 고안할 수 있게 돕고 있다. 이때 사회적 문제는 재생에너지 생산 가속화, 세분화된 글로벌 공급망 내에서 제품의 품질과 안전 보장, 사회적 책임을 고려한 도시 개발 등 광범위한 영역을 포괄한다.

여러분 회사의 고객이 개인 소비자든 다른 회사이든 간에 이제 내부 중심적인 구식 사명 선언서는 옆으로 밀쳐놓을 때가 왔다. 고객 중심적인 사고를 하고, 여러분의 BHAG를 10단어 이내로 정의하라. 골리앗의 복수로 가는 여정의 이 첫 번째 걸음은 앞으로 10년 이상 여러분의 혁신 투자를 이끌어줄 것이며, 그러므로 시간을 들여 신중하게 올바른 길을 찾아야 한다. 먼저 다음 두 가지 질문에 대답해보라.

1. 여러분의 회사가 목표로 하고 있는 '크고 대담하며 도전적인' 고객 문제는 무엇인가?
2. 왜 여러분의 회사가 그 문제를 해결할 자격이 있다고 여기는가?

이에 대해 어쩌면 여러분은 "도대체 얼마나 크고 대담하고 도전적이 되어야 하는가?"라고 반문할지도 모르겠다. 간단히 말해, 당신이 추구하는 것은 10X 잠재력을 지닌 고객 성과다. 이는 고객이 당신의 제품이나 서비스 솔루션에 1달러를 소비할 때마다 10달러의 가치를 얻었다고 인식하게 만들어야 한다는 뜻이다.

기업 간 시장B2B에서 고객 가치를 측정하는 방법은 간단하다. 거의 모든 B2B 산업이 궁극적으로 매출 증대, 비용 절감, 위험 감소라는 세 가지 지표를 우선시한다. 따라서 여러분의 10X 성과는 그러한 지표

중 하나에 초점을 맞추거나—구글의 애드워즈는 보다 세분화된 광고 타기팅targeting을 이용한 매출 증대에 초점을 맞춘다—세 가지 지표를 모두 조합할 수도 있다.

한편 기업 소비자 간 시장B2C에서 고객 가치에 대한 정의는 업종마다 다르다. 의료 서비스 분야의 경우에는 낮은 사망률, 적은 부작용, 그리고 건강한 삶과 같은 환자 성과의 관점에서 측정할 수 있으며, 미디어의 가치는 인구통계학적 분류에 따른 '좋아요'와 팔로우, 공유 횟수를 기준 삼아 간접적으로 평가할 수 있다. 또 자동차 산업에서 고객 가치는 제품의 성능과 신뢰성, 품질, 만족도에 대한 고객의 주관적인 인식에 따라 결정될 확률이 높다.

핵심은 여러분이 '작년보다 조금 나아졌다' 혹은 '새롭게 개선되었다'와는 완전히 다른 것을 노리고 있다는 점이다. 여러분은 디지털 파괴자들이 이미 투자 중인 획기적 고객 성과의 의미를 여러분 회사에 알맞게 정의하기 위해 목표를 높이고 있다. 아마존은 IBM과 HP, 델Dell, EMC, 넷앱NetApp 등이 아직도 기업 데이터 센터에 한정된 저장 공간을 판매하고 있던 시기에 클라우드 컴퓨팅에 뛰어들어 탄력적으로 무한한 처리 능력과 저장 공간을 제시함으로써 획기적 고객 성과를 제시했다. 운송업계로 진출한 우버는 원하는 곳으로 이동하기 위해 더는 자동차를 소유할 필요가 없다는 고객 성과를 내놓았다. 넷플릭스는 고객들이 적은 돈으로 언제 어디서 어떤 기기에서든 영화를 즐길 수 있게 함으로써 TV 네트워크와 영화 산업을 뒤집어놓았다.

이 세 다윗은 10X 고객 성과를 이룩하는 방법을 알고 있다. 사실 이는 수많은 다윗들을 배출하고 있는 실리콘밸리 문화에 내재되어 있는 것이다. 디지털 파괴자는 "달 착륙이 목표지만 설령 다른 별에 착륙하더라도 여전히 성공한 것이다"라는 사고방식을 지니고 있으며, 10X 가치를 목표로 설정함으로써 고객의 눈에 더욱 획기적으로 보이는 성과와 더불어 주주들에게 더 높은 가치를 제공한다.

10단어 이하의 획기적 고객 성과에 알맞은 3~5개의 후보들을 선택했다면, 이제 2장에서 설명한 크라운 주얼을 사용해 그것을 평가하고 순위를 매길 차례. 아무 회사에나 맞을 획기적 고객 성과가 아니라 여러분 회사만이 특별히 제공할 수 있는 것을 선택해야 한다. 내부에서 결정한 기성 주자의 이점을 10X 고객 가치 잠재력을 지닌 성과와 연결하는 것은 골리앗의 복수를 위한 첫 번째 법칙을 적용하는 데 있어서 가장 어려운 부분이다.

먼저 오른쪽 열에 획기적 고객 성과의 후보들을 각각 정렬한 다음, 업계의 일반적인 고객 가치 지표에 대해 각각의 고객 성과를 평가한다. 우리는 이 표에서 B2B 지표를 사용했지만, 여러분 회사의 고객들이 다른 기준을 사용하고 있다면 원하는 대로 변경해도 좋다. 각 지표에 대해 0(빈 원)부터 4(검은색으로 완전히 채워진 원)의 척도로 평가하고, 평균값을 계산해 최종 점수를 산출해보자.

2장에서 살펴본 7가지 범주의 잠재적 크라운 주얼에 대해서도 이과정을 반복한다. 여러분의 회사는 전체 7개 범주 중 3~4개 부문에서만 기성 주자의 이점을 보유하고 있을 수도 있다. 이럴 때는 해당하지 않는 항목은 처음부터 삭제해도 상관없다. 그런 다음 평균을 내 각 고

	획기적 고객 성과 후보		
	고객 성과 옵션 1	고객 성과 옵션 2	고객 성과 옵션 3
고객 가치 효과			
매출 증대	●	○	◕
비용 절감	◔	●	◑
위험 감소	○	◕	◑
고객 가치 종합	◔	◕	◑
크라운 주얼 활용			
자체 자금 조달이 가능한 구조	●	●	○
탄력적인 브랜드 가치	○	◑	◔
기존 고객 관계	◕	◔	○
설치 기반	◑	●	○
데이터 세트	◔	○	●
상호저촉특허	○	◑	○
업계 표준에 미치는 영향력	◔	●	◔
크라운 주얼 활용 종합	◔	◕	◔

[그림 4-1] 획기적인 고객 성과 순위표

객 성과 후보에 대한 최종 점수를 산출한다. 고객 가치 지표와 크라운 주얼 활용 두 부문 모두에서 높은 점수를 받은 고객 성과가 가장 바람직한 선택이 될 것이다([그림 4-1]의 옵션 2).

마지막 단계는 우수 고객들과 소통해 가장 높은 순위를 차지한 획기적 고객 성과에 대해 솔직하고 여과 없는 반응을 얻는 것이다. 10X 고객 가치, 즉 상당히 높은 목표를 설정했다면 "그렇게만 된다면 세상이 바뀔 것이다"와 "정말로 가능한가?"가 반쯤 뒤섞인 반응을 얻게 될 것이다. 만약 "XYZ 회사는 벌써 그렇게 하고 있다"나 "그보다 더 중요한 것에 집중해야 한다"는 반응이 많다면 목표가 별로 대담하지 않다는 의미다. 이 과정을 반복하여 최종적으로 선택한 획기적 고객 성과가 10X 고객 가치 잠재력을 지니고 있는지, 그리고 기성 주자의 이점을 제공하는 크라운 주얼을 활용할 수 있는지 반드시 확인하라.

단계(2) 계획하기:
구매자 페르소나를 파악한다

잠재 고객은 고객의 규모, 업종, 지역 등에 따라 다양하게 세분화할 수 있다. 이러한 기준은 고객 접점을 구축하는 데에는 유용하지만 혁신 전략을 개발하는 데에는 그다지 쓸모가 없다. 골리앗의 복수를 추구하는 데 있어 올바른 고객 세분화 접근법은 우리가 '가치 계단'이라고 부르는 것이다. 가치 계단은 현재 및 잠재 고객을 혁신 수용 행위에 따라 분류하는 것이다([그림 4-2]를 보라).

1991년에 출간된 제프리 무어Geoffrey Moore의 책《캐즘 마케팅Crossing the Chasm》은 혁신의 역사에서 가장 오래되고 중요한 통찰력 중 하나를 제시했다. 이 책은 실리콘밸리 리더들의 책꽂이에 오랫동안 자리잡게 되었는데, 지금도 고객들이 어떻게 파괴적 혁신 기술을 받아들이고 사용하고 흡수하는지 이해하고 싶은 사람이라면 누구나 읽어야 하는 책으로 인식되고 있다.

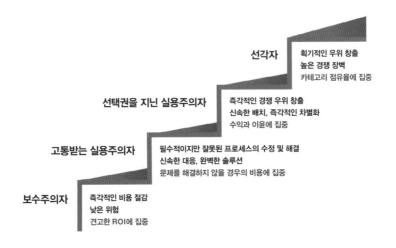

[그림 4-2] 가치 계단

무어는 성공적인 혁신 전략을 세울 때 반드시 고려해야 할 4개의 고객 페르소나에 대해 설명했다. [그림 4-2]는 고객 페르소나와 그들이 획기적 고객 성과에 미치는 영향을 계단에 비유해 요약한 것이다.

선각자 vs. 보수주의자

—

가장 높은 계단 꼭대기에서부터 시작해보자. 동종업계의 중요 행사에서 여러분 회사의 CEO와 함께 연단에 올랐을지도 모르는 고객 페르소나, 바로 선각자이다.

월마트의 RFID 사례에서도 언급했듯이, 선각자는 다른 이들보다 앞서서 파괴적 혁신을 수용하고 싶어한다. 그 목적은 단 하나, 업계 판도를 바꿀 수도 있는 경쟁 우위를 획득하는 것이다. 이들은 여러분의 회사가 3~5년 동안 간절히 추구해온 획기적인 고객 성과를 찾아내는 데 커다란 도움이 될 수 있으며, '승자가 대부분을 가져가는' 경쟁의 마지막 결승점을 의미한다.

하지만 동시에 선각자는 단기적으로는 주의를 산만하게 하는 방해물이 될 수도 있다. 월마트는 과거에 연구소와 유통센터, 일선 매장에 당시로서는 파괴적이었던 혁신을 배치하느라 벤튼빌에 있는 RFID 팀의 절반을 투입해야 했다. 어떤 혁신이 실제로 가능해지기 전에 선각자가 원하는 모든 기능을 실현해주겠다고 약속한다면, 거기에 신경 쓰느라 다른 많은 제품 개발이 무산될 수도 있다. 단 하나의 고객에게 서비스를 제공하기 위해 시장 전체가 기꺼이 투자할 커다란 솔루션을 포기하게 될 수도 있다는 뜻이다.

간단히 비유하자면, 지금 여러분이 하늘을 날 수 있는 수준이라면 선각자들은 화성에 가고 싶어한다. 가치 계단이 존재하는 것도 이 때문이다. 여러분은 장기적인 비전을 제시하되, 그 과정에서 파산하지 않고도 획기적 고객 성과를 달성할 방법이 필요하다. 가치 계단의 토대는 보수주의자라고 불리는 구매자 페르소나에 단단히 고정되어 있다. 이들 보수적인 고객들은 획기적 성과를 갈망하기는 하지만 한달음에 거기 닿고 싶어하지는 않는다. 보수주의자들은 "평범한 일반인도 지금 당장 실행할 수 있고, 분명하고 확고한 ROI를 제공하고, 혁신이 성숙해지면 계단을 오를 수 있게 대비해주는 단순한 버전의 파괴적 혁신을 달라"라고 말한다.

고통받는 실용주의자 vs. 선택권을 지닌 실용주의자

—

계단의 중간에 위치한 두 구매자 페르소나에게 혁신을 제공하는 것은, 회사는 가장 많은 돈을 벌고 개인은 경력에 있어 가장 큰 추진력을 얻을 수 있는 일이다. 사실 이 둘은 하나의 페르소나, 즉 실용주의자의 2가지 면모를 의미한다. 이들은 다소 우유부단하다. 파괴적인 혁신의 혜택을 얻고 싶으면서도 시장에서 입증된 안전한 혁신을 선호한다. 실용주의자들은 다른 실용주의자에게 "이 혁신 적용해봤어?"라고 적극적으로 정보를 구한다.

가치 계단의 두 번째 층에는 고통받는 실용주의자가 위치한다. 이들은 사명을 실현하는 데 있어 필수적이지만 어딘가 잘못되어 있는 프로세스를 즉시 바로잡아야 할 필요가 있다고 생각한다. 여러분은 그들을 설득할 필요가 없다. 그저 그들을 편안하게 해줄 치료법만 제시해주면 된다. 이들이 여러분의 파괴적 혁신을 수용하는 가장 근본적인 이유는 고통을 피하고 싶기 때문이다.

세 번째 계단에 속하는 구매자 페르소나, 즉 선택권을 지닌 실용주의자는 무엇보다도 이득을 얻길 원한다. 이 페르소나는 선각자와 비슷하지만, 시간적 여유가 부족하며 2~3년 만에 성과를 낼 수 있는 투자에 집중한다. 선택권을 가진 실용주의자는 신속한 혁신 배치와 지속 가능한 경쟁우위로 가는 길 두 가지 모두를 손에 넣고 싶어한다.

가치 계단 적용하기: 사례

—

몇 가지 실제 사례를 살펴보자. GE 트랜스포테이션GE Transportation은 디지털 혁신 투자의 순서를 결정하는 데 가치 계단을 사용하고 있다. 이 회사는 철도업계 고객들이 '공급망 전체를 연결하고, 디지털화하고, 최적화할 수 있도록' 돕는다. 한때 성행했던 디지털 투자의 물결은 개별적인 문제를 해결해주었으나 그 결과 조차장과 선적항, 연계 수송에 이르기까지 공급망 내에 파편화된 데이터 세트와 자동화의 섬을 초래했다. GE의 획기적 고객 성과는 운송 경로 전체를 최적화하기 위해 공급망 전체를 '끝에서 끝까지' 연결한다는 매우 대담한 시도였다. [그림 4-3]에서 보듯이 GE는 이런 장기적인 고객 성과를 각각의 가치 계

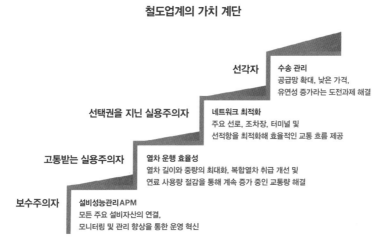

철도업계의 가치 계단

선각자 — **수송 관리**
공급망 확대, 낮은 가격,
유연성 증가라는 도전과제 해결

선택권을 지닌 실용주의자 — **네트워크 최적화**
주요 선로, 조차장, 터미널 및
선적항을 최적화해 효율적인 교통 흐름 제공

고통받는 실용주의자 — **열차 운행 효율성**
열차 길이와 중량의 최대화, 복합열차 취급 개선 및
연료 사용량 절감을 통해 계속 증가 중인 교통량 해결

보수주의자 — **설비성능관리APM**
모든 주요 설비자산의 연결,
모니터링 및 관리 향상을 통한 운영 혁신

[그림 4-3] GE 트랜스포테이션의 가치 계단

단에 위치한 구매자 페르소나의 니즈를 해결하는 4개의 하위 성과로 분류했다.

이처럼 하위 성과들을 단계적으로 배치해 보다 장기적이고 거대한 목표로 전진하는 접근법은 산업 자체뿐만 아니라 특정 기능에도 적용할 수 있다. 약 5년 전, 한 유명 첨단기술 회사가 가치 계단을 활용해 기업 고객의 IT 역량을 현대화한다는 혁신 계획을 세운 적이 있다. 그들이 개발한 획기적 고객 성과는 고객의 IT 시스템이 기업의 데이터 센터 인프라를 완벽히 활용하는 한편, 사업 부문에 무한한 탄력성을 지닌 컴퓨팅 능력을 제공하도록 돕는 것이었다.

당시 대부분 기존 기업의 IT 부서는 컴퓨팅 작업을 공용 클라우드 모델로 전환하는 데 필요한 기술을 갖추지 못하고 있었다. 또 데이터 센터의 자산은 대부분 돈을 지불하고 외부에서 구입한 것이었다. 즉,

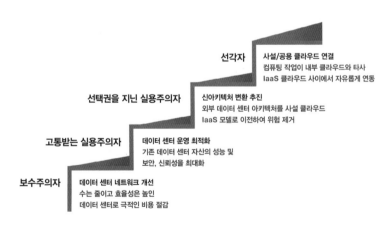

선각자
사설/공용 클라우드 연결
컴퓨팅 작업이 내부 클라우드와 타사
IaaS 클라우드 사이에서 자유롭게 연동

선택권을 지닌 실용주의자
신아키텍처 변환 추진
외부 데이터 센터 아키텍처를 사설 클라우드
IaaS 모델로 이전하여 위험 제거

고통받는 실용주의자
데이터 센터 운영 최적화
기존 데이터 센터 자산의 성능 및
보안, 신뢰성을 최대화

보수주의자
데이터 센터 네트워크 개선
수는 줄이고 효율성은 높인
데이터 센터로 극적인 비용 절감

[그림 4-4] 서비스로의 데이터 센터 계단

기업 내 서비스로서의 데이터 센터Data Center as a Service, DCaaS를 구축한다면 아마존과 마이크로소프트, 구글과 같은 공용 클라우드 업체가 제공하는 가장 공격적인 IaaS 제품과 비교해 충분한 비용 경쟁력을 갖출수 있다는 의미였다.

이들 IT 팀들은 클라우드 컴퓨팅의 유연성과 확장성, 그리고 경제적장점을 모두 취하면서도 기존의 데이터 센터를 완벽하게 활용하고 싶었다. 그래서 고객의 의뢰를 받은 첨단기술 회사는 획기적 고객 성과를 제공하기 위해 [그림 4-4]의 가치 계단을 이용했다.

그림에서 계단 꼭대기에 있는 선각자 고객은 사내(사설) 클라우드와타사(공용) 클라우드 간에 컴퓨팅 작업이 자유롭게 연동되길 원했다. 이는 그 당시 혁신 수준으로는 불가능한 일이었고, 따라서 첨단기술 회사는 먼저 단기적으로 달성할 수 있는 하위 고객 성과를 우선적인 목표로 삼아 보수주의자와 고통받는 실용주의자, 선택권을 지닌 실용주의자를 거쳐 최종적으로 선각자를 위한 획기적 고객 성과를 제공하기위한 길로 조금씩 전진해나갔다.

5년 후 마침내 서비스로서의 데이터 센터라는 고객 성과의 최종 단계가 실현되었다. 이 기술 회사는 고객이 가치 계단을 오를 수 있게 도움으로써 인수합병 및 내부 R&D를 통해 수십억 달러 가치에 달하는새로운 고이윤 비즈니스를 발전시켰다.

BHAG를 가치 계단에 맞추기

—

이제 앞에서 개발하고 검증하고 다듬은 여러분의 BHAG를 가치 계단에 맞춰 하위 성과로 쪼개보자. 먼저 [그림 4-2]의 4가지 페르소나가 각각 혁신을 수용하는 동기에 대해 생각해보라. 그런 다음 각 페르소나의 수용 동기와 완벽하게 부합하되, 해당 혁신이 완성되고 나면 계단 꼭대기까지 분명한 길을 제시해주는 획기적 고객 성과의 '미니 버전'을 정의하라.

이때 반드시 명심해야 할 중요한 점이 하나 있다. 잘 건설된 계단은 층계 하나하나에 크게 주의를 기울이지 않아도 쉽게 걸어 올라갈 수 있다. 어쩌면 눈을 감고도 올라갈 수 있을 것이다. 각각의 계단이 거의 같은 높이로 구성되어 있기 때문이다. 가치 계단도 마찬가지다. 계단 하나는 낮았는데 다음 계단이 갑자기 불쑥 높아진다면, 고객들은 마치 실제 세상에서 높낮이가 불규칙한 층계를 오를 때처럼 발을 헛디뎌 휘청거릴 것이다. 고객들은 계단을 하나씩 오를 때마다 비슷한 수준의 가치 상승을 경험해야 한다. 그러면 짧은 시간 내에 가능한 많은 고객들이 여러분이 약속한 획기적인 고객 성과로 가는 여정에 동참할 수 있게 될 것이다.

이제 고객이 구매하고자 하는 성과를 넘어 여러분이 판매하고자 하는 완벽한 솔루션—우리가 '완전한 제안'이라고 부르는—에 주목해보자.

단계(3) 실행하기: 고객을 위한 '완전한 제안'을 고안한다

가치 계단에서 각각의 계단은 획기적 고객 성과에 도달하는 과정에서 고객들에게 제공할 중간 단계의 성과들을 의미한다. 이제 각 계단에서 약속한 고객 성과를 제공할 수 있는 반복 가능한 솔루션들의 우선순위를 결정해야 한다.

우리는 이처럼 반복 가능한 솔루션을 '완전한 제안whole offer'이라고 부른다. '완전한 제안'은 '그냥 제안'에 비해 고객이 원하는 성과를 제공하기 위해 그들이 요구한 모든 역량을 충분히 심사숙고한 제안을 말한다. 특정 역량을 단시간 내에 제공할 수 없는 경우에는 그 공백을 메울 파트너를 영입할 것이다.

5장에서 다룰 '빅1'과 '리틀1'의 혁신 투자가 결실을 맺기 시작하면 일부 파트너의 역할을 점진적으로 축소시킬 수 있다. 어쨌든 지금은 어떤 역량이 회사의 제품 및 서비스, 혁신, 인수합병을 통해 내부적으로 조달되고 무엇이 외부의 제3자 파트너를 통해 제공될지에 대해서는 크게 신경쓰지 말도록 하자.

우버의 사례를 보자. 우버의 완전한 제안은 A 지점에서 B 지점까지 저렴하고 즉각적인 운송 수단을 제공하는 '우버엑스uberX'이다. 그 외에도 우버가 제공하는 서비스는 차량 예약, 검정색 고급 차량, 경유지 추가, 헬리콥터를 사용할 수 있는 '우버차퍼UberCHOPPER', 다른 사람들과 함께 보다 저렴한 비용으로 우버를 사용할 수 있는 합승 서비스 '우버풀UberPOOL'도 있다. 그러나 가장 많은 고객들이 이용하는 것은 역시 우버엑스다. 우버엑스가 우버의 완전한 제안이 될 수 있게 만들어준 가장 중요한 기능은 사용자의 현 위치를 알려주는 모바일 앱, 탑승자와 운전자를 연결시켜주는 클라우드 기반 알고리즘, 그리고 우버 수수료를 포함해 운전자에게 즉시 요금을 지불할 수 있는 결제 시스템이다.

이 완전한 제안을 완성하는 마지막 조각은 탑승자를 A 지점에서 B 지점으로 이동시키는 노동력을 제공하는 거대한 운전자 생태계, 그리고 일부 운전자들의 임시 이동수단이 될 최신 차량을 구입하는 데 필요한 자본을 제공하는 자금 제공자 조직이다. 우버의 비범함은 조직 내부에서 제공하는 비교적 작은 역량이 아니라 약속한 고객 성과—A 지점에서 B 지점까지 갈 수 있는 저렴하고 즉각적인 이동수단을 제공하는 것—를 정확하게 제공하는 완전한 제안에 있다.

구매자 페르소나가 계단을 오를 때마다 점차 복잡하고 세련된 방향으로 변화하는 것처럼, 완전한 제안은 한 계단 안에서도 비교적 간단한 제안에서 복잡한 제안으로(왼쪽에서 오른쪽으로) 단계적 발전을 거친다. 다음 [그림 4-5]를 참고하여 단계별로 완전한 제안을 구상할 때마다 '계단 번호.완전한 제안 번호'로 표시해 정리해보자. 예를 들어 '완전한 제안 3.2'는 3번째 계단의 2번째 완전한 제안이다.

첫 번째 계단에서는 회사가 지금 당장 또는 짧은 기간 내에— 최대 6개월— 제공할 수 있는 가장 단순한 완전한 제안이 무엇인지 고민해보라. 그것이 바로 여러분의 '완전한 제안 1.1'이며, 골리앗의 복수를 위한 전략에서 두 가지의 중요한 역할을 하게 될 것이다.

첫째, 이것은 여러분의 가치 계단에서 최소한 첫 번째 계단을 오를 준비가 된 고객들을 위한 완전한 제안이다. 즉, 우버로 따지자면 A 지점에서 B 지점까지 이동할 수 있는 저렴하고 즉각적이며 개인적인 이

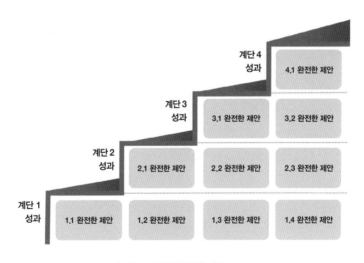

[그림 4-5] 단계별 완전한 제안

동수단이다. 이는 또한 회사의 임원 및 주주들에게 여러분이 디지털 파괴자들에게 반격을 시작했다는 사실을 입증할 수 있는 증거이기도 하다.

'완전한 제안 1.1'을 고안할 때에는 고객에게 약속한 성과의 가장 중요한 부분을 제공하려면 어떤 기능이나 역량이 가장 중요한지를 파악해야 한다. 앞에서 설명한 우버의 예를 참고하고, 이 단계에서는 여러분의 완전한 제안이 될 제품이나 서비스, 비즈니스 모델의 모든 측면을 정의하려 들지 말라. 일단은 가장 중요한 역량, 즉 핵심 목표를 식별하는 것이 최우선 과제다.

다른 한편으로 완전한 제안은 반드시 '완전함'을 내포해야 한다. 선반 위에 놓여 있던 아무 상품이나 서비스를 가져와 완전한 해결책이라고 내밀어서는 안 된다. 반드시 고객을 중심으로 사고하고 행동하라. 보수적 페르소나 고객이 1단계에서 약속한 고객 성과를 얻으려면 어떤 역량이 필요한지 파악하라.

'완전한 제안 1.1'의 마지막 단계는 각각의 목표 역량을 다음과 같이 색상으로 표시해 구분하는 것이다.

녹색: 현재 보유 중이며 향후에도 반복적으로 제공할 수 있는 역량

빨간색: 자체적인 내부 조달이 가능하리라 예상했으나 결국 누락된 역량

파란색: 외부 파트너 생태계가 제공하리라 예상했으나 누락된 역량

'완전한 제안 1.2'와 '완전한 제안 1.3'을 거쳐 최소한 세 번 이상 이

과정을 반복한 다음, 첫 번째 계단을 완성하라. 첫 번째 계단의 1.2와 1.3과 같은 추가 제안은 정교함과 복잡성, 고객 가치에 있어 왼쪽에서 오른쪽으로 점차 향상되는 양상을 띠어야 한다. 더불어 그 단계에서 정의한 고객 성과를 완벽하게 제공하기 위해서는 상호 기반적인 구축이 필요하다. 완전한 제안의 첫 번째 계단은 전반적으로 보수주의자 구매자 페르소나 고객들이 시간이 지나면서 여러분의 혁신을 수용하는 점진적인 방식을 의미한다.

두 번째, 세 번째, 네 번째 계단에서도 같은 과정을 반복하며 고통받는 실용주의자와 선택권이 있는 실용주의자, 선각자 페르소나 고객들에게 약속한 고객 성과를 제공할 수 있는 완전한 제안을 구체적으로 설정하라. 중간에 막히면 [그림 4-2]로 돌아가 각 페르소나 고객이 무엇을 원하는지 다시 한 번 확인하라.

가치 계단을 오를수록 각 계단에 존재하는 완전한 제안의 수는 감소한다. 세 번째와 네 번째 계단의 페르소나는 즉각적인 조치가 가능한 첫 번째와 두 번째 계단의 페르소나보다 더 커다란 포부를 지니고 있기 때문이다. 또 계단의 상단에 위치할수록 빨간색과 파란색으로 표시되는 역량이 많을 가능성이 크다. 이는 높은 계단으로 상징되는, 보다 향상된 형태의 고객 성과에 대한 회사의 내부 준비 상황을 반영한다.

여러분만의 [그림 4-5]를 완성했다면, 이번에는 고객 검증의 두 번째 단계에 착수할 차례다. 여러분 회사의 성공에 관심을 갖고 있으며 가장 믿음직한 고객과 접촉해 단계별 완전한 제안에 대해 솔직한 피드백을 받으라. 이러한 상호작용을 활용해 고객들이 단계별 성과를 달성하는 데 필요한 추가적인 완전한 제안을 파악하라. 나아가 충분한 시간을 들여 각각의 완전한 제안에서 여러분이 놓쳤을지도 모르는 추가 역량을 파악하고 이해하라.

두 번째 고객 검증 단계를 마쳤다면 두 번째 법칙('빅1'과 '리틀1' 혁신)으로 넘어갈 준비가 된 것이다. 완전한 제안 중 특히 빨간색으로 표시된 역량들은 앞으로 단기간 내에 혁신해야 할 대상이라는 사실을 잊지 말자.

[워크시트]
자기평가표 작성하기

두 번째 법칙으로 넘어가기 전에 이 책의 초반에 작성했던 성적표를 보다 객관적으로 완성할 필요가 있다. 그 성적표가 여러분 회사와 개인적 경력의 중간 평가에 불과하다고 말한 것을 기억하는가? 이제 여러분과 회사가 골리앗의 복수를 위한 첫 번째 법칙에 대해 얼마나 잘 준비되어 있는지 확인할 때다. [그림 4-6]은 '법칙 1'에 대한 보다 상세한 자기평가표의 예시다.

중간 평가표에서 단순히 A, B, C, D로 표시한 것을 구체적인 백분율로 전환시킨 것을 볼 수 있을 것이다. 앞으로 골리앗의 복수를 위한 6가지 법칙에 대한 모든 장은 두 개의 표를 채우는 연습 활동으로 마무리될 것이며, 그 표를 이용해 [그림 4-6]과 같은 막대그래프를 완성할 것이다.

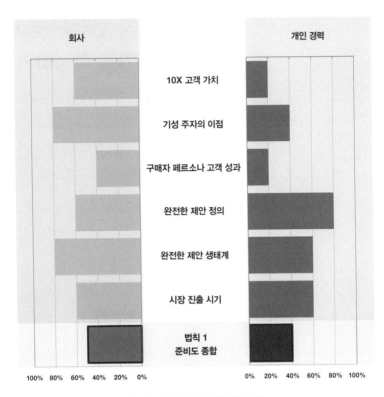

| 회사 | | 개인 경력 |

- 10X 고객 가치
- 기성 주자의 이점
- 구매자 페르소나 고객 성과
- 완전한 제안 정의
- 완전한 제안 생태계
- 시장 진출 시기
- 법칙 1 준비도 종합

100% 80% 60% 40% 20% 0% 　 0% 20% 40% 60% 80% 100%

[그림 4-6] 법칙 1의 준비도 요약 샘플

회사 준비도 자기평가

—

여러분의 회사가 '골리앗의 복수를 위한 법칙 1'을 실행할 준비가 되어 있는지 직접 평가해보자. [그림 4-7]의 가로 행을 차례대로 찬찬히 읽어보라.

[그림 4-7] 표의 가로 행은 각각의 평가 분야에서 회사가 보유한 역

법칙 1: 고객에게 10배 만족감을 선사하라
회사 준비도 자기평가표

	0~20% 최하 역량	20~40% 하위 역량	40~60% 보통 역량	60~80% 상위 역량	80~100% 세계 최상위 역량
10X 고객 가치	성과 가치가 고객에게 아직 검증되지 않음	3~5년 내에 결실을 맺을 전통적인 고객 가치 모델	매출 증대, 비용 절감, 위험 감소 중 2개에서 차별화된 가치 보유	매출 증대, 비용 절감, 위험 감소 중 3개에서 차별화된 가치 보유	10배의 현금투자 수익률을 가져다주는 고객 검증이 완료된 ROI 모델
기성 주자의 이점	기존의 크라운 주얼을 활용하지 않음	성과가 1~2개 범주의 크라운 주얼을 중심으로 구축됨	성과가 3~4개 범주의 크라운 주얼을 중심으로 구축됨	성과가 5~6개 범주의 크라운 주얼을 중심으로 구축됨	성과가 7개 범주의 크라운 주얼을 중심으로 구축됨
구매자 페르소나 고객 성과	획기적 고객 성과가 구매자 페르소나로 구분되지 않음	4단계 구매자 페르소나 중 오직 하나의 하위집단을 위해서만 성과 개발	4단계의 모든 고객을 위해 성과를 개발했으나 아직 검증되지 않음	단계별 고객 성과를 각각 10명 이하의 4개 페르소나 고객들에게 검증	단계별 고객 성과를 각각 10명 이상의 4개 페르소나 고객들에게 검증
완전한 제안 정의	완전한 제안을 단계별로 구체화했으나 세부 역량에 대해서는 규정되지 않음	계단 1과 2에서 완전한 제안 역량을 2개 이상 정의	4개 계단 전체에서 완전한 제안 역량 2개 이상 정의	계단 1과 2의 역량을 내부에서 구축할 것인지 파트너가 조달할 것인지 결정	모든 계단의 완전한 제안 역량을 내부 또는 파트너 조달 결정
완전한 제안 생태계	완전한 제안 역량에 대한 파트너 소싱 및 계약 전무	계단 1과 2의 완전한 제안에 대해 최소 1곳 이상의 검증된 파트너 소싱 및 계약	계단 1과 2의 완전한 제안에 대해 다수의 검증된 파트너 소싱 및 계약	완전한 제안에 대해 최소 1곳 이상의 검증된 파트너 소싱, 계약 및 교육	완전한 제안의 모든 계단에 대해 다수의 검증된 파트너 소싱, 계약 및 교육
시장 진출 시기	계단 1과 2에서 1개 이상의 완전한 제안이 12개월 안에 시장 출시 가능	계단 1과 2에서 1개 이상의 완전한 제안이 6개월 내에 시장 출시 가능	계단 1에서 1개 이상의 완전한 제안이 이미 시장에 출시	계단 1과 2에서 1개 이상의 완전한 제안이 이미 시장에 출시	계단 1, 2, 3에서 1개 이상의 완전한 제안이 이미 시장에 출시

0%   20%   40%   60%   80%   100%

[그림 4-7] 법칙 1 회사 준비도 자기평가표

량을 최하, 하위, 보통, 상위, 그리고 세계 최상위 수준으로 분류해 설명하고 있다. 찬찬히 읽어보면 보다 객관적으로 자신의 회사를 평가하는 데 도움이 될 것이다.

각 가로 행에서 어느 칸이 현재 여러분의 회사에 가까운지 고민해보라. 이 연습 활동은 두 가지 방식으로 할 수 있다. 손으로 직접 쓰는 편을 선호한다면, [그림 4-7]의 평가표를 보고 각 가로 행에서 여러분 회사에 가장 가까운 항목을 선택하면 된다. 만약 온라인을 선호한다면 www.goliathsrevenge.com을 방문해 대화형 자기평가를 완료하면 된다. 6개 법칙에 대해 모두 평가하고 나면 완성된 준비도 요약표를 받을 수 있다. 둘 중 어떤 방법을 사용하든 이 자기평가는 10장의 파괴자 실천서를 구성하는 데 가장 요긴한 역할을 할 것이다.

개인 경력 준비도 자기평가
—

이제 여러분 개인의 경력에 대해 이야기해보자. 이 개인 경력 평가표는 순전히 여러분만을 위한 것이다. 여러분의 점수를 다른 사람에게 보여줄 필요도 없다.

이 평가표는 여러분이 직업적인 발전을 도모하고 계획할 수 있도록 돕기 위해 만들어졌다. 여기에는 추가 교육이나 순환 보직, 경력계발 멘토 프로그램, 사회 인맥 구축 기회 등을 포함시킬 수 있다. 여러분의 목표는 부족한 역량을 최대한 빨리 보완하여 [그림 4-8]의 가장 오른쪽에 위치한 세계 최상위 수준에 도달하는 것이다. 이런 개인적인 경

법칙 1: 고객에게 10배 만족감을 선사하라
개인 경력 준비도 자기평가표

	0~20% 최하 역량	20~40% 하위 역량	40~60% 보통 역량	60~80% 상위 역량	80~100% 세계 최상위 역량
10X 고객 가치	현재의 역할 및 과거 경험이 고객 가치 제공 업무와 관련이 없음	회사에서의 직무가 고객 가치 제공과 직접적으로 연관	고객 가치 제공에 있어 상당한 경험을 인정받음	과거의 직무가 10X 고객 가치를 제공하는 데 있어 매우 중요	현재의 직무가 검증된 10X 고객 성과를 제공하는 데 핵심적인 역할을 함
기성 주자의 이점	획기적 고객 성과를 지탱하는 크라운 주얼과 아무 연관도 없음	획기적 고객 성과를 뒷받침하는 크라운 주얼과 팀 수준에서 관련됨	획기적 고객 성과를 뒷받침하는 크라운 주얼의 주요 기여자	획기적 고객 성과를 제공하는 크라운 주얼 부문의 전문가	2개 이상의 크라운 주얼 관련 팀에서 리더십 역할 수행
구매자 페르소나 고객 성과	직업적으로 고객과의 상호작용이 전무	고객 상호작용 팀을 지원하나 개인적으로는 접점 없음	독립적으로 고객에게 구매자 페르소나 부여 가능	공동혁신이 가능한 고객들과 공적 관계 유지	4개의 모든 구매자 페르소나 고객들과 직업적인 공적 관계 보유
완전한 제안 정의	완전한 제안 창조에 최소한의 가치 추가	고객 니즈와 경쟁 상대에 대한 최신 시장 조사	각 계단에서 구매자 페르소나의 충족되지 못한 니즈의 전문가	완전한 제안 다수에 필요한 역량을 구체적으로 지정할 수 있는 전문 리더	다수의 완전한 제안 내부 vs. 파트너 결정에 대해 인정받는 전문가
완전한 제안 생태계	완전한 제안을 위한 파트너 선정 및 계약에 최소한의 가치 추가	잠재적 파트너의 역량에 대한 최신 정보	완전한 제안 파트너의 검증 및 계약 경험 있음	완전한 제안 파트너와 관련해 1가지 중요 범주에서 인정받는 전문가	완전한 제안 파트너와 관련된 여러 가지 중요 범주에서 인정받는 전문가
시장 진출 시기	최소한의 교육 및 경험	애자일 방법론과 공동혁신 교육을 받음	시급한 프로젝트나 전략 이니셔티브에 팀원으로서 추천됨	시급한 프로젝트나 전략 이니셔티브에서 경험 많은 팀 리더	시급한 전략 이니셔티브와 관련해 회사 전체에서 인정받는 탁월한 능력자

0%	20%	40%	60%	80%	100%

[그림 4-8] 법칙 1 개인 경력 준비도 자기평가표

력계발을 위한 체계적 계획에 대해서는 11장에서 자세히 설명하겠다.

먼저 앞에서 했던 연습 활동을 이번에는 여러분의 개인 경력을 중심으로 다시 한 번 반복해보자. [그림 4-8]의 표를 훑어보고, 각각의 칸에서 어떤 역량 수준을 묘사하고 있는지 이해하라.

항상 그렇듯, 대충 넘어가고 싶은 충동이 들더라도 굴복하지 말기 바란다. 자신의 역량 공백이 어디에 있는지 알고 싶다면 스스로에게 솔직해지는 것만이 유일한 방법이다. 회사를 평가할 때와 마찬가지로

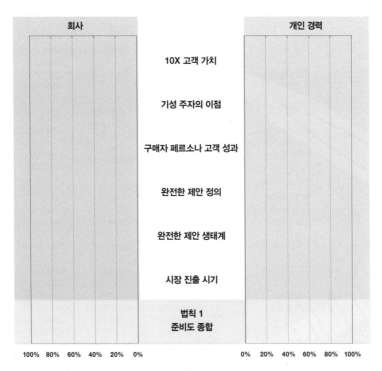

[그림 4-9] 법칙 1 준비도 요약

오프라인에서 작업할 때에는 [그림 4-8]을 활용하고, 온라인에서 하고 싶다면 웹사이트를 방문하라.

한 가지 알아두어야 할 것은 이 장에서 설명한 몇몇 개념들이 낯설기 때문에 평가표에서 언급한 특정 역량을 다른 이들에게 보여주거나 입증할 기회가 없었을 수도 있다는 점이다. 만일 회사에서 이 장에서 설명한 것과 유사한 혁신 전략을 실행하지만 다른 용어를 사용하고 있다면, 여러분에게 익숙한 용어로 대체해도 좋다.

법칙 1 준비도 요약
—

'법칙 1'에 대한 회사 및 개인 경력 자기평가를 완료했다면, [그림 4-9]의 준비도 요약표를 작성할 수 있다. 두 자기평가표를 온라인으로 작성했다면, 웹사이트에서 자동으로 완성된 요약표를 얻을 수 있을 것이다.

이제 회사의 획기적 고객 성과를 제공하는 혁신적이고 완전한 제안을 실제로 실현하는 데 초점을 맞출 차례다.

05

GOLIATH'S REVENGE

[법칙 2]
큰 혁신과 작은 혁신을
동시에 실행하라

:

마스터카드의
'빅1'과 '리틀1'

"실패는 성공의 반대가 아니라, 그 일부분이다."

– 아리아나 허핑턴, 〈허핑턴포스트〉 창립자

✛✛✛

법칙 1의 연습 활동을 완료했다면 획기적 고객 성과와 가치 계단, 그리고 단계별 완전한 제안에 대해 뚜렷한 그림이 그려질 것이다. 다음은 BHAG에 필요한 혁신을 실천하는 동시에 핵심 비즈니스의 지속적인 개선을 통해 혁신이 성과를 거둘 시간을 벌 차례다.

골리앗의 복수는 저절로 이뤄지지 않는다. 여러분과 회사가 현재 또는 미래에만 집중할 수 있다면 훨씬 간단하겠지만, 불행히도 우리가 사는 세상은 그런 게 가능하지 않다. 회사의 주주들―어쩌면 다른 작은 회사에서 일하고 있을 또 다른 당신―은 핵심 비즈니스의 단기적 성과와 인접 시장에서의 장기적이고 수익성 높은 성장을 동시에 달성하기를 원한다.

이 두 가지 목표를 모두 실현하려면 거대하고 파괴적인 혁신 '빅1'과 작고 지속적인 개선인 '리틀1'이 균형을 이뤄야 한다. '빅1'과 '리틀1'은 우리가 와튼 스쿨의 조지 데이George Day에게서 빌려온 용어인데, '빅1'이 게임판 전체의 판도를 바꾸는 것이라면 '리틀1'은 지금 하는 게임을 더 잘하는 것을 의미한다. '빅1'과 '리틀1'은 기업의 수명을 결정하는 2개의 식품군이다. 비즈니스를 건강하게 유지하려면 이 2가지 식품군을 골고루 충분히 섭취해야 한다.

그러기 위해서는 6개의 우선 과제에 집중해야 하는데, '빅1'과 '리틀1'

의 차별화, 전사적 혁신 문화 육성, '리틀1' 아이디어의 빠른 실행, 병행의 힘 구사하기, 벤처투자위원회 설립, 그리고 '빅1' 이어달리기 시행이 그것이다.

과제(1)
'빅1'과 '리틀1'을 차별화한다

———

대기업이든 중소기업이든 디지털 파괴자에게 반격해 판도를 뒤집기 위해서는 좋은 아이디어를 실행할 수 있는 체계적인 절차가 필요하다. [그림 5-1]에서 볼 수 있듯, 이 과정은 혁신 포트폴리오에서 어떤 역할을 수행할지 아직 결정되지 않은 모든 아이디어를 받아들이는 크고 널찍한 깔때기로 시작된다.

혁신 깔때기에는 일반 직원이나 임원, 이사회, 주주, 전략적 파트너, 고객, 컨설턴트, 스타트업 등에서 내놓는 온갖 아이디어들이 투입된다. 미리 특정한 아이디어를 거르거나 검토할 필요는 전혀 없다. CEO를 비롯해 조직의 어느 누구도 앞으로 해당 업계가 어떻게 진화하고, 경쟁자가 어떤 혁신을 내놓을지, 어디에서 새로운 고객층이 탄생하고, 아직 충족되지 못한 고객 니즈 중에서 고객들이 무엇을 가장 높이 평가할지 등에 대해 모든 측면을 예측할 수는 없기 때문이다.

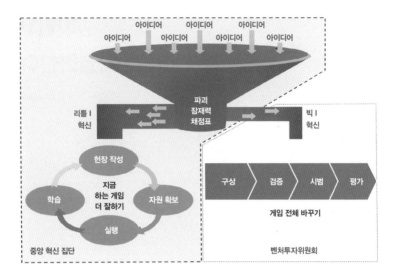

[그림 5-1] '빅1'과 '리틀1' 혁신 과정

혁신 깔때기의 입구는 아주 넓지만 중간에서 급격히 좁아진다. 그리고 성공 가능성이 가장 높은 아이디어에 투자 자원을 집중한다. 이 길목에서 기다리는 것이 바로 [그림 5-2]의 파괴 잠재력 채점표다.

이 채점표를 이용해 혁신 잠재력을 지닌 '빅1' 아이디어와 지속적 개선을 의미하는 '리틀1'의 기회들을 분류하라. 깔때기에 투입되는 모든 아이디어에 다음 5가지 기준을 적용해 '그렇다'와 '아니다'로 평가하라. '그렇다'를 0개 또는 1개밖에 얻지 못한 아이디어는 깔때기의 '리틀1' 쪽으로 보내 핵심 비즈니스 관련 인사들에게 점진적 개선 가능성을 다시 평가받도록 한다. 한편, 2개 이상의 '그렇다'를 받은 아이디어는 '빅1'으로 분류해 [그림 5-1]의 오른쪽 아래에 있는 가느다란 통로

	그렇다	아니다	
이 혁신은			
획기적 고객 성과를 제공하는 데 결정적인 역할을 하는가?	✖		**채점 기준**
기성 주자의 이점에 추가될 수 있는 크라운 주얼을 창조하는가?	✖		그렇다 0~1 = 잠재적 '리틀1'
산업의 비용 구조를 근본적으로 완전히 재창조하는가?		✖	
현 비즈니스 모델에 직접적인 위험이 되는가?		✖	그렇다 2개 이상 = 실행 가능한 '빅1'
인접 시장으로 성장할 발판이 되어주는가?	✖		

[그림 5-2] 파괴 잠재력 채점표 샘플

로 이동시키라.

'빅1' 아이디어가 '리틀1' 아이디어보다 더 중요하다고 지레짐작하면 안 된다. 이 둘은 혁신의 균형을 유지하는 데 있어 동등한 역할을 수행한다. 투자 포트폴리오를 구성할 때 주식과 채권이 똑같이 중요한 것과 마찬가지다. 만일 은퇴 자금을 전부 주식에 투자한다면 경기가 활발하고 주가가 상승하는 동안에는 높은 수익을 올리겠지만, 주식과 채권으로 나누어 투자했다면 언젠가 필연적인 하락장이 찾아왔을 때 채권에도 함께 투자해뒀다는 것을 다행으로 여길 것이다. 분산투자는 투자를 다각화하고 위험을 분산시킨다.

'빅1'은 장기적인 성공을 달성하는 데 필수적이지만 2가지의 커다란 문제점이 있다. 첫째, '빅1' 아이디어는 '리틀1' 아이디어에 비해 실패 위험이 크다. 높은 위험 부담은 업계 전체를 파괴할 수 있는 잠재력에 따른 대가라고 할 수 있다. 벤처 투자도 보통 10곳 중 7곳은 투자금을 날리는 '삼진', 2곳은 원금을 회수할 수 있는 '안타', 그리고 나머지 하나가 투자금을 최소 10배로 불려주는 '홈런'이 되어 돌아온다고 알려져 있다.

둘째, 업계 전체의 판도를 뒤집을 진정한 '빅1' 기회는 몇 번 찾아오지 않는다. 회사가 크든 작든 마찬가지다. 가장 최근의 사례로 금융계의 '블록체인 거래'와 의료계의 '서비스 제공자 중심의 일회적 서비스에서 환자 중심의 지속적 치료로의 전환'을 들 수 있다. 혁신 포트폴리오의 '빅1'은 낮은 성공률과 희소성이라는 2가지 장애물을 모두 극복해야 한다.

'리틀1' 혁신은 현재 하고 있는 게임을 더 잘하는 것을 목표로 삼는다. 목표가 너무 소박한 게 아니냐고 묻고 싶은가? 전혀 그렇지 않다! 혁신 깔때기에 '빅1' 기회가 하나 들어올 때마다 '리틀1' 아이디어는 수십 개씩 쏟아져 들어온다. 이 수많은 아이디어들은 비즈니스 전반에 끼치는 영향 자체는 미미할지 모르나 성공 가능성이 높다. 다수의 기회와 높은 성공률이 결합된 '리틀1'은 골리앗의 복수 전략의 균형을 유지하는 데 있어 중요한 측면을 담당한다.

디지털 파괴자와 스타트업들은 '빅1' 혁신에 열성적으로 몰두할 수는 있으나 대신 2장에서 언급한 기성 주자의 이점을 누리지 못한다. '빅1'과 '리틀1'을 함께 실행하는 것은 기성 회사들에게 커다란 힘이 되어줄 것이다.

과제(2)
전사적 혁신 문화를 육성한다

그렇다면 어떻게 혁신 깔때기가 항상 실행 가능한 '빅1'과 '리틀1' 아이디어로 가득 차 있게 할 수 있을까? 핵심은 회사 로비에 구호를 인쇄해 걸어놓는 게 아니라 사내 문화를 근본적으로 혁신하는 데 있다. 먼저 '누가'에, 그런 다음 '어떻게'에 초점을 맞춰 살펴보자.

중앙 혁신 집단

—

[그림 5-1]의 큰 점선 안쪽에 위치한 중앙 혁신 집단은 혁신 과정 전체를 이끌고 추진하는 집단이다. 대기업의 경우 이들은 주로 풍부한 자금력을 갖추고 최고혁신책임자나 벤처 관리자가 지휘하는 글로벌 팀이다. 중간 규모의 회사에서는 대개 최고전략책임자CSO나 기업발전책임자CDO가 이끌며, 작은 회사라면 CEO가 토요일 아침 시간을

어떻게 보내느냐에 따라 이 집단이 결정될 것이다.

중앙 혁신 집단은 회사를 더욱 발전시키기 위해 전 직원들에게 창의적인 사고를 하도록 독려한다. 예를 들어 웨더 채널Weather Channel은 사용자 참여를 높이고 광고 파트너인 IBM을 통한 클릭 수를 올리기 위해 자사 애플리케이션에 끊임없이 새로운 기능을 추가하고 있다. GM은 기존 차량의 연비와 가속 기능, 그리고 신뢰성을 향상시키는 데 전념하고 있고, 히타치는 생산관리 시스템의 오류를 줄이고 마진율을 높이기 위해 핵심 부품 생산에 듀얼 소싱 체제를 도입하고 있다.

회사의 일선에서 이런 구상과 아이디어들이 매일같이 흘러나와야 한다. 참신한 '리틀1' 아이디어들은 기존 사업의 경쟁력을 유지하고 '빅1' 이니셔티브를 촉진하는 데 필요한 재정적 이익과 인재를 제공하는 데 중요한 역할을 담당한다.

혁신 깔때기 넓히기
—

어떻게 해야 조직의 특성과 속도에 적합한 방식으로 혁신 아이디어를 모을 수 있을까? 일회성 캠페인이나 아이디어 대회 같은 임시방편이 아니라 공식적인 프로그램을 시행해야 한다.

10장에서 살펴보겠지만, 우리의 조사에 따르면 이런 공식 프로그램을 기획하고 시행하는 데 더 능숙한 것은 중소기업이 아니라 대기업이다. 대기업의 81퍼센트가 혁신 프로그램을 공식적으로 실행하고 있는 반면, 중소기업의 경우에는 그 비율이 55퍼센트에 불과하다. 다음에 설명할 화이자나 제너럴 밀스, 어도비와 같은 업계 선도 기업들을 참고하여 여러분 회사에 알맞은 실행 가능한 프로그램을 기획해보라.

화이자의 '과감한 시도' 프로그램은 CEO인 이안 리드Ian Read의 전폭적인 후원하에 진행되고 있다. 이 하향식 프로그램은 회사의 전 직원들이 참신한 아이디어를 제출하는 것이야말로 가장 중요하고 우선적인 과제로 여기게 만들고 있다. 또 그들의 새 제품과 서비스에 대해 크고 넓게 생각하라고 독려하며, 직원들은 그렇게 구상한 아이디어를 실제 투자 기회로 다듬을 수 있는 촉진과 기획, 프로토타입 제작을 위한 자원에 접근할 수 있다.

제너럴 밀스는 '레모네이드 가판대'라는 프로그램을 이용한 시장 테스트를 통해 새로운 제안의 시장 적합도를 높인다. 실제 고객에게 미리 아이디어를 노출함으로써 잘못된 부분을 제거하면 실제 시장 잠재력을 지닌 제품에 마케팅 역량을 집중할 수 있다. 이 프로그램을 시행한 결과 제너럴 밀스의 평균 제품 개발 주기는 무려 절반으로 단축되었다.

어도비의 '킥박스' 프로그램은 직원들이 직접 아이디어를 실험하고 제품으로 구현할 수 있게 돕는 프로그램이다. 어도비는 전 직원들에게 어도비 킥박스 키트를 지급하는데, 이 키트에는 일정 금액이 예치된 선불카드와 혁신 전략의 개요, 그리고 고위 관리팀의 직통 연락처가 들어 있다. 혁신에 집중해야 할 특정 분야를 선택하는 것은 시장과 밀접한 일선 직원들의 몫이라는 의미다.

한 대기업은 사내 프로그램을 통해 단일 사업부 내의 참가자 114명으로부터 187개의 아이디어를 모집했다. 그리고 그 중 29개가 기획 단계까지 도달했고, 12개가 운영 자금을 확보하는 데 성공했다. 폭넓은 혁신 깔때기가 실제로 잠재적인 투자 대상이 될 수 있는 다양한 실행 가능한 아이디어를 제공한 것이다.

이러한 사례들은 혁신 깔때기에 투입되는 아이디어의 양과 질을 개선할 수 있는 혁신적이고 다양한 혁신 프로그램이 존재할 수 있음을 보여준다. 그러므로 여러분의 조직에서 가장 큰 효과를 거둘 수 있는 방안을 찾아 관련 프로그램을 실행하고, 팀이나 부서, 회사 전체의 아이디어 잠재력을 해방시키라. 그리고 일단 이 일에 착수하고 나면 단순히 아이디어를 발굴하는 데 그치지 않고 나아가 행동으로 실천함으로써 회사 전체에 혁신 문화를 증진해야 한다.

과제(3)
'리틀 1' 아이디어를 빠르게 실행한다

———

나이키Nike의 말이 옳다. "그냥 해라Just Do It." '리틀1'을 실행할 때는 이 말을 신조로 삼으라. 점진적 개선을 위한 이 수많은 작은 아이디어들은 명백한 ROI와 신속한 재정적 보상을 가져올 수 있어야 한다. 이 같은 특성이 초반부터 드러나지 않는다면 다시 혁신 깔때기로 돌려보내 다듬고 제련하라.

엑셀이나 파워포인트 문서를 만드는 데 집중하지 말고 구상을 실제로 실천하는 데 에너지를 투자해야 한다. 각각의 '리틀1' 제안을 실용적이고 강력한 효과를 지닌 중심 아이디어, 즉 실행 가능한 최소한의 아이디어로 정리하고 요약하라.

자, 이제 헌장 작성, 자원 확보, 실행, 학습의 네 단계를 거쳐 '리틀1' 아이디어를 실행해보자.

1단계: 헌장 작성

먼저 각각의 '리틀1' 제안들을 한 쪽짜리 혁신 약정서로 정리해보자. 혁신 약정은 5개 부분으로 구성되는데, 예상되는 비즈니스 효과, 중요한 학습 목표, 핵심 성공 지표, 참여 인재 및 자본, 그리고 중요 기준일이 그것이다. 이게 전부다.

혁신 약정은 '무엇'에 대해 규정하되, '어떻게'에 대해서는 열린 상태로 남겨둠으로써 탄력성과 진행 속도에 있어 최대한 자율성을 허용한다. 기업가적 리더들은 목표를 달성하는 방법에 대해 주변의 참견을 달가워하지 않으므로 직접 세부사항을 파악할 수 있도록 내버려두면 된다.

2단계: 자원 확보

현재의 비즈니스에 대해 다시 고민하고 판단하는 데 있어 가장 적합한 사람들은 개선이 가장 절실한 사업 프로세스 및 경험에 가장 밀접하게 연관되어 있는 직원들이다. 이는 다시 말해 자원 분배에 대한 어려운 결정으로 혁신 계약을 뒷받침해야 한다는 의미다.

여러분에게 가장 필요한 사람은 새로운 '리틀1' 팀에 언제든 배치할 수 있는 직원이 아니다. 가장 총명하고 탁월한 인재들을 '리틀1' 임무에 투입해야 한다. 설령 그들이 빠져나간 자리를 메우기 위해 일시적으로 다른 직원들의 업무가 늘어난다고 해도 말이다.

'리틀1' 이니셔티브를 일종의 오디션으로 활용하여 숨어 있던 기업가적 리더와 기술, 재무 설계, 업무 처리 절차 설계, 변화 및 프로젝트 관리에 적합한 잠재 인재들을 발굴하라. 훌륭한 '리틀1' 팀원들은 흥미로운 아이디어를 발전시키고, 탁월한 비전으로 동료들의 의욕을 자극하고, 개념을 구현하기 위해 내부 및 외부 자원을 정렬한다. 이들은 어떻게든 최선을 다해 더 적은 자원으로 더 많은 일을 해낸다.

3단계: 실행

—

'리틀1' 아이디어를 실행하려면 항상 긍정적인 마음가짐을 유지해야 한다. 항상 절박한 '리틀1'팀의 사고방식에는 언제나 허점이 있기 마련이다. 그들이 여러분이 꿈꾸는 시나리오나 모든 질문에 대한 해답을 갖고 있으리라고는 기대하지 말라.

혁신 포트폴리오의 '리틀1' 부문에서는 늘 신속한 발전을 이루는 데 집중해야 한다. 체크리스트를 마련해 팀이 혁신 헌장에 명시된 목표를 제대로 달성하고 있는지 점검하라. 또 성공률을 극대화하는 데 필요한 자원과 실행 방법들을 경우에 따라 항상 조정할 준비가 되어 있어야 한다.

4단계: 학습

—

모든 '리틀1' 혁신 헌장에는 학습 목표가 명시되어 있다. 이니셔티브 리더가 이니셔티브 목표를 달성하는 데 전념한다면, '리틀1' 포트폴리오는 회사가 업계의 디지털 파괴자들에게 반격을 가할 수 있게 역량을 구축하는 보다 광범위한 목표를 뒷받침하는 역할을 수행할 것이다.

이 단계는 신체의 유연성을 기르기 위해 스트레칭을 하는 것과 비슷하다. 과거의 성공은 종종 현재의 유연성을 방해하기도 한다. 누구나 지금 순조롭게 돌아가고 있는 것에 섣불리 손을 댔다가는 망가뜨릴지도 모른다는 두려움을 갖고 있기 때문이다. 사람은 새로운 것을 시도했다가 실패하는 것보다는 아무것도 하지 않는 편을 선호한다.

모든 '리틀1' 이니셔티브에 학습 목표를 포함시킨다면 팀의 완전한 실패는 불가능해진다. 어떤 팀이든 회사의 혁신IQ에 기여한 데 대해 부분적으로나마 인정받게 되기 때문이다. 모든 '리틀1' 팀으로부터 배운 교훈을 공유해 미래의 새로운 팀이 성공할 가능성을 높이라.

'리틀1' 아이디어의 꾸준한 실행으로 회사가 지금 하는 게임을 더 잘할 수 있게 돕는다면 게임의 판도를 바꿀 수 있다. 그러기 위해서는 병행의 힘을 구사해야 한다.

과제(4)
병행의 힘을 구사한다

———

기존 기업에서 현 핵심 비즈니스의 무게는 행성의 중력에 비유할 수 있다. 새로운 파괴적 혁신이 중력권을 벗어나려 아무리 애써도 이를 붙잡고 놓아주지 않기 때문이다. 그 결과 회사는 안전지대에만 머무르게 되고, 디지털 파괴자들의 주요 타깃이 되고 만다.

1장에서 존 챔버스가 말한 '병행의 힘'을 구사하려면 골리앗은 2개의 속도를 지닌 조직 모델을 운영해야 한다. '빅1' 혁신과 핵심 비즈니스를 동시에 독립적으로 운용하는 한편, 여러 개의 '리틀1'을 병행해야 하는 것이다.

'빅1' 혁신이 성공하려면 핵심 비즈니스의 궤도에서 벗어나기 위한 과감한 도전이 필요하다. 예를 들어 GM의 승차공유 사업인 메이븐이나 시스코의 텔레프레즌스 원격 협업 솔루션, 히타치의 루마다Lumada 사물인터넷 플랫폼, BBVA의 디지털 뱅킹 상품이 대표적이다. 하지만 많은 리더들이 다른 영역에서는 노련하면서도 이런 참신하고 과감한 도전에서는 회피하려는 경향이 있다.

우리의 조사에 따르면 '빅1' 회피 증후군을 앓는 회사들을 구분하는 7가지 핵심 지표가 있다. 다음 중 여러분 회사에 해당하는 항목이 있는지 살펴보자.

- 고객 니즈를 예측하는 시장 분석 정보의 한계
- 점진적인 운영 개선에만 집중
- 단기적인 수익성에만 집중하여 장기적인 도전을 방치
- 혁신에 대한 경영진의 지원 부족
- 직원 혁신에 대한 인센티브 미흡
- 중앙 혁신 팀 또는 프로세스 부재
- 법률 및 규제, IP 침해에 대한 지나친 염려

'빅1' 회피 증후군을 극복하려면 벤처투자위원회venture investment board, VIB 라는 새로운 의사결정 팀과 '빅1' 이어달리기라는 새로운 혁신 절차가 필요하다.

과제(5)
벤처투자위원회를 설립한다

———

'빅1' 이니셔티브는 '그냥 한번 해봐'라는 식의 '리틀1' 아이디어에 비해 핵심 비즈니스를 운영하는 리더들에게 높은 긴장감을 초래할 가능성이 크다. '빅1' 혁신이 성공하기 위해서는 충분히 성장할 수 있을 때까지 조직 내 다른 부문의 보호와 지원을 받아야 한다.

'빅1' 이니셔티브에 보호가 필요한 이유
—

'빅1'은 기존의 제품과 경험, 비즈니스 모델의 한계를 허물고 한계까지 밀어붙인다. '빅1'은 익숙지 않은 신기술과 인재, 그리고 파트너십에 대한 투자를 요구한다. 또 불확실하지만 거대한 수익 잠재력을 지니고 있으며, 동시에 상당한 인적 및 재정 자본의 투자가 필요하다.

그러므로 핵심 비즈니스를 운영하는 노련한 경영진은 이 커다란 혁신을 별로 탐탁지 않게 여길 것이다. '그들의' 인재와 예산이 '빅1' 이니셔티브에 할당되는 것을 피하기 위해 애쓰는 것 정도가 개중 그나마 가장 나은 반응일 수도 있다. 우리 파트너 중 한 명은 "현금 젖소는 자기 우유를 마시는 걸 좋아한다"고 말하곤 했다. 다소 천박한 표현이긴 해도 중간급 관리자들 혹은 대기업에 오래 몸담은 사람이라면 이게 무슨 뜻인지 이해할 것이다.

최악의 경우 핵심 비즈니스를 이끌고 있는 다소 불안정한 리더들이 조직 내 입지를 유지하기 위해 '빅1' 이니셔티브를 적극적으로 방해하려 들 수도 있다. 이제까지 그들에게 집중되던 밝은 조명이 미래를 구축하려는 다른 이들에게 옮겨가는 것을 참을 수 없는 까닭이다.

벤처투자위원회는 무슨 결정을 하는가

—

이런 조직 내 항체를 물리치려면 '빅1' 이니셔티브에 대한 의사결정 및 자금 조달, 자원의 지원과 감독, 추적 검토, 포트폴리오 관리를 일반적인 조직 구조에서 삭제하고 그에 대한 권한을 새로운 벤처투자위원회에 이양해야 한다.

벤처투자위원회의 구조는 최고 벤처 캐피털 회사의 의사결정 과정을 모방한 것이다. 핵심 비즈니스와 이해관계가 없는 다양한 리더 집단이 '빅1' 이니셔티브의 범위와 인력 및 재정 자본 배분, 그리고 각 이니셔티브를 맡을 총 책임자를 결정한다.

벤처투자위원회는 '빅1' 이니셔티브가 회사의 핵심 비즈니스에 구애

받지 않고 파괴적 혁신을 실행할 수 있도록 엄호한다. 이는 '빅1' 이니셔티브가 실질적인 돌파구를 마련할 때까지 조직 내에서 비밀 보안 유지 상태로 진행될 수 있음을 의미한다. '빅1' 이니셔티브는 회사의 현 비즈니스와 직접적인 경쟁 관계에 있을 수도 있다.

이런 현명한 자기잠식은 '실제로' 코닥 같은 운명을 피하는 데 매우 결정적으로 작용한다. 스티븐 새슨Steven Sasson이 세계 최초로 디지털카메라를 발명했을 때 코닥은 그 제품이 자사의 필름 사업에 타격을 미칠까 우려한 나머지 이를 적극적으로 상업화하지 않기로 결정했다.

반대로 넷플릭스는 여러분이 귀감으로 삼아야 할 회사다. 넷플릭스는 원래 고객들에게 DVD를 우편으로 대여하는 사업을 운영했는데, 이를 위해 첨단 자동화 유통 시스템까지 구축했다. 그러나 얼마 후 가정용 인터넷 서비스의 속도가 획기적으로 향상되는 기술 변혁이 일어나 스트리밍이 가능해지자 당시 성장세에 있던 넷플릭스는 난관에 봉착하게 되었다.

리드 헤이스팅스Reed Hastings는 현명한 자기잠식에 사활을 걸었다. 넷플릭스 내부에 현 핵심 사업과 정면으로 경쟁하게 될 스트리밍 사업부를 신설한 것이다. 그의 과감한 결단은 넷플릭스를 아마존의 주력 시장에서 아마존을 능가하는 몇 안 되는 회사 중 하나로 성장시켰다.

누가 벤처투자위원회를 이끌어야 하는가
—

그렇다면 벤처투자위원회는 누가 이끌어야 할까? 시스코가 좋은 예가 될 수 있을 것이다. 시스코의 '빅I' 혁신이 큰 성공을 거두었을 때 시스코의 벤처투자위원회는 신생 솔루션 위원회Emerging Solutions Council라고 불렸고, 유능하고 뛰어난 세 임원진인 크리스 화이트Chris White와 마틴 드 비어Martin De Beer, 빌 루Bill Ruh가 지휘하고 있었다.

당시 크리스 화이트는 시스코의 '빅I' 이니셔티브를 전담하는 영업팀의 팀장이었다. 마틴 드 비어는 텔레프레즌스와 스마트 그리드Smart Grid, 디지털 미디어 시스템 등의 '빅I' 혁신을 새로운 비즈니스로 발전시키는 사내 육성 팀인 신생 솔루션 위원회를 지휘하고 있었다. 그리고 빌 루는 시스코의 최첨단 서비스 사업을 이끌며 선각자 고객들이 '빅I' 솔루션에 얼마나 큰 도움을 줄 수 있는지를 상기시켰다. (그렇다. 이 빌 루가 바로 GE디지털의 CEO가 되어 산업인터넷을 발명한 사람이다.)

화이트와 드 비어, 루는 강력하고 우수한 팀을 구축했다. 이들은 실리콘밸리 최고의 벤처 투자가들에 필적하는 중요한 결정들을 내렸고, 사내의 반대자들로부터 '빅I' 이니셔티브를 보호했다. 만약 내부에서 그들처럼 과감하고 도전적으로 사고하는 리더를 찾을 수 없다면, 시장 중심적 관점을 제공하고 핵심 사업의 중력에서 벗어나 균형을 유지할 수 있는 외부 컨설턴트를 영입하라.

벤처투자위원회가 효과적인지 어떻게 알 수 있을까

—

파괴적 혁신의 높은 실패 확률을 극복했다면, 벤처투자위원회는 그에 대해 당연한 보상을 받아야 한다. 미국의 경우 스타트업의 겨우 1퍼센트만이 1,000만 달러 이상 수익을 올리는 회사로 성장한다. 심지어 와이 컴비네이터Y Combinator 같은 최고의 벤처 육성 기업의 검증을 통과한 스타트업들도 실제 성공 확률은 25퍼센트에 불과하다.

벤처투자위원회가 이런 희박한 가능성을 극복할 수 있는 유일한 길은 '빅1' 이니셔티브에 기성 주자의 이점을 부여하는 크라운 주얼을 최대한 활용하는 것이다. 그러기 위해서는 외부의 벤처투자 회사로부터 벗어나 자율성을 획득해야 한다.

이제 혁신 이니셔티브를 보호할 수 있는 의사결정 및 관리 구조를 마련했으니 실제 실행을 위한 '빅1' 이어달리기로 넘어가보자.

과제(6)
'빅1' 이어달리기를 시행한다

────

올림픽에서 육상 선수들이 서로 힘을 합쳐 한 팀으로 경쟁하는 계주 경기를 본 적이 있을 것이다. 장거리 계주에서 승리하려면 선수들 각자의 실력뿐만 아니라 팀원들 전체가 서로의 속도에 맞춰 결승점을 향해 쌓아 올리는 조화로운 과정이 중요하다. 우사인 볼트는 2012년 올림픽 100미터 달리기에서 9.63초로 올림픽 신기록을 세웠다. 그보다 더 놀라운 것은 볼트를 포함해 4명의 선수가 참가한 400미터 계주 경기에서 자메이카 팀이 36.84초를 기록했다는 점이다. 이는 세계에서 가장 빠른 선수인 볼트가 혼자서 네 번 뛰는 것보다도 1.7초나 더 단축된 기록이다. 이것이 바로 시너지 효과다.

'빅1' 이어달리기도 이와 비슷하다. 개별적인 팀원들은 [그림 5-1]의 아래쪽에 있는 구상, 검증, 시범, 평가 중 한 분야에서 세계적인 수준의 역량을 지니고 있을지도 모른다. 그러나 '빅1' 이어달리기는 팀

전체를 통합해 부분의 합보다 더 큰 결과를 도출할 수 있다.

1단계: 구상

—

혁신 깔때기를 통과한 '빅1' 아이디어는 거의 언제나 투자를 감행하기엔 너무 크고 거창하다. 이를 실행 가능한 세부적인 수준으로 다듬고 정제하는 것이 1단계의 핵심이다. 이어달리기 팀은 '빅1' 아이디어를 외부 파괴자, 미래의 사용자 경험, 그리고 비즈니스 모델 혁신이라는 세 개의 렌즈를 통해 점검해야 한다.

먼저 외부 파괴자 렌즈를 살펴보자. 작은 팀을 구성해 가장 위협적인 경쟁사의 경영진이나 잠재적 신규 진입자의 역할을 맡기고, 각 팀은 각자 할당받은 경쟁사의 크라운 주얼을 선택하고 구축한다. 이때 가장 어려운 부분은 상대의 입장에서 전략을 개발하는 것이다. 어쨌든 그 결과를 활용해 여러분의 '빅1' 계획을 경쟁사보다 더욱 뛰어나고 탁월하도록 다듬으라.

다음으로 여러분의 파괴적 혁신이 목표 시장에서 어떻게 고객의 가장 중요한 문제를 해결할 수 있을지 구상하는 것이 미래의 사용자 경험 렌즈이다. 예를 들어 미래의 뱅킹 사용자 경험은 은행에 직접 찾아가거나 현금을 사용하지 않고 오직 암호화폐만을 사용할지도 모른다. 이런 혁신적인 사용자 경험을 누구보다 앞서 제공할 수 있도록 '빅1' 계획을 수정하고 조율하라.

마지막으로 비즈니스 모델 혁신 렌즈는 '빅1' 아이디어가 업계의 가치 사슬과 경제 모델을 변화시킬 수 있는 방법을 모색하는 것이다. 시장의 기본 경제 모델을 분석해 현재의 이익이 어디에서 어떻게 창출되고 있는지 파악하라. 경쟁업체를 약화시키고, 디지털 파괴자를 쫓아내고, 여러분 회사에 유리하게 작용할 수 있는 잠재적 비즈니스 모델을 구분하고 찾아내라. 그리고 '빅1' 계획에 그 결과를 적용해 이어달리기 팀이 회사에 더 많은 돈을 가져다줄 수 있는 방법을 적극적으로 고안하도록 독려하라.

2단계: 검증

—

본격적인 단계는 지금부터다. 이제 방향을 설정하고, 위험을 제거하고, 기획과 채택을 할 차례다. 벤처 관리자를 지명해 '빅1' 이어달리기 팀을 맡기고 '방향을 설정'하라. 벤처 관리자의 역할에 대해서는 8장에서 자세히 설명할 것이다. 지금은 이들을 '사내기업가intrapreneur'로 여기면 충분하다. 그런 다음 그들을 중심으로 기획과 엔지니어링, 제품 관리, 서비스, 실행, 비즈니스 개발 팀에서 선발한 인재들로 구성된 소규모의 '빅1' 팀을 만든다.

그리고 '위험 제거'를 위해 '빅1' 벤처의 기본 가정과 위험을 가시화해주는 강력한 도구인 역손익계산서를 만들어라. 즉, 앞으로 3~5년 사이에 '빅1' 비즈니스가 성공을 거둘 경우를 가정해 예상 손익계산서를 작성하고, 손익계산서의 각 영역을 역으로 계산하여 계획된 재정적 성과를 내려면 '빅1' 비즈니스가 어떤 운용 지표를 보여줘야 하는지 중요

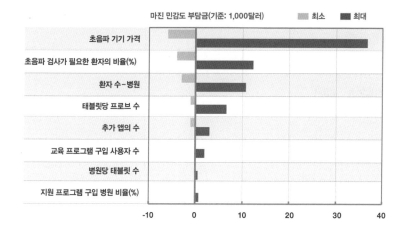

마진 민감도 부담금(기준: 1,000달러)　■ 최소　■ 최대

[그림 5-3] 의료영상기기 역손익계산서 샘플

전제들을 산출해내는 것이다. [그림 5-3]은 휴대용 의료영상기기에 대한 역손익계산서 민감도 분석의 예시다.

'기획'은 '빅1' 아이디어가 현실에서 작용할 수 있도록 개념화하는 것이다. 이어달리기 팀은 다양한 전략과 사용자 경험, 첨단기술 및 데이터과학 기술을 조합해 최종 혁신의 첫 번째 버전(V0.1)을 구축해야 한다. V0.1은 하드웨어나 소프트웨어 모형, 시뮬레이션, 영상 또는 프로토타입일 수도 있다. 가능하다면 5~8개의 옵션을 개발해 한계를 충분히 시험해봐야 한다.

'채택'은 여러분만의 '샤프 탱크(투자자로 구성된 패널들 앞에서 스타트업이나 사업 아이디어를 소개해 투자를 받는 텔레비전 프로그램)'를 제작하는 것이다. 이어달리기 팀이 벤처투자위원회에 개념 설계와 프로토타입을 제시하면 벤처투자위원회는 하루 안에 1~2개의 최종 후보를 선정해 3단계로 넘어간다.

3단계: 시범

—

어떤 전투 계획을 세워도 막상 적을 맞닥뜨리면 아무 소용이 없는 경우가 있다. 어떤 개념 설계도 막상 시장을 맞닥뜨리면 살아남는 것은 또 다른 문제다. 이런 경우 소수의 선각자 고객들과 함께 현재는 미흡하지만 미래에는 유용할 파괴적 혁신을 시험 삼아 시행하는 것만큼 좋은 방법은 없다.

2장에서 기존 고객 관계가 어떻게 기성 주자의 이점을 제공하는지 강조한 것을 기억하는가? 지금이 바로 밀접한 관계에 있는 고객들에게 아직 초기 단계에 있는 혁신 테스트에 협조를 부탁할 시점이다. 신흥 시장을 목표로 하는 '빅1' 아이디어는 브랜드 도달 범위와 파트너 네트워크를 이용해 새 고객을 확보하라.

선각자 고객들은 여러분의 아이디어와 실행 방법에서 틀림없이 허점을 발견할 것이다. 거기에 대해 불쾌감을 느끼거나 방어적인 태도는 금물이다. '빅1'의 파괴적 혁신의 낮은 성공 가능성을 극복하고 싶다면 고객들의 반응이 매우 중요한 데이터라는 사실을 잊지 말라. 개념 설계가 어디서부터 잘못됐는지 일찍 포착할수록 시정이 용이하고, 그에 들어가는 비용 또한 낮아진다.

위험 부담을 줄이기 위해 대체 브랜드를 사용할 수도 있다. 월마트는 영국에서 아스다Asda를 인수해 유럽 시장에서 '온라인 주문 후 직접 수령'이라는 파괴적인 솔루션을 내놓았다. 이렇게 미리 시험해보고 문제를 해결한 덕분에 후에 보다 세련되고 개선된 서비스를 미국에 출시할 수 있었다.

4단계: 평가

—

드디어 행동을 개시할 시간이다. 벤처투자위원회는 불완전한 정보만으로 파괴적인 '빅1' 혁신을 계속해서 진행할 것인지 아니면 중단할 것인지를 결정해야 한다. 실리콘밸리 최고의 벤처투자가들이 매주 월요일 대표 회의에서 그러는 것처럼 말이다.

여러분 회사의 벤처투자위원회는 사전 제작 솔루션과 일부 예비 고객들을 위해 상당한 인력과 재정 자원을 투입해야 할 것이다. 이런 결정을 내리는 것이 두렵다면 벤처투자위원회에 참여하지 않는 것이 좋다.

지금은 어중간한 태도를 취할 때가 아니다. '빅1' 이어달리기 팀이 프로젝트의 규모를 확대하기 위해 요청한 자원과 자금을 충분히 지원하든가, 아니면 프로젝트를 종료하고 혁신 깔때기에 있는 다음 기회를 선택해야 한다. 많은 기존 기업들이 너무 많은 '빅1' 아이디어에 자원을 분배한다. 자원을 너무 넓고 얕게 배치하는 경향이 있는 것이다. 그런 짓은 절대로 하지 말라. 그냥 하지 말라.

애플의 스티브 잡스가 아이폰에 집중하기 위해 아이패드 출시를 미룬 것처럼 게임을 플레이해야 한다. 확신을 갖고 행동하라. '리틀1' 혁신의 점진적 성공이 더 크고 중요한 게임을 할 수 있도록 도와줄 것이다. 스스로를 속이지 말고, 승리의 목전에서 패배하지 말라.

자, 드디어 여러분은 '빅1'과 '리틀1'을 차별화하고, 회사 전반에 혁신 문화를 육성하고, 최고의 '리틀1' 아이디어를 재빨리 실행하고, 병행의 힘을 구사하고, 벤처투자위원회를 도입하고, '빅1' 이어달리기를 시행할 준비가 되었다. 이렇게 적어놓으니 거창하게 들릴지 모르지만, 이 방법론을 실천한 마스터카드Mastercard의 사례를 살펴보면 자신감이 생길 것이다.

마스터카드의
'빅1'과 '리틀1'은 어땠을까[2]

———

마스터카드는 상거래와 결제 시스템이 디지털 파괴의 최전선에 있다는 점을 감안할 때 이대로 가만히 있을 수는 없다는 사실을 잘 알고 있다. 마스터카드는 마스터카드 연구소 그룹Mastercard Labs Group을 통해 자사에 '빅1'과 '리틀1' 기회를 공급하고 있으며, 혁신 관리 팀은 혁신 기회를 창출, 검증, 구체화, 개발하는 전사적 프로그램을 운영한다.

직원 주도형 혁신은 '주도권 잡기Take Initiative' 프로그램으로 시작된다. 세계 곳곳에 흩어져 있는 직원들이 일상 업무에서 벗어나 48시간짜리 해커톤hackathon('해킹hacking'과 '마라톤marathon'을 결합해 만든 용어로 마라톤처럼 일정 시간과 장소에서 프로그램을 해킹하거나 개발하는 행사)에 참가해 업계의 판도를 바꿀 해결책을 모색하는 것이다. 가장 높은 점수를 얻은 팀은 혁신 프로그램인 '아이디어 박스Idea Box'에 참가하게 되는데, 이는 마스터카드의 CEO인 아제이 방가Ajay Banga의 후원하에 직원들이 사고의 경계를 허물고 상자 밖에서 생각할 수 있도록 지원하는 프로그램이다.

어도비의 킥박스에서 힌트를 얻은 '아이디어 박스'는 선발된 팀에게 소정의 금액이 예치된 선불카드가 들어 있는 오렌지 박스와 60일의 프레젠테이션 준비 기간을 제공한다. 만약 그들의 프레젠테이션이 혁신 추진 임원들로 구성된 패널들의 마음을 사로잡으면, 팀은 이후 90일 내에 프로토타입 제품을 개발하도록 더 많은 금액이 들어 있는 선불카드가 포함된 레드 박스를 받는다.

마지막 단계는 그린 박스로 선발될 기회를 얻기 위해 CEO인 방가 앞에서 프레젠테이션을 하는 것이다. 그린 박스는 이대로 진행해도 좋다는 OK 신호다. 그린 박스로 채택된 '빅1' 팀은 마스터카드 연구소 내에서 일종의 가상 스타트업이 되어 6개월 동안 자금을 지원받아 상업적 성공을 노릴 수 있다. 해당 프로그램은 이미 폭넓은 신제품 혁신을 이루었으며, 무엇보다 마스터카드 회사 전체에 걸쳐 혁신 문화를 창조하고 혁신가들의 군대를 육성하고 있다.

혁신 프로그램의
안전성 시험하기

———

어쩌면 여러분의 회사는 이미 확고한 혁신 프로그램을 보유하고 있을지도 모른다. 현재 진행하고 있는 프로그램이 화이자나 제너럴 밀스, 어도비, 시스코, 마스터카드처럼 다음 8가지 요소를 갖추고 있는지 평가해보라.

- **인재:** 참신한 기준과 수단으로 잠재적인 사내기업가를 발굴한다.
- **교육:** 좋은 아이디어를 탁월한 비즈니스로 전환하는 방법을 가르친다.
- **시간:** 핵심 직원을 포함해 참여자 전원이 혁신에 초점을 맞추게 한다.
- **지도:** 참여자가 확실한 계획을 세우고 분명하게 소통할 수 있게 돕는다.
- **낮은 갈등:** 부서들 간의 장벽을 부수고 실행 속도를 최대화한다.
- **투명성:** 각 부서의 성공스토리와 교훈을 조직 내에서 폭넓게 공유한다.
- **후원:** 경영진의 후원 및 지지가 있음을 모두에게 분명히 알린다.

• **자문:** 중요한 결정을 내릴 때 다른 관점을 지닌 외부인의 도움을 받는다.

이 8가지 기준을 모두 충족하는 '빅1'과 '리틀1'은 매우 드물다. 일단 여러분의 혁신 계획이 어느 부분에서 개선이 필요한지를 파악하는 것이 우선이다.

[워크시트]
자기평가표 작성하기

여러분과 회사는 '빅1'과 '리틀1' 혁신을 추구하기 위해 어떤 노력을 하고 있는가? 이제 법칙 2에 대해 자기평가를 해야 할 시간이다. 법칙 1의 연습 활동과 마찬가지로 다음 표를 사용하거나 사이트 www. goliathsrevenge.com을 방문하라.

회사 준비도 자기평가

법칙 2에 대한 회사의 준비 상태를 평가하려면 먼저 [그림 5-4]를 꼼꼼히 살펴본 다음 여러분의 회사가 각 가로 행에서 어떤 수준의 역량에 해당하는지 선택하라. 회사가 '빅1'과 '리틀1' 기회를 어떻게 실행하고 있는지에 대해 경험에서 비롯된 구체적인 사례를 떠올려보라. 여기에 옳고 그름이나 정답은 없다. 그저 자신의 회사의 역량이 각 칸의 설

법칙 2: 큰 혁신과 작은 혁신을 동시에 실행하라
회사 준비도 자기평가표

	0~20% 최하 역량	20~40% 하위 역량	40~60% 보통 역량	60~80% 상위 역량	80~100% 세계 최상위 역량
'빅1'과 '리틀1'	혁신? 무슨 혁신?	점진적 '리틀1' 혁신에 100% 전념	지난번 '빅1' 아이디어가 아무 효과도 거두지 못해 그 후로 시도하지 않음	'리틀1' 80%와 '빅1' 20%의 조합	'리틀1' 과 '빅1'이 반반씩 완벽한 균형을 유지
혁신 문화	기존 비즈니스에만 전적으로 집중	혁신 전담팀이 가동 중이며 이것으로 충분	25% 이상의 직원들이 혁신에 참여하고 있다고 여김	50% 이상의 직원들이 혁신에 참여하고 있다고 여김	전 직원이 혁신을 실행할 권한을 가짐
'리틀1'의 빠른 실행	'리틀1' 이니셔티브가 인력 및 재정 자본에 접근하기 어려움	'리틀1' 이니셔티브의 결과가 종종 늦게 창출	'리틀1'의 실행 속도를 높이는 체계적 절차	다양한 '리틀1' 이니셔티브의 성공으로 예비 기업가 인재를 육성	'리틀1' 개선으로 시장 점유율 및 이익 증가
병행의 힘	경쟁 관계에 있는 우선 과제들의 균형을 잡지 못함	중앙 혁신 집단은 존재하나 자원 통제 권한이 없음	중앙 혁신 집단이 포트폴리오를 효과적으로 관리	복잡한 리스크와 수익 지표를 사용해 상호경쟁적인 이니셔티브를 병행	혁신 포트폴리오의 '효율투자 경계'에서 운영
벤처투자 위원회	벤처투자 위원회 없음	벤처투자 위원회가 있지만 의사결정이 아닌 조정 역할을 수행	내부 및 외부 전문가로 구성돼 인력 및 예산 결정권 보유	성장을 위해 핵심 비즈니스와 경쟁 가능	완전한 제안 파트너와 관련된 여러 가지 중요 범주에서 인정받는 전문가
'빅1' 이어달리기	'빅1' 아이디어가 다른 프로젝트와 동일한 절차를 거침	'빅1' 이니셔티브가 핵심 비즈니스와 별개로 '숨은' 모드로 가동 중	'빅1' 이니셔티브에 명백히 규정된 검증 및 학습 방법론 적용	'빅1' 이니셔티브가 신속한 실행 및 위험을 감수할 수 있는 특별 규정 적용	'빅1' 이니셔티브가 실리콘 밸리처럼 신속하게 움직이기 위해 CEO 수준의 특권을 보유

0%   20%   40%   60%   80%   100%

[그림 5-4] 법칙 2 회사 준비도 자기평가표

법칙 2: 큰 혁신과 작은 혁신을 동시에 실행하라
개인 경력 준비도 자기평가표

	0~20% 최하 역량	20~40% 하위 역량	40~60% 보통 역량	60~80% 상위 역량	80~100% 세계 최상위 역량
'빅1'과 '리틀1'	혁신 이니셔티브 참여 경험 없음	예전에 지속적인 개선 팀에 참여한 경험이 있음	인정받는 '리틀1' 이니셔티브 일원	'빅1'과 '리틀1' 이니셔티브의 핵심 일원	다수의 '리틀1'과 '빅1' 이니셔티브를 주도하여 목표 달성
혁신 문화	아이디어 생성 프로그램은 있으나 익숙지 않음	의견을 제시할 수 있는 이메일 주소를 알고 있으나 실천한 적은 없음	새로운 비즈니스 및 개선 아이디어에 주기적으로 기여	성공적인 혁신 아이디어를 제출해 경영진으로부터 인정받음	전사적 혁신 프로그램을 이끌어 달라는 요청을 받음
'리틀1'의 빠른 실행	기존 역할을 수행하는 데에만 집중	신속한 개선을 위한 팀원이 되기 위해 추가로 노력할 의향 있음	팀에서 중요한 역할을 수행	혁신에 도움을 줄 인맥을 회사 전체에 보유	내가 바로 '한정된 자원으로 혁신을 실천하는 방법'의 대명사
병행의 힘	한 번에 하나에만 집중할 수 있고 다른 우선 과제는 금세 잊어버림	더 많은 일을 병행할 수 있게 시간 관리 기술을 익히는 중	이니셔티브 두 개를 동시에 추진할 수 있으나 그 이상은 무리	여러 개의 상호경쟁적인 우선 과제를 실행하는 데 있어 높은 생산성을 자랑	불확실성에 대한 내성이 강함. 정보가 한정된 상태에서도 행동 가능
벤처투자 위원회	우리한테 벤처투자 위원회가 있었어?	벤처투자 위원회에 실패한 제안을 했던 팀의 일원이었음	벤처투자 위원회로부터 꾸준히 '진행' 승인을 받은 팀의 일원	벤처투자 위원회로부터 '진행' 승인을 받은 다수의 팀을 성공적으로 이끎	내가 속한 집단을 대표해 벤처투자위원회 참관인이 되어달라는 제안을 받은 적이 있음
'빅1' 이어달리기	'빅1' 팀에 관심을 표출한 적이 없음	'빅1' 방법론 훈련을 받았으나 아직 팀에서 일한 경험이 없음	최소한 하나 이상의 성공적인 '빅1' 팀의 핵심 일원으로 참여	최소한 1개 이상의 '빅1' 팀에서 리더를 맡은 경험이 있음	사내 '빅1' 교육 프로그램에 교육자로 참여

0%　　　　20%　　　　40%　　　　60%　　　　80%　　　　100%

[그림 5-5] 법칙 2 개인 경력 준비도 자기평가표

명과 비교할 때 어떤 수준인지를 솔직하게 평가해보자.

개인 경력 준비도 자기평가

—

이제 개인적인 직업 경력에 초점을 맞춰보자. [그림 5-5]를 꼼꼼히 읽고 가로 행의 각 칸에서 설명하는 역량 수준에 대해 분명히 숙지하라.

각 가로 행에서 강력한 '빅1'과 '리틀1' 리더가 되기 위한 과정 중에

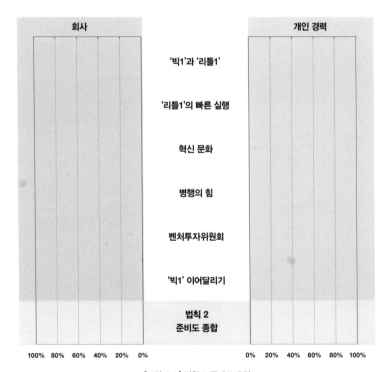

[그림 5-6] 법칙 2 준비도 요약

있는 여러분의 현 상황을 가장 유사하게 설명한 칸을 골라보자. 그런 다음 [그림 5-5]가 완성되면 종이를 따로 보관하라. 나중에 장기적인 성공을 위한 개인 경력에 대해 설명하는 11장에서 다시 꺼내 볼 수 있도록 말이다.

법칙 2 준비도 요약

—

법칙 2에 대한 회사와 개인 자기평가를 마쳤으니 그 결과를 종합해 [그림 5-6]을 완성해보자. 법칙 1에서와 마찬가지로, www.goliathsrevenge.com에서 온라인으로 평가표를 작성했다면 요약표를 자동으로 얻을 수 있다.

이제 법칙 3을 살펴볼 차례다. 이 법칙은 통계와 데이터과학, 그리고 머신러닝이 '빅1'과 '리틀1' 혁신을 어떻게 가속화할 수 있는지 설명한다.

06

GOLIATH'S REVENGE

[법칙 3]
데이터를 화폐처럼
사용하라

:

데이터를 활용한
웨더 채널의 3단계 도약

"데이터는 새 시대의 석유다.
수학을 사용하는 회사가 승리할 것이다."
– 케빈 플랭크, 언더 아머 CEO

✤✤✤

디지털화가 전 세계로 확산되면서 데이터는 새로운 화폐가 되었다. 다량의 데이터를 보유한 회사들은 이를 새로운 수익 및 이익원으로 활용하고 있는 반면, 보유 데이터가 부족한 회사들은 시장지배력과 산업 연관성, 수익성 감소라는 현실에 직면해 있다.

3장에서 우리는 영구적 알고리즘 우위가 승자 독식의 세상을 만든다고 지적했다. 미래의 이익분포도에서 [그림 3-1]의 오른쪽 곡선에 위치하려면 세 가지 분야에 집중해야 한다. 바로 데이터 대차대조표 작성, 데이터 활용성 평가, 데이터 수익의 극대화가 그것이다.

이 3가지 조치는 여러분의 무기고에 강력한 크라운 주얼을 추가해줄 것이며, 회사가 법칙 1에서 약속한 획기적 고객 성과를 제공하고, 법칙 2에서 우선 채택한 '빅1'과 '리틀1' 혁신을 가속화할 것이다.

오클랜드 애슬레틱스 야구팀의 승리, "통계가 이긴다"

데이터를 화폐로 사용하는 방법에 대해 논하기 전에 역사적 맥락을 먼저 살펴볼 필요가 있다. 디지털 시대가 기존의 산업 및 농경 시대와 근본적으로 다른 이유는 바로 데이터가 지닌 영구적 가치 때문이다.

수렵 채집 노동이 기계화 농업으로 대체되면서 농경 시대에 경제적 부를 결정짓게 된 것은 바로 경작지에 대한 통제력이었다. 우리가 사는 지구의 표면적은 약 5억 1,000만 제곱킬로미터인 데 반해 육지는 1억 5,000만 제곱킬로미터에 불과하며, 그중에서 작물 재배에 적합한 면적은 겨우 3,100만 제곱킬로미터 정도다. 중세 유럽에 경작지는 경제력의 근원이었고, 영주들은 방대한 농지(봉토)를 소유하고 통제했으며, 농노들은 평생 동안 이 기본 생계 수단을 빌리는 대신 노동력을 제공했다.

산업화 시대에는 생산 수단의 통제가 경제적 성공의 기틀을 마련해

주었다. 인간의 노동력은 점차 생산조립 라인으로 대체되었다. 기계화와 자동화, 증기기관은 획기적인 생산비용 절감을 가져왔고, 규모의 경제는 이미 준비되어 있던 투자자본과 결합해 점점 더 커다란 공장으로 제조 활동을 끌어들였다. 기업의 비대화가 극심해지면서 많은 소규모 제조업체들이 사라졌다.

디지털 시대에는 실질적으로 거의 모든 경제 분야에서 인간의 효율성 증대를 위해 컴퓨터와 알고리즘, AI 데이터가 사용된다. 여러분에게도 익숙할 두 가지 산업 분야를 예로 들어 설명해보겠다. 바로 엔터테인먼트와 스포츠이다.

좌뇌의 엔터테인먼트

옛날에는 창의적인 작가들이 벽에 종이뭉치나 아이디어를 던져대며 새로운 텔레비전 프로그램을 개발하고 소규모 스크리닝 테스트를 이용해 관객의 반응을 확인했다. 그것은 언제나 길고 힘든 과정이었으며, 대부분의 아이디어가 그 과정에서 버려졌다.

미국의 NBC와 CBS, ABC, 폭스 방송사는 넷플릭스를 그들의 콘텐츠를 널리 퍼트릴 유통업체로 간주하고 달갑게 환영했다. 한 방송사 간부는 "완전히 새로운 시청자 집단을 얻게 되었는데 좋아하지 않을 이유가 무엇이겠는가?"라고 말하기도 했다. 그러나 얼마 지나지 않아 넷플릭스는 미국 5대 콘텐츠 제작사가 되었고, 기존 방송사들과 직접적인 경쟁 관계에 서게 되었다.

넷플릭스는 데이터를 단순히 IT 조직이 관리하는 자산이 아니라 교환이 가능한 일종의 화폐로 인식했다. 이 회사는 창조적 인재들의 우뇌와 머신러닝의 좌뇌적 통찰력을 독창적인 방식으로 결합해 자체 프로그램을 제작한다. 그들은 시청자들이 어떤 콘텐츠에 가장 잘 반응하는지 예측하기 위해 매일 2억 5,000만 시간의 영상을 소비하는 1억 명 이상의 가입자들에 대한 세부 데이터를 수집한다. 이런 방대한 데이터라는 강점을 이용해 넷플릭스가 제작한 작품들은 다른 방송국보다 2배 이상의 수익을 낼 수 있었다.

통계가 이긴다

—

마이클 루이스Michael Lewis의 유명한 책《머니볼Moneyball》을 읽은 사람이라면 알겠지만, 2003년에 오클랜드 애슬레틱스Oakland Athletics 야구팀은 메이저리그 플레이오프에 진출했다. 당시 오클랜드 팀 선수들의 연봉은 총 4,400만 달러였고, 같은 해 양키즈 팀의 선수들이 받는 연봉을 전부 합치면 1억 2,500만 달러였다.

오클랜드는 선수의 성적을 예측하는 데 노련한 코치나 매니저의 직감보다 데이터가 훨씬 더 우수하고 유용하다는 사실을 발견했다. 야구 순수주의자들에게는 거의 이단이나 다름없는 생각이었지만, 놀랍게도 한때 조롱거리였던 오클랜드 팀은 시즌이 시작하자 곧장 우승 후보로 도약했다.

오클랜드 팀은 말 그대로 데이터를 돈으로 간주했다. 그들은 플레이오프전에서 되도록 많은 경기를 치를수록 입장권과 상품 판매, 매점 운영, 텔레비전 방영으로 더 많은 수익을 올릴 수 있다는 사실을 알았다. 또 데이터를 분석한 결과, 공격 성공률을 예측하는 데 기존의 타율과 타점보다 출루율과 장타율이 더 효과적인 지표라는 사실을 알게 된 오클랜드 팀은 선수 라인업을 바꾸거나 경기 중 결정을 내리는 데 전혀 거리낌이 없었다.

오클랜드 팀의 파괴적 혁신은 모든 메이저리그 야구팀의 운영 방식을 바꾸어놓았다. 그 영향력은 농구와 축구 등 다른 스포츠 분야에까지 미쳤고, 이후 스포츠계에서 데이터과학 팀은 예산과 규모, 중요성에 있어 성장을 거듭해나갔다.

농경 시대를 거쳐 산업화 시대가 되면서 인간의 노동력이 기계로 대체된 것처럼, 오늘날의 디지털 시대에는 데이터가 인간의 정신 노동력을 대체하고 있으며, 거의 모든 산업 분야가 데이터 부자 회사와 데이터 빈곤 회사로 양극화되고 있다. 여러분은 어느 쪽이 될 것인가?

단계(1)
데이터 대차대조표를 작성한다

———

"평가를 해야 비로소 일이 끝난다"라는 관리 원칙은 이 데이터 대차대
조표를 결정적인 요소로 만든다. 회사가 소유하거나 계약상 권리를 보
유하고 있는 데이터의 양과 질을 평가하지 않는다면, 여러분은 실리콘
밸리의 다윗들에게 포위되고 말 것이다. 디지털 파괴자들은 진즉부터
데이터를 화폐로 여기며 비즈니스를 구축하고 있다.

비즈니스 세계에서 데이터 부자가 되기 위해 수행해야 할 첫 번째
과제는 회사 데이터의 대차대조표를 작성하는 것이다. 여러분의 회사
는 업계 판도를 바꿀 수 있는 통찰력에 데이터과학 및 머신러닝을 적
용할 수 있는 어떤 데이터 자산을 얼마나 보유하고 있는가? 데이터 또
는 데이터와 관련된 비용을 제3자에게 '지불해야 하는' 데이터 부채는
얼마나 되는가? [그림 6-1]을 참고해 여러분과 팀의 데이터 대차대조
표를 작성해보라.

데이터 자산				데이터 부채			
데이터 세트	핵심 속성	데이터 소유권	얻을 수 있는 잠재 가치	데이터 세트	핵심 속성	데이터 소유권	얻을 수 있는 잠재 가치
이름	출처 크기 위치 소유자	독점 제한 승인 규제	성과 요인 '빅1' 요인 '리틀1' 요인	이름	출처 크기 위치 소유자	누구에게 무엇을 언제까지	데이터 통찰력 금전
이름	출처 크기 위치 소유자	독점 제한 승인 규제	성과 요인 '빅1' 요인 '리틀1' 요인	이름	출처 크기 위치 소유자	누구에게 무엇을 언제까지	데이터 통찰력 금전
이름	출처 크기 위치 소유자	독점 제한 승인 규제	성과 요인 '빅1' 요인 '리틀1' 요인	이름	출처 크기 위치 소유자	누구에게 무엇을 언제까지	데이터 통찰력 금전

[그림 6-1] 데이터 대차대조표

일단 가장 이해하기 쉬운 데이터 자산부터 시작해보자. 여러분의 회사는 현재 보유한 다양한 유형의 데이터 중에서 얼마나 많은 부분을 자유롭게 사용할 수 있는가? 아주 쉬운 질문이라고 생각할지도 모르겠다. CIO에게 전화를 걸어 물어보면 금방 대답해줄 것 같으니 말이다.

방대한 데이터 자산

—

그러나 우리의 경험에 따르면 이는 결코 여러분 생각처럼 쉬운 질문이 아니다. 아무리 작은 규모의 회사라도 데이터는 제각기 분리된 여러 영역에 파편처럼 흩어져 있다. 다음과 같은 데이터 세트들을 생각해보라.

- 제조공장 중 한 곳의 일부 자동화 부분 전문가만 알고 있으며, IT가 아니라 생산 운영 부서가 '소유'하고 있는 데이터
- 사업부 중 한 곳이 지원하고 있으며 아무도 언급하지 않는, 과거에 인수 합병된 팀에 숨어 있는 데이터
- 고객의 장비에 대한 현장 모니터링 서비스 비즈니스의 RM&D 솔루션의 일부
- 서비스 권한 관리의 일부로 정비소에서 사용하는 기본 데이터 관리 도구에 숨겨져 있는 데이터
- 고객 정보를 다루는 세일스포스Salesforce나 직원 데이터를 다루는 워크데이Workday처럼 제3자 클라우드에 SaaS 애플리케이션의 일부로 통합되어 있는 데이터
- 마케팅 팀이 중요 고객들을 위해 시험 프로그램으로 선택한 아마존 S3 또는 마이크로소프트 아주어 데이터 레이크Data Lake 같은 서비스형 스토리지 플랫폼에 저장된 데이터
- 기업 및 웹 애플리케이션 전반에서 사용자 행동을 추적하는 서버 내 해독 불가 로그 파일
- 채널, 마케팅, 서비스 또는 제조 파트너와 계약의 일부로서 이용 가능한 데이터
- 제품 자체에 저장되어 있지만 아직 분류, 배포, 또는 사용 가능한 형태로

집계되지 않은 데이터

그 밖에도 수없이 나열할 수 있지만, 이쯤 되면 우리가 무슨 말을 하려고 하는지 짐작이 갈 것이다. 여러분은 생각보다 많은 데이터 자산에 접근할 수 있으나 실제로 체계적으로 관리되고 사용 가능한 데이터는 여러분이 바라는 것보다 훨씬 더 적다.

복수를 열망하는 골리앗이 특히 초점을 맞추고 있는 분야가 바로 고객 데이터다. 예를 들어 웨이즈Waze는 자사의 내비게이션 앱에 기록된 모든 사용자 활동의 세부 정보를 수집하는데, 이는 웨이즈가 저렴한 비용으로 중요한 대량 고객 시장에서 교통량 속도를 실시간으로 파악할 수 있게 해준다.

존 디어John Deere는 농지 및 농장비 센서에서 수집한 데이터를 이용해 사전 유지보수로 비용 효율성을 높이고, 수확량 증가를 위한 정밀농업의 잠재성을 실현하고 있다. 2014년에만 농장 한 곳에서 매일 평균 19만 개의 데이터 포인트가 생성되었으며, 2020년에는 410만 개로 증가할 것으로 추산된다.

웨이즈나 존 디어 같은 회사에게 세분화된 고객 데이터에 대한 접근 가능성은 새로운 제품과 서비스를 공동 창조할 수 있는 엄청난 기회를 제공한다. 여러분의 데이터 자산에는 이처럼 풍부한 잠재 권리를 지닌 데이터가 충분히 포함되어 있는가?

데이터 부채 이해하기

데이터 대차대조표의 오른쪽에는 아마 여러분이 기대한 것보다 더 많은 데이터 부채가 있을 것이다. 가령 여러분은 제3자에게서 데이터 사용권을 빌리는 대신 현금이나 그에 상응하는 데이터를 교환하고 있을 수도 있다. 또 새로운 데이터에 대한 보안 및 통합관리나 유럽연합의 GDPR 같은 개인정보보호법 등의 규제는 개인식별정보를 관리하는 것을 더욱 비싸고 위험하게 만든다. 그 부분에 대해서는 유럽 외에도 캘리포니아와 중국, 인도 등에서도 점점 더 공격적으로 나오고 있는 추세다.

데이터 라이선싱 및 규제 준수 외에 고객 및 공급업체와의 상호작용에서 발생하는 데이터를 사용할 때에도 데이터 부채가 발생한다. 오늘날 이런 데이터 부채는 데이터 자산과 마찬가지로 지나치게 세분화되어 있을 가능성이 높다. 위험부담이 점점 가중되고 있는 것이다.

에퀴팩스, 타깃Target, 삭스 피프스 애비뉴Saks Fifth Avenue, 파네라 브레드Panera Bread, 언더 아머Under Armour, 페이스북 같은 유명 브랜드 회사에서 발생한 개인정보 유출 사건은 고객들이 개인정보보호에 대해 매우 민감하게 반응하게 만들었다. 이런 회사들은 모두 세분화된 고객 식별 정보를 이용해 고도로 개인화된 고가치 경험을 제공함으로써 이윤을 얻기 때문이다.

데이터 대차대조표의 부채 부분을 평가할 때는 해당 데이터를 획득하고 보호하는 데 들어가는 실질적인 비용을 정확히 계산해야 한다.

디지털 변혁을 시행할 때에는 데이터 사용과 관련된 투명성 의무를 분류하고, 필수적인 데이터 사용권을 확보하라. 복수를 갈망하는 골리앗들은 새로운 디지털 익명화 모델을 추구하며, 나아가 고객들에게 다양한 공유 수준에서 데이터를 입력하거나 삭제할 수 있는 간단한 셀프 서비스 포털을 제공하고 있다.

데이터 자산의 품질 평가

—

데이터 대차대조표를 작성했다면, 이번에는 데이터 자산의 품질을 평가할 차례다. 많은 회사들이 "우리 항공기는 매 비행마다 수 테라바이트에 달하는 센서 데이터를 수집합니다." "우리는 석유 굴착기에 설치된 모든 볼트의 상태를 모니터할 수 있습니다." "구매 고객 1억 명의 데이터를 보유하고 있습니다." 등등 방대한 빅데이터를 보유하고 있다고 큰소리를 친다.

규모도 중요하다. 그러나 이는 한 가지 측면일 뿐이다. 모두가 쉬쉬하는 작은 비밀 하나를 공개하겠다. 대부분의 데이터는 사용되지 않는다! 우리는 이를 '다크 데이터'라고 부르는데, 다크 데이터가 아무 일도 하지 않는 데에는 그만한 이유가 있다. 대부분 질이 낮은 데이터이기 때문이다. 이런 데이터는 핵심 비즈니스를 개선하고 인접 시장에서 승리하는 데 유용한 속성을 갖고 있지 않다.

복수를 갈망하는 골리앗들은 현명하다. 이들은 다음과 같은 7가지 기준을 중심으로 데이터 대차대조표에 있는 데이터 자산의 품질을 평가한다.

- **최신성:** 얼마나 최근에 생성된 데이터인가? 최신 상품 및 서비스, 운영에 적용할 경우 적중률이 얼마나 높은가?
- **지속성:** 비즈니스의 계절성과 변화 주기를 반영해도 해당 데이터가 살아남을 수 있는가?
- **맥락:** 엔드투엔드 비즈니스 과정 또는 고객 상호작용을 이해하는 데 중요한 메타데이터가 포함돼 있는가?
- **일관성:** 각 데이터 항목이 동향분석 및 상관분석에서 높은 통계 타당성을 얻을 수 있도록 오랜 기간에 거쳐 일관된 방법으로 수집되었는가?
- **귀속성:** 해당 데이터가 특정 고객이나 기계에 귀속되어 있는가, 아니면 개인정보보호 때문에 비식별화 처리되었는가?
- **도달 범위:** 현 고객, 제품 및 서비스의 설치 기반을 넘어 업계 전반을 반영하고 있는가?
- **독점권:** 독점적인 데이터 권한을 누리고 있는가, 아니면 현재 혹은 잠재 경쟁자도 해당 데이터를 이용할 수 있는가?

엣지에 주목하라

—

도모Domo의 〈데이터는 잠들지 않는다Data Never Sleeps〉라는 보고서에 따르면 오늘날에는 매일 250경 바이트의 데이터가 생성되고 있다. 이를 숫자로 표기하면 2,500,000,000,000,000,000바이트이다. 〈포브스〉는 오늘날 존재하는 전 세계 데이터의 90퍼센트가 지난 2년간 생성된 것이라고 지적한 바 있다. 또 〈가트너Gartner〉는 2022년이 되면 기업 데이터의 75퍼센트가 기존의 데이터센터나 클라우드 밖에서 생성 및 처리될 것이라고 예측한다. 한편, 현재 그런 식으로 처리되는 데이터는 전체의 10퍼센트 남짓에 불과하다.

이런 데이터의 대부분이 엣지edge, 즉 시스템의 변두리에서 생성되고 있다. 기계와 자동차, 전화, 그리고 센서 네트워크 말이다. 이런 정보들은 대부분 전통적인 IT 시스템에 배포되지 않으며, 데이터 대차대조표에 정리되어 있는 구조화된 데이터의 규모를 상대적으로 작아 보이게 만든다.

몇 가지 예를 들어보자. 자율주행 차량은 음파탐지기와 레이더, 영상 센서를 이용해 수집한 방대한 데이터로 주변 환경을 학습하고 실시간으로 안전 운행을 위한 결정을 내린다. 나이키는 700만 명 이상의 소비자들로부터 세밀한 데이터를 수집하기 위해 막대한 투자를 통해 신발과 웨어러블 기기를 연결하는 나이키 플러스 플랫폼Nike+platform을 개발했다. 언더 아머는 거의 5억 6,000만 달러를 들여 맵마이피트니스MapMyFitness와 마이피트니스팔MyFitnessPal, 엔도몬도Endomondo를 인수하여 1억 5,000만 명의 디지털 피트니스 사용자 데이터를 수집하고, 그 범위를 건강과 웰빙 분야까지 확장해 헬스박스Healthbox라는 상품을 출시했다. GE의 프레딕스Predix나 히타치의 루마다 같은 플랫폼 역시 막대한 기계 및 운용 데이터를 수집 처리해 맥락을 부여하고 있다.

데이터 대차대조표를 작성할 때에는 이런 엣지 데이터의 미래 가치를 충분히 고려해야 한다. 언젠가는 지금까지 전통적인 방식으로 유지해온 여러분의 데이터보다 이것들이 훨씬 중요하다는 사실을 깨닫게 될 것이다.

단계(2)
데이터 활용성을 평가한다

영구적 알고리즘 우위에서 '영구적'은 더 많은 데이터가 더 나은 알고리즘을 구축하고, 나아가 더 많은 데이터를 생성한다는 사실에 기반한다. 즉, 자기 강화적 순환고리를 구성한다는 뜻이다. 문제는 이러한 선순환을 어떻게 시작할 수 있느냐다.

어떻게 풍부한 데이터에 신속하게 접근해 알고리즘 우위를 확보할 수 있을까? 이는 곧 지금 당장은 모델화가 어려운 미래 수익률을 개선하기 위해 또는 최소한 기업의 수명을 늘리기 위해 많은 돈과 자원을 투자해야 한다는 의미이다. 이를 성취하려면 회사의 데이터 대차대조표에 있는 자산들의 1차 효과뿐만 아니라 2차, 3차 효과까지도 중요하게 여겨야 한다.

부족한 인적 자원과 재정 자원을 배분할 때 실용적인 가능성을 평가하는 데 능숙한 기업은 거의 없다. CFO는 연례 예산기획 업무를 할 때면 "돈을 보여줘!"라는 태세로 당장의 투자 결정과 주문 및 매출, 비용, 마진의 단기적 개선 사이에 직접적인 상관관계가 나타나길 기대한다.

이는 머신러닝이 그리는 미래와는 정반대다. AI 시스템은 대량의 고품질 데이터를 통해 오랜 시간 동안 학습한다. 테슬라 자동차를 자동주행 모드로 운전해본 사람이라면 누구나 증언할 수 있을 것이다. 머신러닝은 하룻밤 사이에 완성되지 않는다.

복수를 갈망하는 골리앗은 데이터의 다양한 활용성을 평가하고, 큰 자본을 투자해서라도 수년 또는 수십 년 후에 성과를 낳을 데이터 자산을 확보해야 한다. 이미 몇몇 골리앗들은 오래전부터 이런 기회를 포착하고 있다.

3장에서 언급한 것처럼, 1990년대에 IRI와 닐슨은 소매업체에게 결제 과정에서 생성되는 판매단위 데이터를 건네주면 정교한 분석통계와 보고서를 '무료로' 제공해주겠다고 제안했다. 두 회사는 그렇게 수집한 방대한 데이터를 기반으로 소비자 포장상품 회사에 통찰력을 판매하는 10억 달러 규모의 기업으로 성장했다.

2000년대 초에 마이크로소프트의 핫메일hotmail과 구글의 지메일gmail은 사용자에게 '무료' 이메일 계정을 제공하는 대가로 이메일에 쓴 모든 단어를 분석할 권리를 요구했다. 그들은 이 분석 결과를 토대로 얻은 통찰력을 고도로 맞춤화된 마케팅 캠페인의 형태로 광고주에게 되팔았다. 페이스북은 이런 사업 구조의 적나라한 현대판이다.

2010년대에 프로그레시브 보험Progressive Insurance은 개인 운전자의 행동 데이터를 손에 넣는 '대가'로 자동차 보험료 할인과 자동차 진단 포트에 삽입할 수 있는 '무료' 모니터링 장비를 제공했다. 최근에 몬산토 사는 고객 이용 데이터를 집계하기 위해 프레시전 플랜팅Precision Planting 사를 2억 1,000만 달러에, 그리고 클라이미트Climate 사를 9억 3,000만 달러에 인수했다.

10장에서 보겠지만, 우리의 조사 결과에 따르면 대기업의 12퍼센트와 중소기업의 단 5퍼센트만이 그들의 혁신에 동력을 공급하기 위해 데이터를 폭넓게 사용하고 있다고 여긴다. 데이터의 다양한 활용 가치를 평가하는 법을 배우는 것은 그런 엘리트 집단에 합류하는 데 있어 매우 중요한 단계다.

단계(3)
데이터 수익을 극대화한다

———

2011년에 IBM의 왓슨watson이 '제퍼디Jeopardy!(역사, 문학, 예술, 대중 문화, 과학, 스포츠, 지질학, 세계사 등의 주제를 다루는 미국의 텔레비전 퀴즈 쇼)'에서 켄 제 닝스Ken Jennings를 누르고, 2016년에 구글 알파고가 이세돌에게 승리 를 거둘 당시에는 그런 게 별로 중요하게 느껴지지 않았을지도 모른 다. 어쨌든 둘 다 게임에 불과하니까 말이다. 그러나 AI 세계에서 일하 는 사람들에게 그 사건들은 말 그대로 거대한 분수령이었다. 이는 머 신러닝이 올바른 정보를 신속하게 검색하는 수준을 넘어 세계 최고의 전문가들마저 도달하지 못한 완전히 새로운 통찰력을 달성하는 단계 로 도약했음을 입증했다.

　여러분의 회사는 머신러닝이 업계를 완전히 지배하기 전에 머신러 닝에 대해 배우고 통달해야 한다. 아무리 튼튼한 데이터 대차대조표를 보유하고 있고 데이터 활용성을 이용해 이용 범위를 확장하고 싶어도

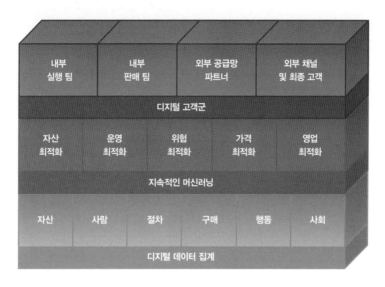

내부 실행 팀	내부 판매 팀	외부 공급망 파트너	외부 채널 및 최종 고객
디지털 고객군			

자산 최적화	운영 최적화	위험 최적화	가격 최적화	영업 최적화
지속적인 머신러닝				

자산	사람	절차	구매	행동	사회
디지털 데이터 집계					

[그림 6-2] 디지털 가치 스택

데이터를 통찰력으로, 통찰력을 행동으로 변화시킬 수 없다면 모든 게 무용지물이다. [그림 6-2]의 디지털 가치 스택(같은 종류의 데이터를 연속된 기억 장치에 순차적으로 저장하여 후입 선출로 관리하는 자료 구조)은 데이터 수익을 극대화하는 방법을 정리한 것이다.

가장 아래 단에 대해서는 앞에서 이미 살펴보았으니 위의 두 줄, 즉 디지털 가치 스택의 고객과 데이터를 황금으로 바꿔주는 머신러닝 역량에 집중해보자.

디지털 고객군

—

데이터 수익률을 극대화하려면 4개의 세분화된 고객군에 초점을 맞춰야 할 필요가 있다. 내부 실행 팀과 내부 판매 팀, 그리고 외부의 공급망 파트너와 고객들이다. 여러분의 목표는 각 집단에 속한 사람들의 전문지식을 증강시켜 왓슨이나 알파고처럼 더 나은 결정을 더 빠르게 더 자주 내릴 수 있게 하는 것이다. 여러분의 회사가 항상 사실에 근거해 움직이도록 변화시키라.

가장 먼저 내부 실행팀은 제품 관리와 기획, 비즈니스 육성, R&D, 엔지니어링, 제조 및 서비스 제공 등의 기능을 수행한다. 이들은 고객이 구매할 제품과 서비스를 발명하고, 기획 및 개발 과정을 통해 생산하고, 생산된 제품과 서비스를 배송한다. 이 같은 팀들은 제품에 디지털 측정 도구를 설치해 새로운 데이터를 공급하는 한편, 동시에 알고리즘 통찰력을 지닌 소비자로서 기능할 잠재력을 지니고 있다.

이들에게 고객들이 가장 중요하게 여기는 기능이 무엇인지 보여주라. 그러면 더 이상 고객이 사용하지 않는 기능을 설계하지 않을 것이다. 이들에게 고객들이 실제 제품을 사용하는 방식을 이해시키면 결과적으로 작동 실패율이 적고 따라서 AS 수요도 적은 제품을 생산할 수 있다. 제품 및 서비스에 대한 고객의 참신한 사용법을 파악한 실행팀은 여러분 회사의 비즈니스를 성장시키는 데 필요한 새로운 솔루션을 고안할 것이다.

두 번째로 회사의 내부 판매팀은 영업과 마케팅, 관심고객 생성, 가격 및 유통채널 등의 기능을 수행한다. 이들의 목표는 매주, 매월, 매 분기 최대한 많은 고객들로부터 최대한의 마진을 뽑아내는 것이다. 이 들에게 매출 총이익을 최대화할 수 있는 최대 매출 총이익률과 매출 증가율에 최적화된 가격을 계산하는 법을 알려주라. 고객으로 전환된 관심고객에게 디지털 및 전통적인 마케팅 활동을 고객당 최저 비용으 로 실시할 수 있도록 지원하라. 백서 구독, 영상 시청, 뉴스레터 구독, 웹 세미나 참석 등 관심고객들의 활동 점수를 이용해 향후 수요를 파 악할 수 있도록 지원하라. 모든 영업 담당자에게 담당 계정에서 가장 구매 가능성이 큰 고객과 수익성 있는 판매로 전환할 가능성이 큰 고 객을 알려주고, 제안을 구매하기는 했으나 아직 사용하지는 않은 최종 고객을 위한 문제 해결 방안을 제시하라. 판매팀이 상업적 마찰을 피 할 수 있도록 더 많이 구매하고 소비하는 고객들에게 가장 크고 중요 한 장애물을 파악하라.

세 번째로는 외부 공급망 파트너가 여러분의 조달 및 공급망 팀을 통해 데이터에 접근할 수 있도록 해줘야 한다. "내가 왜 공급업체를 위 해 안 그래도 희귀한 알고리즘 자원을 제공해줘야 하는데?"라고 물을 지도 모르지만, 물론 공짜로 해주라는 게 아니다. 월마트 같은 기업들 은 공급업체들과 데이터를 화폐로 사용하는 데 있어 놀랍도록 정교한 방법을 사용한다. 파트너들이 초과 재고나 재고 부족을 예방하고 공장 의 생산량을 효율적으로 관리할 수 있도록 수요에 대해 보다 세밀한 가시성을 제공하라. 고객들 제품의 품질과 수량, 적시성이 동종업계 경쟁자들과 어떻게 차별화되어야 하는지, 그리고 이를 개선하기 위해 무엇을 할 수 있는지에 대해 상세한 기준을 제시하라. 고객이 더 높은 가치와 신뢰성, 성능을 갖춘 제품을 설계할 수 있도록 최종 고객의 제품 사용을 완벽하게 파악할 수 있도록 지원하라.

외부 채널 파트너와 최종 고객들은 점점 더 여러분의 알고리즘 통찰력에 의존하게 될 것이다. 마지막으로, 채널 파트너가 상업적 속도를 최대화하기 위해 여러분의 제품과 서비스를 결합하는 가장 유용한 방식을 발견할 수 있게 도와주라. B2B 고객이 현재 사용하고 있는 여러분 회사의 제품에 대해 고객사의 IT 팀은 따라잡을 수 없는 세부적 수준의 가시성을 제공하라. 최고 고객들이 시간 중심적인 정기 점검이 아니라 상태 중심적 개념인 사전 점검을 선택해 가동 시간을 늘리고 전반적인 유지보수 비용을 절감할 수 있도록 도와주라. 최종 고객에게 익명화된 기준을 제시해 다른 고객들이 어떻게 여러분 회사의 제안을 통해 더 높은 가치를 더 빨리 얻을 수 있는지 알려주고, 채널 파트너가 보완 제품 및 해당 영역을 타기팅하게 도우라.

물론 이제 전부가 아니다. 4가지 디지털 고객 부문에서 높은 가치를 지닌 알고리즘 통찰력을 평가하고 우선 과제를 선택하는 것은 여정의 시작일 뿐이다.

머신러닝 마스터하기

―

이제 [그림 6-2]의 중간 부분, 즉 4개의 디지털 고객군 각각에 대해 데이터 가치를 실현하는 알고리즘에 주목해보자. 이 중간층이야말로 여러분이 해야 할 일이 폭발적으로 증가하는 곳이라고 해도 과장이 아니다.

2000년에 제목이나 설명에 '알고리즘'이라는 단어가 언급된 특허 출허 건수는 570건에 불과했다. 2015년이 되자 그 숫자는 1만 7,000건으로 늘었고, 2020년에는 50만 건에 이를 것으로 추산된다. 지금까지 알고리즘 우위를 구축하는 데 뛰어들지 않았다면, 여러분은 벌써 저 멀리 뒤처져 있는 셈이다.

이런 알고리즘 중 일부는 본질적으로 획일적이며, 종종 제3자로부터 제공받을 수도 있다. 예를 들어 서비스 분야의 원격 설비관리 솔루션이나 영업 분야의 구매 경향 모델, IT 분야의 사이버 침입 탐지, 스팸 필터처럼 말이다.

그러나 많은 알고리즘은 산업별로 특화되어 있고, 내부 개발이 필요한 경우가 많다. 이를테면 금융 서비스의 인터넷 사기 적발, 포장소비재의 가격탄력성 모델, 자율주행차량의 객체 식별 기능, 첨단산업 장비의 사전예측 유지보수 모델, 의료 분야의 병원 응급실 이용률 최적화 등을 생각해보라. 의료 분야에서 개발된 새로운 알고리즘은 폐렴이나 뇌졸중 등 급성질환 진단에 있어 방사선 전문의보다도 더 뛰어난 실력을 자랑하기도 한다.

알고리즘의 범위는 광대하지만 대부분의 회사는 자산 최적화, 운영 최적화, 위험 최적화, 가격 최적화, 영업 최적화의 5가지 범주에 주로 초점을 맞추고 있다. [그림 6-2] 위쪽의 내부 및 외부 고객군은 이를 비롯한 다양한 범주에서 알고리즘 우위를 추구한다.

알고리즘은 2가지 방식으로 구축된다. 데이터과학 팀과 지속적인 머신러닝이 그것이다. 양쪽 모두 중요하지만, 오늘날에는 많은 골리앗들이 전자에서 후자로 중심을 옮겨가고 있다. 지금까지 알고리즘 우위를 추구하는 회사들은 대부분 최고디지털책임자나 최고데이터책임자를 고용하기 위해 값비싼 투자를 아끼지 않았다. 고도로 훈련된(그리고 막대한 연봉을 받는) 통계학자나 개발자, 프로그래머는 [그림 6-2] 중간에 있는 5개 알고리즘을 각각 전문 분야로 한다.

실제로 지난 5년간 데이터과학자는 실리콘밸리에서 가장 각광받는 직업이었다. 이제 부모들은 자녀들에게 더 이상 의사나 변호사가 되라고 말하지 않는다. 대신 수학이나 통계를 열심히 공부하길 바란다. [그림 6-3]의 맥킨지 보고서에 따르면, 데이터과학자에 대한 수요는 이미 공급을 크게 능가하고 있다.

10년 전만 해도 데이터과학 분야에 종사하는 이들은 겨우 15만 명에 불과했다. 지금은 부족한 수요가 그에 맞먹을 정도다. 데이터과학자들은 석사나 박사급의 수학적 배경과 고급 데이터 모델링 및 프로그램 기술, 알고리즘으로 문제를 해결하고자 하는 분야의 도메인 지식에 이르기까지 독특한 전문지식을 갖추고 있어야 한다. 데이터과학이 하루아침에 사라지지는 않겠지만, 알고리즘 우위를 획득하기 위해 빅데이터 과학자팀에 의존하는 것은 시간과 비용이 너무 많이 드는 일이다.

두 번째 접근법인 머신러닝은 장기적 성공에 있어 보다 큰 잠재력을 내포하고 있다. 지속적인 머신러닝은 여러 분야에 있어 데이터과학만

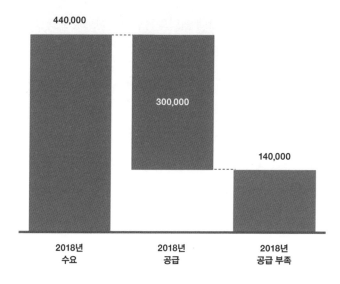

440,000

300,000

140,000

| 2018년 | 2018년 | 2018년 |
| 수요 | 공급 | 공급 부족 |

[그림 6-3] 데이터과학자의 부족 현상

큼 훌륭한 가치를 지닌다. 물리적인 서버 및 클라우드 기반 머신러닝 도구의 가용성이 폭넓게 진화하면서 이제는 모든 중소기업 및 대기업이 데이터를 활용할 수 있게 되었다.

아주 단순하게 말하자면, 지속적인 머신러닝은 대규모 데이터 세트에서 실행 가능한 패턴을 찾는 자동화 방식이다. 여러분도 컴퓨터가 스스로 비직관적 패턴을 발견하는 인지 모델과 딥 러닝, 신경망 같은 컴퓨터과학 용어를 들어본 적이 있을 것이다.

기본적인 개념은 수십 년 전부터 존재했지만, 현재 여러분 회사에 지속적인 머신러닝 플랫폼을 제공하기 위한 치열한 군비경쟁이 아마존과 마이크로소프트, 구글, 바이두와 텐센트 사이에서 벌어지고 있다.

06 [법칙 3] 데이터를 화폐처럼 사용하라

이 첨단기술의 대가들은 AI에 최적화된 GPU, 신모델 교육을 위한 대규모 통합 데이터 세트, 그리고 구글의 텐서플로TensorFlow와 아마존 AI 같은 AI 개발 플랫폼 등을 활용해 컴퓨팅 능력을 획기적으로 개선해가는 중이다.

이는 여러분과 회사에게 좋은 소식이 아닐 수 없다. 혁신의 속도는 점차 빨라지고 입장료는 점점 저렴해지고 있다. 이 분야에 막 첫발을 디딘 참이라면 구글 클라우드 오토ML과 마이크로소프트의 아주어 머신러닝 같은 자기 주도적 플랫폼을 활용해 이미 보유하고 있는 데이터로 알고리즘을 구축할 수 있을 것이다.

머신러닝의 강화학습 ― 기계를 교육하는 기계 ― 처럼 새로운 방법론이 발전함에 따라 향후에는 데이터과학자들에 대한 의존도가 감소하게 될 것이다. 이러한 발전의 궁극적 목표는 업계가 지속적인 머신러닝 플랫폼에 직접 적절한 질문을 던질 수 있게 되는 것이므로, 실리콘밸리에 의사와 변호사가 부족해질 걱정은 하지 않아도 된다.

복수를 열망하는 골리앗들에게 데이터과학과 지속적 머신러닝에 대한 투자는 알고리즘 우위를 달성하는 최선의 길이다. 데이터과학자들이 그들의 수학 기술과 도메인 지식이 필수적으로 작용하는 고가치 알고리즘 개발에 집중하도록 독려하라. 또 4가지 디지털 고객군의 더욱 발전된 사용 케이스use case 같은 영역에서도 지속적인 머신러닝을 활용하라.

이 두 가지가 겹치는 영역에서 최고가 돼라. 다시 말해 데이터과학자가 개발한 알고리즘과 머신러닝이 도출한 알고리즘 간의 지속적인

A-B 테스트를 통해 더욱 유용한 접근법을 확보하라. 지속적 머신러닝 솔루션은 시간이 지나 더 많은 데이터가 수집될수록 사용 케이스의 다음 단계에서 개선되는 경향이 있으니 인내심을 발휘하기 바란다.

　데이터 대차대조표를 작성하고, 데이터의 다양한 활용성을 평가하고, 데이터 가치 스택을 사용해 데이터 수익률을 극대화했으니, 이제는 실제로 데이터를 화폐로 사용하고 있는 회사의 사례들을 살펴볼 차례다.

케이블방송국에서 거대 API 플랫폼으로, 웨더 채널의 변신

―――

웨더 채널의 새 CEO인 데이비드 케니David Kenny와 CTO인 브라이슨 쾰러Bryson Koehler는 커다란 도전을 앞두고 있었다. 바로 웨더 채널을 쇠퇴의 길에서 끌어올려 날씨에 대한 통찰력과 식견을 지닌 고성장 기업으로 변신시키는 것이었다. 2013년, 웨더 채널이 케이블방송국이라는 태생을 극복하고 더욱 넓고 크게 성장하기 위해 모바일 앱을 개발했을 때에는 이미 늦어 있었다. 벌써 1,000개가 넘는 날씨 앱이 자리를 잡고 있었기 때문이다.

케니와 쾰러는 크고 대담하며 도전적인 목표를 세웠다. 전 세계 사람들이 날씨와 관련된 결정을 내릴 수 있게 돕는 것이었다. 그러기 위해서 웨더 채널은 실제 날씨가 예측과 다를 경우 가장 많은 것을 잃는 업계와 융합될 필요가 있었다.

웨더 채널은 3단계로 구성된 계획을 실천하기 시작했다. 첫 번째 단계는 디지털 가치 스택([그림 6-2])의 아랫단에 초점을 맞추고 있었다. 웨더 채널은 그들이 보유하고 있던 전문가 역량과 데이터 세트를 더욱 강력하게 조합시켜 지구상에서 가장 정확한 기상예측 엔진을 개발했다. 200명의 기상학자로 구성된 웨더 채널 군단은 다양한 기상예측 패턴을 108개로 분류했고, 회사는 데이터 대차대조표를 확장하기 위해 방대한 크라우드소싱 날씨 정보 데이터를 공급하는 웨더 언더그라운드Weather Underground를 인수했다. 또 기상예측 역량을 강화하기 위해 IT 인프라를 재정비하여 13개의 데이터센터를 단일 클라우드 및 빅데이터 인프라로 통합했다. 그 결과 웨더 채널은 응용 프로그램 인터페이스API 호출 비용을 100만 건당 70달러에서 1달러로 절감할 수 있었다.

두 번째 단계에서는 디지털 가치 스택의 디지털 고객군에 초점을 맞췄다. 케니와 퀼러는 내부 및 외부 사용자 집단이 아니라, 기상예측이 잘못될 경우 사업적으로 가장 높은 위험을 감수해야 하는 종적 산업에 가장 먼저 집중했다.

항공산업은 아주 좋은 예다. 만일 난기류를 예측할 수 있다면 승객들을 안전하게 보호하고 항공사가 소송에 휘말릴 위험을 최소화할 수 있기 때문이다. 그래서 웨더 채널은 소매업과 포장소비재 분야에 깊은 도메인 지식을 지닌 크리스 허프Chris Huff 같은 창의적인 인재를 영입했다. 이렇게 구성된 팀은 직원들이 주도하는 해커톤과 특별 인센티브 프로그램을 통해 실험과 혁신 문화를 정착시켰으며, 이는 웨더 채널의 알고리즘 우위를 날씨 플랫폼과 통합된 건강 및 피트니스 플랫폼 등의 영역까지 확대시켰다.

세 번째 단계에서 웨더 채널은 자사 개발 플랫폼을 날씨 알고리즘과 애플리케이션에 관심을 가진 폭넓은 부류의 사람들에게 공개했다. 혁신자들을 흥분시키는 것은 그리 어렵지 않았다. 사람들은 대부분 웨더 채널과 함께 일한다는 것을 근사하다고 생각했고, 전 세계 다른 수십억 명의 삶에 영향을 미칠 수 있다는 사실은 커다란 동기가 되었다. 웨더 채널의 성공은 경이로운 수준이었다. 2만 5,000곳 이상의 파트너가 매일 260억 개에 달하는 API 호출을 보내왔고, 웨더 채널은 세계에서 가장 거대한 API 플랫폼이 되었다. 웨더 채널은 주력 상품인 날씨 앱에서 잠재력 높은 혁신을 실행함으로써 최소한의 선행 투자로 재빨리 새로운 개념을 테스트할 수 있었다. 자사의 앱과 애플 워치를 더욱 긴밀하게 접목시킨 것도 한 예다. 이는 애플 사용자에게 가치를 제공했을 뿐만 아니라 애플 기기 내에 설치된 수억 개의 기압 센서에 접근하여 웨더 채널의 데이터 대차대조표에 새로운 데이터 자산을 추가시켜주었다.

브라이슨은 이 3년간의 여정이 아주 긴박하게 진행되었다고 회고한다. 조금만 빨랐더라면 '빅1'과 '리틀1' 혁신은 고객 약속을 실현하지 못했을 것이고, 조금이라도 늦었다면 새 리더십 팀은 추진력을 잃고 직원과 주주 들로부터 필요한 자원과 지원을 얻지 못했을 수도 있었다.

웨더 채널은 데이터를 화폐로 사용할 때 어떤 결실을 맺을 수 있는지를 보여주는 매우 훌륭한 사례다. 이들의 비즈니스는 순조롭게 성장 중이고, IBM 왓슨 사업부 내에서 활발하게 활동 중이며, 기상관측 분야에서는 선도적 기업으로 인정받고 있고, 매일 15만 편 이상의 항공편에 정보를 제공하고 있으며, 전력회사에 에너지 수요 예측을 공급하고, 국제 보험회사에 중요한 통찰력을 제공하며, 지구상 수십억 사람들에게 삶을 계획할 수 있는 날씨 정보를 제공하고 있다.[3]

이제는 다른 기업들도 웨더 채널의 뒤를 따르고 있다. 월마트의 데이터 카페Data Cafe는 업계 전반의 혁신자들이 40페타바이트 규모의 소매 판매 데이터를 활용할 수 있도록 해준다. 데이터 카페는 200개의 내부 및 외부 데이터 스트림을 활용해 데이터 기반 솔루션의 실행 주기를 3주에서 20분으로 단축했다. 데이터 카페에서 육성된 혁신으로는 소셜미디어에서의 대화를 바탕으로 매출을 예측하는 소셜 게놈 Social Genome 프로젝트, 친구와 지인의 쇼핑 습관이 어떤 영향을 미치는지 분석해주는 쇼피캣Shopycat, 그리고 웹사이트 검색어를 분석하는 폴라리스Polaris 등이 있다.

[워크시트]
자기평가표 작성하기

———

웨더 채널과 비교해 여러분과 여러분의 회사는 데이터를 화폐로 사용하는 데 있어 얼마나 잘 준비되어 있는지 평가해보자.

회사 준비도 자기평가

—

[그림 6-4]의 내용을 읽고 여러분 회사의 역량 수준을 평가해보라.

개인 경력 준비도 자기평가

—

여러분은 회사가 데이터를 화폐로 사용하는 데 어떤 역할을 하고 있는가? [그림 6-5]를 참고하여 표시해보라.

법칙 3: 데이터를 화폐처럼 사용하라
회사 준비도 자기평가표

	0~20% 최하 역량	20~40% 하위 역량	40~60% 보통 역량	60~80% 상위 역량	80~100% 세계 최상위 역량
고품질 빅데이터 자산	보유 중인 대규모 데이터 세트 없음	최소 4개의 품질 기준을 충족하는 몇 개의 대규모 데이터 세트	최소 4개의 품질 기준을 충족하는 많은 수의 대규모 데이터 세트	7개의 품질 기준을 전부 충족하는 몇 개의 대규모 데이터 세트	7개의 품질 기준을 전부 충족하는 많은 수의 데이터 세트
관리 가능한 데이터 부채	현재 드러나 있는 자산에 대한 파악 전무	데이터 통합관리 문제 발생	데이터 통합관리와 관련된 조치를 이제 막 시작	대부분 국가 규정을 준수하고 있으나 아직 몇몇은 예외	완전한 규정 준수로 눈에 띄는 데이터 부채 없음
데이터 활용성 평가	데이터로 인한 잠재 이익을 체계적 방법으로 평가하지 않음	데이터의 2차적 가치를 단순히 '긍정적'으로 취급	새로운 데이터 자산을 취득하기 위해 대규모 선행투자 의향 있음	단발성 프로젝트에 기반한 새 데이터 세트의 미래 가치 추산 가능	2차 및 3차적 가치를 평가할 수 있는 정교한 재무 모델 보유
폭넓은 고객군 집중	디지털 사용 케이스의 우선순위를 측정할 체계적 접근법 부재	사용 케이스를 디지털 고객군별로 분류하기 시작했음	내부 디지털 고객의 니즈에만 철저하게 집중	최소 3개의 디지털 고객군에 고가치 솔루션 제공	4개의 디지털 고객군에 고가치 솔루션 제공
데이터과학 팀 구축	고용 중인 데이터과학자 없음	전문분야 없는 일반 데이터과학자를 고용 중	최소 1개의 알고리즘 최적화 분야에 전문 데이터과학자 보유	최소 3개의 알고리즘 최적화 분야에 전문 데이터과학자 보유	전체 5개 알고리즘 부문에 전문 데이터과학자 보유
머신러닝 숙달	머신러닝 역량 또는 플랫폼 부재	인간 데이터 과학자에게 주로 의존하고 있으며 머신러닝 분야는 아직 초기	데이터과학자와 머신러닝이 동등한 영향을 미침	머신러닝이 현재 보유하고 있는 알고리즘 우위 제공	머신러닝이 발견한 돌파구가 우리를 산업계의 기준으로 상승시킴

0%   20%   40%   60%   80%   100%

[그림 6-4] 법칙 3 회사 준비도 자기평가표

법칙 3: 데이터를 화폐처럼 사용하라
개인 경력 준비도 자기평가표

	0~20% 최하 역량	20~40% 하위 역량	40~60% 보통 역량	60~80% 상위 역량	80~100% 세계 최상위 역량
고품질 빅데이터 자산	빅데이터 분석 업무 경험 없음	고품질 데이터의 가치는 알고 있으나 그 분야에 필요한 기술 부재	데이터과학 기초를 쌓기 위해 개인 시간 투자. 실전 경험은 미흡	데이터과학 및 머신러닝 데이터 가치를 상승시키는 업무에 대한 경험 풍부	새 데이터 세트의 비즈니스 잠재력과 품질을 평가하는 전문가
관리 가능한 데이터 부채	데이터 권리 및 의무 관련 경험 전무	명시적 데이터 권리가 포함된 상업 계약 협상에 참여 경험 있음	복잡한 데이터 통합관리법에 관해 항상 최신 정보 보유	개인정보보호 및 보안 조치 실행 관련 경험 풍부	데이터 주권 및 통합관리 전문가로 널리 인정받는 중
데이터 활용성 평가	데이터의 내재적 가치를 인식해본 적 없음. 그저 목적을 위한 수단일 뿐	직접적이고 단기간적인 데이터 가치만을 인정함	우선순위 결정에 따라 데이터의 미래 가치를 포함하려고 노력함	새 데이터 세트 획득에 대한 2차적 가치에 뚜렷하게 기여함	2차 및 3차적 효과를 평가하기 위한 모델을 직접 설계
폭넓은 고객군 집중	디지털 사용 케이스와 관련해 실질적 경험 전무	최소 1개의 디지털 고객군 사용 케이스에 대해 직접적 경험 보유	최소 2개의 디지털 고객군 사용 케이스에 대해 직접적 경험 보유	최소 3개의 디지털 고객군 사용 케이스에 대해 직접적 경험 보유	4개의 디지털 고객군 사용 케이스에 대해 직접적 경험 보유
데이터과학 팀 구축	데이터과학 기술을 거의 갖추지 못함. 빅데이터 분석 경험 최하 수준	온라인 및 사내 교육 프로그램을 통해 데이터과학 기술 획득	여러 개의 데이터과학 프로젝트를 성공시킴	데이터부터 통찰력까지 가치분석망의 다양한 단계에서 탁월한 능력 발휘	빅데이터를 고가치 비즈니스 통찰력으로 전환하는 모든 측면에서 전문가로 인정받음
머신러닝 숙달	머신러닝 도구 및 프로젝트 관련 경험 또는 기술 전무	처음으로 머신러닝 프로젝트에 참가해 기술 축적 중	성공적인 머신러닝 프로젝트 다수 경험	지속적인 머신러닝 분야에서 인정받는 전문가	지역 대학에서 머신러닝에 대해 가르침

0%　　20%　　40%　　60%　　80%　　100%

[그림 6-5] 법칙 3 개인 경력 준비도 자기평가표

법칙 3 준비도 요약

—

법칙 3에 대한 회사 및 개인 경력의 준비도를 평가했다면 [그림 6-6]
의 준비도 요약표를 완성해보라. 마찬가지로 온라인에서 자기평가를
마쳤다면 요약 결과를 자동으로 얻을 수 있다.

6개 법칙 중 3개를 살펴봤으니 이제 길을 반쯤 온 셈이다. 잠시 심호
흡을 하고, 법칙 4를 통해 혁신에 대해 마음을 활짝 열어보자.

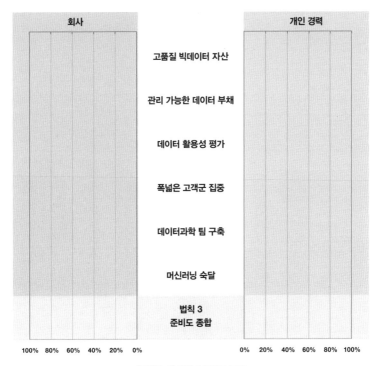

[그림 6-6] 법칙 3 준비도 요약

06 [법칙 3] 데이터를 화폐처럼 사용하라

07

GOLIATH'S REVENGE

[법칙 4]
외부 혁신 인재를
적극 도입하라

:

NASA와
개방형 혁신 네트워크

———

"내부에서 창의성이 비롯되는 경우는 드물다."

– 닐 블루멘탈, 와비파커 공동창립자

———

✣✣✣

지금까지 골리앗의 복수를 위한 3가지 법칙을 배우면서 아마 여러분은 틀림없이 현재 회사가 지닌 역량보다 더 많은 혁신을 더 빨리 성취해야겠다고 결심했을 것이다. 현실과 목표가 일치하지 않을 때 가장 잘못된 대응은 목표를 축소하는 것이다. 여러분은 지금 획기적 고객 성과를 시장에 내놓기 위해 업계의 디지털 파괴자들뿐만 아니라 다른 기존 기업들과도 경쟁하고 있다는 사실을 잊지 말라.

그러니 NASA와 P&G, 유나이티드헬스케어UnitedHealthcare, 글락소스미스클라인GlaxoSmithKline, 언더 아머 같은 혁신 기업들을 보고 배우라. 단기간에 적은 위험으로 더 많은 것을 달성할 수 있도록 회사의 안쪽은 물론 바깥쪽을 향해서도 문을 활짝 열고 혁신을 받아들여야 한다. 혼자서 혁신을 일으키는 것보다 혁신 네트워크를 조직해 이를 이용하면 더욱 방대한 이익을 얻을 수 있다.

와튼 경영대학원의 제리 윈드Jerry Wind와 IBM의 샨커 라마머시Shanker Ramasmurthy의 연구에 따르면, 기술 개발자의 가치가 수익의 5배, 서비스 제공자가 수익의 3배로 평가받고 있는 반면, 외부 파트너의 가치를 활용하는 네트워크 지휘자의 시장 가치는 수익의 8배에 달한다고 한다. 같은 관점에서 S&P500은 미국 대기업의 기업 가치를 수익의 1.5배로 평가한다.

우리의 조사에 따르면, 개방형 혁신 네트워크가 지닌 장점에도 불구하고 이 개념을 완전히 수용하고 있는 대기업은 전체의 3분의 1, 그리고 중소기업의 경우에는 절반 이하에 불과하다. '오로지 여기서 개발한 것만'이라는 사고방식에서 '최고의 아이디어가 승리한다'라는 사고방식으로 전환하는 것은 쉬운 일이 아니다. 이를 위해서는 4가지 측면에서 변화가 필요하다. '우리는 모든 걸 다 알아We Know Everything, WKE'라는 저주를 극복하고, 혁신 채널을 개방하고, 함께 혁신하기 편한 상대가 되고, 기업발전 도구를 확장하는 것이다.

기존 기업의 불치병
"우린 모든 걸 다 알아"

—

'우리는 모든 걸 다 알아'는 기존 기업의 불치병이자, 계속된 상업적 성공과 그에 따른 지나친 찬사의 부산물이다. 이와 비슷한 또 다른 병으로 '여기서 개발한 게 아니야Not Invented Here, NIH가 있다.

개방형 혁신을 저해하는 요인
—

조직이 개방형 혁신 전략을 받아들이도록 변화시키기 위한 첫 번째 과제는 여러분의 회사에 다음 8가지 저해 요인이 존재하는지에 대해 동료들과 진지하게 논의하는 것이다.

- **비즈니스 모델의 중력:** 현 비즈니스 모델에 도전적이거나 핵심 사업을 잠식할 수 있는 외부 혁신은 부정적인 것으로 간주된다.

- **엔지니어의 자부심:** 내부 혁신자들이 스스로가 더 잘할 수 있다고 믿고 인정과 보상을 바라며, 결과적으로 외부 혁신은 결코 '우리 기준에 부합할 수 없다'는 편견을 쌓는다.
- **위험 회피:** 외부 혁신자들이 내부적으로 용납할 수 없는 금융 및 보안, 규제, 규정, 또는 브랜드 위험을 제안할지도 모른다는 두려움이 있다.
- **잘못된 인센티브:** 단기적 보상 구조가 사람들에게 외부 혁신이 잠재적인 장기적 보상에 피해를 준다고 평가하도록 부추긴다.
- **인재 부족:** 스카우트 및 연결자, 해법 탐색자 등 중요 인재들이 심각하게 부족하다.
- **제한된 상상력:** 특히 업계 너머에서 비롯된 경우, 외부 혁신은 회사의 안전지대에서 아주 멀리 떨어져 있는 듯 보인다.
- **어긋난 톱니바퀴:** 회사의 비즈니스 속도가 너무 느려 함께 일하고자 하는 다른 회사들의 신속한 실행 속도와 맞물리지 않는다.
- **표준운영절차:** 지적재산권, 데이터 권리 및 기타 문제에 대한 회사의 표준 규정이 스타트업 기준과 호환되지 않는다.

자, 솔직하게 말해보라. 현재 여러분의 팀, 부서 혹은 회사에 얼마나 많은 저해 요인들이 도사리고 있는가? 1~2개 정도라면 혁신 생태계를 확대해 이 같은 문제들을 해결할 수 있다. 저해 요인이 3개 이상 존재한다면, 개방형 혁신 모델을 실행하기 전에 이 문제부터 먼저 해결해야 할 것이다.

P&G의 방향 전환

—

2000년, P&G의 CEO인 A.G.래플리A. G. Lafley는 사내 R&D 성과가 주주들이 기대한 만큼 성장을 이룩하지 못했다는 사실을 깨달았다. P&G는 매년 40억 달러 규모의 신규 비즈니스를 창출해야 했는데, 참고로 40억 달러는 ADT와 반스앤노블, 보이스 캐스케이드Boise Cascade, 시맨텍Symantec, 하얏트Hyatt 호텔, NASDAQ 같은 유수 기업들의 연간 매출액에 맞먹는 금액이다.

P&G는 개방형 혁신을 통해 공격적인 전환을 시도했다. 전 세계 150만 명의 과학자 및 발명가들이 참여한 '연결과 발전 Connect+Development'이라는 프로그램은 P&G의 R&D 직원 7,500명의 혁신을 증폭시켰다.

결과는 환상적이었다. 외부 주도형 혁신 비율이 15퍼센트에서 45퍼센트로 껑충 뛰었고, 그중에는 스위퍼Swiffer와 크레스트 스핀브러시 Crest SpinBrush 같은 획기적인 제품들도 포함되어 있었다. R&D 생산성은 60퍼센트나 상승했다. 2004년에 P&G는 매출 19퍼센트, 이익 25퍼센트가 증가했으며, 총 주주수익률은 24퍼센트를 기록했다.[4]

개방형 혁신 채널로
아이디어 주고받기

―――

여러분의 회사가 우리가 연구한 다른 회사들과 비슷하다면, 이미 외부 혁신이 참여할 수 있는 몇 가지 창구를 보유하고 있을 것이다. 앞에서 설명한 혁신의 저해 요인을 파악했다면 이제는 혁신 채널을 극적으로 확대해 P&G 같은 성과를 달성해야 할 차례다.

[그림 7-1]에서 볼 수 있듯이 외부에서 혁신 깔때기에 '빅1'과 '리틀1' 아이디어를 투입해주는 혁신 채널에는 연구 대학, 전략적 공급업체, 전략적 고객, 사모투자회사, 스타트업, 사내 벤처 집단, 비즈니스 육성 센터, 개방형 혁신 플랫폼 등 8가지가 있다.

혁신 채널을 활성화한다고 해서 거기서 제공하는 특정한 혁신을 반드시 도입한다는 말은 아님을 명심하라. 혁신 채널이란 내부 R&D의 노력을 강화해줄 수 있는 새로운 아이디어를 평가할 수 있는 수단이다. (여러분은 이미 5장에서 '빅1'이나 '리틀1' 혁신 과정을 통해 최상의 아이디어를 걸러

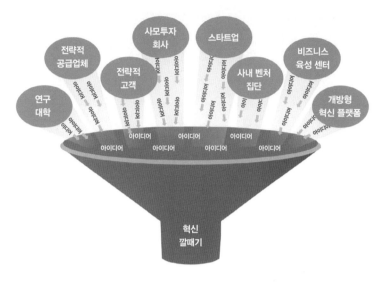

[그림 7-1] 개방형 혁신 채널

내고 이를 실행하는 역량을 갖추고 있을 것이다.)

개방형 혁신 채널을 통한 주고받기

—

이론적으로 혁신 생태계를 구성하는 것은 그다지 어려운 일이 아닌 것처럼 느껴진다. 혁신적인 조직이라면 당연히 여러분의 회사와 협력하고 싶지 않겠는가? 하지만 공짜 점심이란 없는 법이다. 잠재 참여자가 혁신적일수록 여러분 외에도 수많은 회사들이 그들과 함께 일하기 위해 줄지어 서 있을 것이다.

훌륭한 혁신 아이디어를 지속적으로 공급받고 싶다면 그 대신 상대에게 무엇을 해줄 수 있는지를 명확히 제시해야 한다. 이쪽에서 많은 것을 베풀수록 혁신 채널에서 들어오는 혁신적 아이디어에 대해 경쟁자보다 앞서 우선권을 얻을 수 있는 가능성이 커진다. 예를 들어 유명한 뷔페에서 다른 손님들이 몰려오기 전에 먼저 맛있는 음식을 골라 접시에 담을 수 있는 것처럼 말이다.

혹시 유명한 만화 〈바니와 친구들Barney〉의 "나 너 사랑해. 너도 나 사랑해. 우리는 제일 친한 친구야"라는 노래 가사를 기억하는가? 하지만 여러분도 '바니' 거래는 피하고 싶을 것이다. 어떤 당사자에게도 실질적인 이득을 가져다주지 못하는, 실체는 없고 말만 번지르르하고 공허한 약속 말이다.

[그림 7-2]는 개방형 혁신을 활성화하고 외부 채널을 통해 장기적으로 훌륭한 아이디어를 공급받으려면 무엇을 해야 하는지를 정리한 것이다.

여러분의 회사가 제공하는 것이 상대의 열렬한 반응을 유도할 만큼 탁월하지 못할 수도 있다. 사실 대부분의 선행투자비용에는 한계가 있다. 그러나 쌍방이 필요로 하는 독특한 약속을 서로 주고받음으로써 순차적인 노력을 통해 8가지의 개방형 혁신 채널을 열어가야 한다.

채널	주는 것	받는 것
연구 대학	• 연구 자금 • 데이터/IP 접근 권한 • 시범 운영 기회	• 연구 결과 조기 검토 • 새로운 인재 추천 • 스핀아웃 기회
전략적 공급업체	• 매출 확보 • 공동혁신 프로젝트 • 공동마케팅 자금 조달	• 위험 모델 공유 • 투자 자금 • 규모 확장
전략적 고객	• 혁신에 대한 빠른 접근 • 할인 가격 • 기간 한정 특별 제안	• 공동혁신 파트너 • 시장 적합성 • 소문 확산
사모투자 회사	• 스핀아웃 거래 흐름 • 사용 케이스 검증 • 포트폴리오 출구 전략	• 스타트업 미리 검토 • '빅1' 공동투자 • 스핀아웃
스타트업	• 시장 적합성 판단 • 데이터 접근 권한 • 투자자본	• '빅1'의 위험수용범위 • 기업가적 인재 • 미래의 M&A 기회
사내 벤처 집단	• 데이터/IP 접근 권한 • 매출 확보 • 소문 확산	• '빅1' 육성 기회 • 기업가적 인재 • 업계 파괴 가능성에 대한 가시성
비즈니스 육성 센터	• 데이터/IP 접근 권한 • 시범 운영 • 공동혁신 자금 조달	• '빅1'의 위험수용 범위 • 기업가적 인재 • 미래의 M&A 기회
개방형 혁신 플랫폼	• 해결하기 어려운 문제 • 데이터/IP 접근 권한 • 상금	• 집단 지성 • 위험하지 않은 혁신 • 기업가적 인재

[그림 7-2] 개방형 혁신의 상호교환

07 [법칙 4] 외부 혁신 인재를 적극 도입하라

오만한 골리앗이
열린 파트너가 되기 위한 8가지 조치

———

개방형 혁신은 케이크를 갖고 있으면서 동시에 그것을 먹는 것과도 같다. 여러분은 팀과 그룹, 부서, 회사가 최소한의 시간 내에 최대의 혁신을 만들어내길 바라는 한편으로, 동시에 단기적 운영 및 재정적 목표를 달성해 일자리를 지키고 싶을 것이다.

다행히 이는 가능한 일이다. 혁신 파트너에게 그중 일부를 맡긴다면 5장의 '빅1'과 '리틀1'으로 인한 위험을 줄이는 동시에 이익을 증대시킬 수 있다. 외부의 혁신자들은 큰 기회에 대한 시급함과 위험 감수 능력, 그리고 적절한 반항심까지 첨가해줄 것이다.

그러나 대부분의 기존 기업들은 다음 중요 프로젝트로 이동하기 전에 혁신 생태계를 실질적 규모로 확대하는 데 애를 먹고 있다. 특히 이들은 스타트업을 상대할 때 잘못된 목표와 잘못 조합된 자원, 일관성 없는 지원, 그리고 성공을 가로막는 조직의 위험 회피 성향에 대처하는 데 미숙하다. 외부 파트너와 함께 손발을 맞춰 연주하려던 음악은 이제 마치 AC/DC(하드 록 밴드)와 뉴욕 필하모닉이 한 무대에 선 것처럼 들린다.

개방형 혁신에 성공한 회사들의 사례를 살펴보고 더욱 아름다운 합주를 꿈꿔보라. 혁신 의지를 표명하고, 명확한 목표를 설정하고, 전용 자원을 배정하고, 투자 위원회에 권한을 이양하고, 단순한 절차를 도입하고, 법적 마찰을 최소화하고, 혁신 샌드박스를 구축하고, 탐구 문화를 정착시키라.

혁신 의지 표명

—

신규 제품과 서비스 및 프로세스를 어떤 비율로 혁신할 것인지 처음부터 분명하게 설명하라. 예를 들어 제너럴 밀스의 '연결된 혁신Connected Innovation' 프로그램은 외부 혁신자들이 제안하는 새로운 혁신 기회를 늘리기 위해 하향식 구조로 실행된다. 그 결과 제너럴 밀스는 외부에서 비롯된 신제품 혁신을 불과 5년 만에 15퍼센트에서 35퍼센트까지 끌어올릴 수 있었다.

명확한 목표 설정

—

"만나서 반갑습니다. 그럼 시범 운영을 시작해볼까요?" 스타트업은 시범 운영의 지옥에서 허우적대다가 죽어버릴 수도 있다. 기성 회사들과 손을 잡고도 자금이 바닥나기 전에 제품을 충분히 널리 보급하지 못한 탓이다. 이런 불확실한 시범 사업에는 참여하지 않는 것이 좋다. 대신 시범 운영을 통해 보여주고자 하는 비즈니스 성과에 대해 미리 명확한 목표를 세우고, 스타트업이 혁신에 성공할 경우 이를 구현하겠다는 잠정적인 약속을 제시하라. 이는 아직 외부 고객과 함께 협업할 준비가 되어 있지 않은 스타트업을 미리 걸러내는 역할을 한다. 또 벤처 업계에서 회사의 명성을 쌓아 미래의 스타트업들이 가장 먼저 접촉해오는 기회를 얻을 수도 있다.

전용 자원 배정

—

스타트업과 함께 일하기 위해서는 기술과 제품 관리, 운영, 영업 지원과 유통채널 등 각각의 모든 분야에 투입될 전용 자원이 필요하다. 이러한 노력이 부족하다면 스타트업들은 그들의 혁신 속도에 맞춰 필요한 자원을 투입할 수 있는 다른 회사로 즉시 옮겨갈 것이다.

위원회에 권한 이양

—

내부 및 외부 인사로 이루어진 투자 위원회를 설립하고, 복잡한 절차나 승인 단계를 거치지 않고도 투자 및 자원 배정 결정을 내릴 수 있는 권한을 부여하라. 내부 인사로는 사업부, 부서 책임자, R&D, 기업발전과 전략 부문을 포함하고, 외부적으로는 첨단기술 분야의 리더들과 시장 전문가, 벤처투자가들을 영입해 회사의 사각지대에 있는 잠재적 혁신 기회를 놓치지 않도록 한다.

단순한 절차 도입

—

스타트업이 회사에 미칠 수 있는 가장 중요한 영향을 테스트하고, 배우고, 방향을 전환하고, 결정을 내리는 데 있어 린 프로세스lean process를 도입하라. 예를 들어 한 미디어 대기업의 혁신 연구소는 30일, 60일, 90일의 단기 프로젝트를 이용해 관성화된 기업 문화를 차단하고 스타트업과의 협력에 집중한다. 또 한 글로벌 통신회사의 혁신 전문 부서에서는 매달 스타트업과 원격 회의로 이루어지는 문제 해결 방안 프레젠테이션을 통해 쌍방의 의사결정 시간을 단축한다.

법적 마찰 최소화

—

기존 기업이 5만 달러짜리 시범 사업을 제안하면서 40쪽짜리 계약서를 들이미는 악몽을 경험해보지 않은 스타트업은 없을 것이다. 사내 법무팀이 없다면 외부 변호사들과 문제 상황에 대해 협상하느라 스타트업 가치의 상당 부분이 낭비될 수 있다. 그러므로 캐나다의 한 대형 은행처럼 계약서를 2쪽으로 줄이고, 스타트업의 기존 IP를 보호하고 공동 IP를 사용할 방식에 대해 명확한 지침을 제시해야 한다.

혁신 샌드박스 구축하기

—

외부 파트너가 연구조사를 실시하고, 개념 테스트를 하고, 여러분 회사의 인프라와 비식별 데이터 솔루션을 시험해볼 수 있는 중앙집중식 혁신 샌드박스를 개발하라. 예를 들어 AT&T 파운드리AT&T Foundry 혁신 센터는 자사의 최신 통신 설비를 갖추고 있으나 생산 시스템과는 완전히 분리된 API로 네트워크를 테스트할 수 있는 설비와 환경을 제공한다. 미국 정부가 운영하는 데이터닷가브Data.gov.는 혁신가들은 물론 국민 모두에게 데이터를 개방한다. 연방정부의 CIO였던 비벡 쿤드라Vivek Kundra와 오바마 전 대통령이 시작한 데이터닷가브는 현재 기계 판독이 가능한 10만 개 이상의 데이터 세트를 보유하고 있으며, 소비자 쇼핑 앱에 제품 리콜과 건강 위험 정보를 통합하는 혁신을 제공한 바 있다. 연방정부가 혁신 샌드박스를 구축할 수 있는데, 여러분 회사는 왜 못하겠는가?

탐구 문화 정착

—

이 항목을 마지막으로 남겨둔 이유는 이를 성취하는 데 가장 오랜 시간이 걸리기 때문이다. 지금 즉시 착수하되, 조직의 내부 역량만으로 성공할 수 있는 계획을 세우라. 변혁에 가장 잘 대비된 팀을 선택하고 구성원들이 충분한 시간을 들여 참신한 아이디어와 이를 제공할 수 있는 외부 파트너를 모색할 수 있게 하라. 그렇다고 그 일에만 전력투

구할 필요는 없다. 직원 한 명당 일주일에 반나절만 투자해도 전체의 10퍼센트는 될 테니 말이다. 이 혁신 팀이 개방형 혁신이라는 버그를 유익한 바이러스처럼 사내에 신속하고 유기적으로 확산시키는 광경을 만끽하라. 말로만 거창하게 떠벌릴 뿐 실질적인 행동이 전무한 것보다는 이런 접근법이 훨씬 낫다.

자, 이제 외부에 개방할 새로운 혁신 채널의 우선순위도 정했고, 개방형 혁신 투자의 밑거름이 될 8가지 분야에 대한 실행 계획도 만들었다. 이번에는 여러분의 개방형 혁신 프로그램을 이끌 숨은 영웅들에게로 시선을 돌려보자. 바로 기업발전 팀이다.

'기업발전 도구'를 활용한 성공 사례: 인텔 캐피털부터 구글, IBM까지

———

모든 전략 이니셔티브에는 핵심 기구가 필요하다. 기업발전 책임자를 배치해 회사 전체의 개방형 혁신 전략을 지휘하게 하라. 조직의 규모가 너무 작아 기업발전 팀이 없다면, 이 역할은 CEO의 몫이 될 것이다.

기업발전 도구에는 사내 벤처 육성, 지적재산권 대여, 기업 보육, 스핀아웃, 합작투자, 인수합병 등의 6가지 주요 수단이 포함되어 있어야 한다. 개방형 혁신에 각각의 도구를 효과적으로 활용한 회사들의 사례를 살펴보자.

사내 벤처 육성: 인텔 캐피털

—

2017년, 인텔 캐피털Intel Capital의 벤처캐피털VC 팀은 1,268개의 거래에 370억 달러의 신규 자금을 투입했다. 전체 벤처캐피털의 44퍼센트에 달하는 금액이었다. 회사의 사내 벤처캐피털 팀은 2가지 목표에 대해 한쪽으로 치우치지 않게 하는 데 집중할 필요가 있다. 투자 자금에 대해 높은 내부수익률IRR을 달성하는 한편, 핵심 비즈니스의 혁신을 가속화하는 것이다.

이러한 노력은 상당한 성과로 나타날 수 있다. 터치다운 벤처스Touchdown Ventures의 조사에 따르면, 사내 벤처캐피털 팀을 운영하고 있는 기업의 주가는 전체 시장에 비해 50퍼센트나 빠르게 상승했다. 그중에서 인텔 캐피털은 기업발전 도구를 활용하는 방법에 대해 매우 모범적인 사례를 제시해주고 있다.

인텔 캐피털은 지난 25년간 1,500개 기업에 150억 달러를 투자했고, 스타트업과 다른 기업들을 연결하기 위해 325일간 워크숍을 개최했으며, IPO와 인수합병을 통해 거의 500개의 출구(이익/손실을 현금화할 매각)를 확보했다. 인텔 캐피털은 새로운 첨단기술과 시장, 비즈니스 모델에 대해 신속한 학습을 제공한다. 이들은 초기 자금 조달 라운드에 적은 액수를 투자함으로써 경쟁사들보다 빨리 파괴적인 혁신을 접할 수 있었다. 이렇게 손에 넣은 선택권은 후에 다른 기업발전 도구를 사용해 실현할 수 있다.

지적재산권 대여: 구글과 IBM

—

기존 기업들은 사내 투자를 통해 혁신 파트너들이 개발한 수익성 높고 상용화되기 쉬운 지적재산권을 보유하고 있는 경우가 많다. 그러니 해커톤을 주최하고, 도전과제를 제시하고, 신중하게 선택된 IP를 혁신 생태계에 노출할 전문 업체를 설립하라.

어떤 회사들은 그 다음 단계로서 가능한 많은 혁신을 끌어들이기 위해 보유한 IP를 오픈소스로 공개하기도 한다. 구글의 텐서플로와 IBM의 왓슨, 하이퍼레저Hyperledger처럼 말이다. 많은 회사들이 IP에 대해 프리미엄 모델을 활용하고 있는데, 이는 IP의 핵심 부분을 공개하되 시간이 지나면 파트너들이 완전한 사용권을 획득할 수 있는 옵션을 추가하는 것을 말한다.

기업 보육: 유나이티드헬스케어

—

사내 비즈니스 보육은 기업 내에서도 영업 비밀이나 IP에 대해 절대적인 통제가 필요한 민감한 분야에서 중요하게 작용한다. 업계에 이런 분위기가 존재한다면 사내 비즈니스 보육 시설을 설치하라. 이러한 보육 시설이 있다면 '빅1' 아이디어가 외부 벤처투자가의 포트폴리오 안에서 어떻게 성장하는지 테스트할 수 있다.

유나이티드헬스케어가 좋은 예가 될 수 있을 것이다. 이 회사는 1996년에 인제닉스Ingenix라는 자회사를 설립하여 방대한 청구기록 데이터를 이용해 새로운 분석 상품을 배양했다. 인제닉스는 건강보건에 관한 통찰력으로 획기적인 고객 성과를 제공했고, 어마어마한 성공을 거두었다. 유나이티드헬스케어의 옵텀인사이트OptumInsight 브랜드는 데이터 및 분석 회사로서 현재 70억 달러의 가치를 지니고 있으며, 매년 20퍼센트의 성장률을 기록하고 있다. 데이터를 화폐로 사용한다는 것은 바로 이런 것이다!

스핀아웃: GE와 라보뱅크

—

스팅의 유명한 노래 가사가 있다. "사랑하는 사람이 있다면 자유롭게 놓아주세요." 스핀아웃spin-out이란 상업적으로 이와 비슷한 개념을 실현한 것이다. 일부 '빅1' 아이디어는 너무 위험하거나 비용이 많이 들거나 혹은 내부적으로 진행하기에 너무 복잡하다. 그럼에도 회사는 만약 이 혁신이 성공할 경우 어느 정도 손을 댈 수 있는 여지를 남겨두길 원한다. 따라서 이런 '빅1' 기회를 독립적인 회사에 맡겨 성공에 필요한 전략적 유연성을 제공하고, 새로운 자금과 인재 풀을 사용할 수 있게 하라. 만일 이 회사가 마음에 든다면 나중에 비즈니스가 충분히 성숙해진 후 다시 인수하면 된다.

지난 10년 동안 첨단 미세전자기계 시스템microelectromechanical system, MEMS연구에 몰두했던 GE는 2016년에 고신뢰성 스위치 기술 부문을 새로운 벤처 회사로 독립시켰다. 여러분은 지금 이 책에서 사용된 단어 중에서 가장 긴 단어를 읽었다. 이 MEMS란 크기가 1밀리미터도 되지 않는 작은 기계다. GE 벤처GE Ventures, 코닝Corning, 마이크로세미Microsemi, 팔라딘 캐피털Paladin Capital로부터 1,900만 달러의 투자를 유치한 이 새 벤처 회사 멘로 마이크로Menlo Micro는 MEMS 스위치 시스템 업계에서 의료기기, 무선 네트워크 기기, 산업용 IoT 솔루션 설계 업체들을 돕고 있다. GE는 전자업계의 베테랑인 러스 가르시아Russ Garcia를 멘로 마이크로의 CEO로 영입하고, 의료기기 및 IoT 시장에서 중요 고객으로 활약함으로써 자회사의 가치를 높이고 있다.

라보뱅크Raboank의 경우 스핀아웃은 사실 스핀인Spin-in에 대한 저항으로 시작되었다. 2012년에 라보뱅크는 모바일 앱 스타트업인 마이오더MyOrder의 지분 80퍼센트를 인수했는데, 마이오더의 획기적인 고객 성과는 네덜란드에 있는 1만 1,000개의 식당과 술집, 영화관, 주차장에서 스마트폰으로 주문 및 결제 서비스를 제공하는 것이었다. 마이오더는 독립적인 벤처 회사로서 활기찬 기업 문화를 그대로 유지할 수 있었고, 이후 소매상인들을 위한 분석 도구인 사이드킥Sidekick 같은 제품들을 신속하게 출시했다. 라보뱅크는 상업은행 고객들에게 공격적으로 마이오더 솔루션을 판매해 계속해서 자회사의 가치를 높이고 있다.

합작투자: 글락소미스클라인과 맥라렌
—

합작투자의 목표는 단순하다. 두 기존 기업의 크라운 주얼을 결합해 개별적으로는 할 수 없었던 일을 이룩하는 것으로, 수학적으로 설명하자면 1 더하기 1로 3을 얻는 것이다. 그러나 합작투자는 목표를 설정하고, 공동 인센티브를 결정하고, 각자의 기여도를 인정하고, IP 권리를 협상하고, 소유권 분할에 합의하고, 지배구조 규칙을 확립하는 등 상당한 노력이 요구된다. 이 모든 과정이 없다면 버라이즌Verizon과 레드박스Redbox, 티파니Tiffany와 스와치Swatch가 그랬던 것처럼 합작투자를 해봤자 아무 가치도 얻지 못한다는 사실을 뼈저리게 배우게 될 것이다.

제약계의 선도기업인 글락소미스클라인과 경주용 자동차 업계의 혁신 리더인 맥라렌McLaren의 합작은 말 그대로 혁신 엔진에 불을 붙였다. 포뮬러원이 시작되자 맥라렌은 차량과 운전자에 부착한 200개 센서에서 10억 개의 데이터 포인트를 수집하고 분석했다. 한편 글락소미스클라인은 맥라렌의 예측 분석 및 생체 측정 역량을 대량 생산 효율성부터 임상 시험 중 원격 환자 모니터링에 이르기까지 여러 분야에 적용할 수 있었다. 두 회사의 합작투자는 글락소미스클라인의 혁신을 가속화하고 맥라렌에게는 새로운 비즈니스 라인을 창조함으로써 양사 모두에게 유익하게 작용했다.

인수합병: 언더 아머

—

인수합병으로 얻는 이익에 대한 통계는 다소 우울하다. 70퍼센트 이상이 얻고자 했던 목표를 달성하지 못하기 때문이다. 따라서 이 기업발전 도구는 다음 두 시나리오에 해당할 때에만 사용하라. 첫째, 앞에서 언급한 조직 구조를 통해 목표 회사와 오랫동안 협력해왔고, 그들이 여러분 회사에 상당한 비즈니스 가치를 제공할 수 있을 만큼 성숙한 경우다. 둘째, 해당 회사가 여러분 회사에 크라운 주얼을 추가하고 여러 새 비즈니스에 진입시킬 수 있는 독특하고 방어 가능한 고가치 자산이나 역량을 지니고 있는 경우다.

언더 아머는 이 두 시나리오가 동시에 진행된 경우다. 2013년, 언더 아머가 총 5억 6,000만 달러에 맵마이피트니스, 마이피트니스팔, 그리고 엔도몬도를 한꺼번에 인수했을 때 월스트리트의 애널리스트들은 크게 당황했다. 도대체 피트니스 앱이 세계적인 의류업체와 무슨 관계인지 알 수가 없었기 때문이다. 그러나 언더 아머는 이렇게 인수한 회사들을 새로운 크라운 주얼로 활용해 건강과 영양 관리가 통합된 스포츠 의류 플랫폼을 출시했다.

이 대담한 전략은 2가지 측면에서 성과를 거뒀다. 첫째, 단기적으로 언더 아머는 새로운 2억 명의 사용자들에게 지극히 개인화된 운동복을 제안할 수 있었다. 둘째, 보다 장기적인 관점에서 회사는 소비자가 주도하는 건강관리 결정이라는 거대한 변화에서 중요한 역할을 맡게 되었다. 언더 아머의 CEO인 케빈 플랭크Kevin Plank는 디지털 건강관리가 미래 성장의 중요한 동인이 될 것이라고 믿었다. 월스트리트는 이제 언더 아머의 결정을 이해한다. 회사의 주가는 모바일 스타트업들을 인수한 후 3년 동안 3배로 껑충 뛰어올랐다.

이제 성공적으로 개방형 혁신으로 전환한 조직에 대해 알아보자. 바로 NASA이다.

폐쇄 조직 NASA의 결단,
개방형 혁신의 비밀

NASA의 우주생명과학국Space Life Sciences Directorate — 현재는 인간건강 및 업무수행국Human Health and Performance Directorate, HH&P — 은 우주비행사들의 건강과 생산성을 유지하는 업무를 맡고 있다. 2005년, 부서의 R&D 예산이 45퍼센트나 삭감되자 국장이었던 제프 데이비스Jeff Davis는 HH&P의 혁신 문화를 재편하고 외부의 협력을 적극적으로 수용하기 시작했다.

이는 오랫동안 내부 중심적으로 시행돼왔던 R&D 문화를 극복해야 한다는 것을 의미했다. 데이비스와 팀원들은 HH&P의 새로운 길을 개척하기 위한 비전을 만드는 데 착수했다.

때로 돌파구는 올바른 시간에 올바른 장소에 있는 것만으로 찾아오기도 한다. 2008년에 데이비스는 하버드 경영대학원에서 열린 경영 관련 강좌에 참석했다. 이 강좌에는 카림 라카니Karim Lakhani가 강의하는 '개방형 혁신'에 관한 세션이 포함되어 있었고, 그 강의를 들은 데이비스는 새로 개발된 HH&P 생태계 전략에 개방형 혁신을 포함시키기로 결심했다.

NASA의 HH&P는 라카니 박사와 함께 직원들에게 외부 혁신에 대한 이 새로운 접근법을 교육하고, 크라우드소싱 플랫폼의 실현 가능성을 보여주었다. 또 개방형 혁신을 시험하기 위한 12개의 도전과제를 선별해 공개 경쟁 과정을 거쳐 이노센티브InnoCentive와 옛2 Yet2를 선발했다. HH&P는 NASA라는 브랜드와 다른 매력적인 요소들을 사용하면 전 세계의 혁신가들을 끌어모을 수 있음을 입증했다.

HH&P가 제시한 7개 도전과제에 대해 불과 몇 달 만에 전 세계 80개국에서 2,900개의 답변들이 쏟아졌다. 과제 중 하나는 태양에서 발생하는 사건을 하루 전에 50퍼센트 정확도로 예측할 수 있는 알고리즘을 개발하는 것으로, 이는 NASA의 과학자들도 해결하지 못한 문제였다. 이를 해결한 것은 은퇴한 무선주파수 엔지니어였는데, '예측 성공률 8시간 전 85퍼센트'라는 엄청난 정확도를 자랑했다.

열린 혁신의 이런 성공은 NASA의 내부 과제를 해결하기 위한 글로벌 플랫폼 나사앳워크NASA@work로 완성되었다. 이제 나사앳워크에서는 1만 5,000명 이상의 문제해결사들이 2주에서 4주마다 발표되는 새로운 도전과제를 연구한다. 또 나사앳워크는 NASA의 직원들에게도 현재의 역할을 넘어 새로운 혁신에 참여하도록 격려했다.

이 과정에서 HH&P는 개방형이라는 형식 때문에 문제해결사나 혁신가로서의 정체성을 잃을까 두려워하던 NASA 직원들을 설득했다.

데이비스는 직원들에게 HH&P가 성공하는 데 있어 해결책을 생각해내는 것만큼이나 문제를 명확히 규정하고 잠재적 돌파구를 평가하는 것이 중요하다는 사실을 주지시켰다. 대화형 솔루션 메커니즘 가이드Solution Mechanism Guide는 직원들에게 개방형 혁신에 대해 가르치고 크라우드소싱 플랫폼을 언제 어떻게 사용할지 결정하는 데 도움을 주기 위해 개발되었다. 또 NASA는 직원들이 직접 제안하고 순위를 매길 수 있는 새로운 인정 및 보상 프로그램도 도입했다.

NASA의 외부 혁신에 대한 개방은 전 세계적으로 민간 우주 기업의 급속한 성장에 영향을 끼쳤을 뿐만 아니라 그로 인해 혜택을 얻기도 했다. NASA는 엑스프라이즈XPRIZE 재단과 손잡고 달 착륙선과 우주 앱 혁신에 박차를 가하고 있다. 그동안 폐쇄적이었던 우주 연구 분야가 전면적으로 개방되면서 엘론 머스크의 스페이스엑스, 제프 베조스의 블루 오리진, 그리고 리처드 브랜슨Richard Branson의 버진 갤럭틱Virgin Galactic 같은 기업에 대한 민간 투자의 문도 활짝 열리게 되었다.

NASA의 리더십은 내부 혁신과 외부 혁신을 골고루 받아들였다는 측면에서 높은 평가를 받았다. 미국 과학기술정책국Office of Science and Technology Policy은 2011년 NASA와 함께 연방정부의 개방형 혁신 역량을 확립하기 위해 공동혁신우수센터Center of Excellence for Collaborative Innovation를 설립했으며, 데이비스와 팀의 많은 핵심 구성원들이 은퇴하거나 다른 부서로 이전한 뒤에도 그들이 구축한 개방형 혁신 엔진은 계속해서 멋지게 가동 중이다.[5]

[워크시트]
자기평가표 작성하기

―――

이제 여러분의 회사와 개인 경력이 법칙 4를 실천할 준비가 얼마나 잘 되어 있는지 알아볼 시간이다.

회사 준비도 자기평가

―

[그림 7-3]을 읽어보고 여러분의 회사가 어떤 단계에 속하는지 표시해보라.

개인 경력 준비도 자기평가

―

여러분은 회사가 혁신 모델을 개방하는 데 어떤 역할을 하고 있는가? [그림 7-4]에 여러분의 현 역량을 표시해보라.

법칙 4: 외부 혁신 인재를 적극 도입하라
회사 준비도 자기평가표

	0~20% 최하 역량	20~40% 하위 역량	40~60% 보통 역량	60~80% 상위 역량	80~100% 세계 최상위 역량
'우리는 모든 걸 알아' 극복	외부 혁신에 강한 거부감을 지닌 문화	개방형 혁신 저해 요인 8개 중 6개 존재	개방형 혁신 저해 요인 8개 중 4개 존재	개방형 혁신 저해 요인 8개 중 2개 존재	개방형 혁신 저해 요인 8개 전부 해결 완료
다수의 혁신 채널	개방형 혁신 채널 0~1개가 가동 중	개방형 혁신 채널 8개 중 2개 가동 중	개방형 혁신 채널 8개 중 4개 가동 중	개방형 혁신 채널 8개 중 6개 가동 중	개방형 혁신 채널 8개가 전부 가동 중
적절한 상호교환	혁신 깔때기 아이디어의 대부분이 내부에서 비롯됨	혁신 깔때기 아이디어의 최소 10%가 외부에서 비롯됨	혁신 깔때기 아이디어의 최소 30%가 외부에서 비롯됨	혁신 깔때기 아이디어의 최소 50%가 외부에서 비롯됨	혁신 깔때기 아이디어의 70% 이상이 외부에서 비롯됨
편안한 혁신 상대	혁신을 시작한 지 얼마 되지 않았으며 8개 운영방식 중 아무것도 해당하지 않음	8개 운영방식 중 최소 2개를 혁신 네트워크에 적용	8개 운영방식 중 최소 4개를 혁신 네트워크에 적용	8개 운영방식 중 최소 6개를 혁신 네트워크에 적용	혁신 네트워크에 8개 운영방식을 전부 적용 중
강력한 혁신 샌드박스	외부 조직은 우리의 샘플 데이터 또는 기술에 접근하지 못함	특별한 외부 파트너의 단발성 프로젝트를 중심으로 혁신 샌드박스 구축	스타트업이 상당량의 샘플 데이터를 실험 가능	현재 우리 기술에 대한 API 접근을 위해 데이터 외의 분야로 확장 중	고수준 API, 방대한 샘플 데이터 세트, 중요 기술에 접근 가능
기업발전 도구	공식적인 기업발전 역량 부재	기업발전에 있어 약간의 임시변통적인 경험 보유	기업발전 도구 6개 중 2개에서 풍부한 경험 보유	기업발전 도구 6개 중 4개에서 풍부한 경험 보유	기업발전 도구 6개 모두에서 풍부한 경험 보유

```
0%        20%        40%        60%        80%        100%
```

[그림 7-3] 법칙 4 회사 자기평가표

법칙 4: 외부 혁신 인재를 적극 도입하라
개인 경력 준비도 자기평가

	0~20% 최하 역량	20~40% 하위 역량	40~60% 보통 역량	60~80% 상위 역량	80~100% 세계 최상위 역량
'우리는 모든 걸 알아' 극복	뭐가 이렇게 왜 자주 바뀌어야 하는지 이해 불가	큰 변화가 진행 중이나 내가 무엇을 해야 할지 모르겠음	천성적으로 호기심이 많고 배우는 것을 좋아함	디지털 변혁에 대해 잘 알고 있으며, 내 분야에서 적극적으로 변화를 주도	회사 내에 참신한 아이디어를 전파하는 것으로 유명함
다수의 혁신 채널	공동혁신 프로젝트에서 외부 파트너들과 함께 일한 경험 전무	혁신 채널 8개 중 2개에서 공동혁신 프로젝트에 참여한 경험	혁신 채널 8개 중 4개에서 공동혁신 프로젝트에 참여한 경험	혁신 채널 8개 중 6개에서 공동혁신 프로젝트에 참여한 경험	혁신 채널 8개 전부에서 공동혁신 프로젝트에 참여
적절한 상호교환	회사 네트워크에 혁신 파트너를 추가한 적 없음	새 혁신 파트너를 운용 중인 팀을 지원	외부 혁신가와 새 파트너십을 맺는 데 깊이 관여	개방형 혁신 채널 중 하나에서 회사 측을 지휘	다수의 혁신 개방 채널에서 회사 측을 지휘
편안한 혁신 상대	개방형 혁신 개선에 대한 경험 전무	회사가 개방형 혁신을 더 용이하게 할 수 있는 분야를 식별	개방형 혁신을 진행하는 다수의 프로젝트에 팀원으로서 활발히 참여	회사에서 개방형 혁신에서 비롯되는 마찰을 줄이는 노력을 주도	업계 내에서 개방형 혁신에 관한 리더로 정평 나 있음
강력한 혁신 샌드박스	개방형 혁신 샌드박스의 팀원이 아님	샌드박스 팀의 핵심 구성원— API 데이터 세트나 기술 도구	샌드박스 팀의 리더—API 데이터 세트나 기술 도구	개방형 혁신 샌드박스를 개선하기 위한 현재의 노력을 주도	외부 혁신가와 회사의 데이터 및 도구를 연결하기 위해 노력하는 리더
기업발전 도구	기업발전 계획과 관련된 경험 전무	기업발전 노력 중 하나의 거래 팀에 참여	다수의 기업발전 노력 중 여러 개의 팀에 참여	다수의 기업발전 노력 중 하나의 거래를 주도	다수의 기업발전 노력에서 여러 개의 거래를 주도

0%   20%   40%   60%   80%   100%

[그림 7-4] 법칙 4 개인 경력 준비도 자기평가표

법칙 4 준비도 요약

—

법칙 4에 대한 회사의 준비 상태를 왼쪽에 표시하고, 오른쪽에는 개인 경력의 준비 상태를 그려보라. www.goliathsrevenge.com에서 온라인으로 자기평가를 실시했다면 요약표가 자동으로 생성되기 때문에 따로 작성할 필요가 없다. 이제 남은 법칙은 2개다. 다음으로 골리앗의 복수를 실행하는 데 가장 중요한 요소인 인재 활용 관련 법칙으로 넘어가보자.

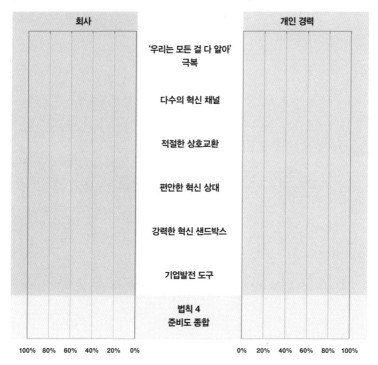

[그림 7-5] 법칙 4 준비도 요약

07 [법칙 4] 외부 혁신 인재를 적극 도입하라

08

GOLIATH'S REVENGE

[법칙 5]
적절한 기술보다
적절한 인재가 우선이다

:

인재 영입의
6가지 원칙

"모든 개인이 번성할 기회가 있는
세상을 만드는 것은 우리 모두의 의무다."
– 앤드류 응, 구글 브레인 프로젝트 창시자

✢✢✢

자, 이제 여러분은 획기적인 고객 성과를 확인하고, '빅1' 혁신 기회의 우선순위를 결정하고, 데이터를 실제 업무에 활용하고, 조직 외부의 혁신 모델을 수용했다. 여기서 잠시 숨을 고르면서 골리앗의 복수를 위해 지금까지 일군 성과를 음미하라. 남은 2가지 법칙은 승자가 대부분을 차지하는 세상에서 성공하는 기존 기업과 그렇지 못한 회사들을 가르는 보다 인문적인 부분에 초점을 맞춘다.

대부분의 사람들은 디지털 파괴의 가속화와 AI의 부상, 로봇 기술 등에 관한 뉴스를 들을 때면 "우리 회사도 빨리 저 기술을 따라잡아야 하는데"라고 생각한다. 당연한 반응이다. 하지만 사실, 기술은 비교적 쉽게 달성할 수 있는 역량이다.

정말 어려운 부분은 디지털 변혁을 단순한 과학 프로젝트나 아니면 그보다 더 나쁜, 돈만 들이고 별 쓸모없는 무용지물이 아니라 실질적인 비즈니스 성과로 실현하는 것이다. 실질적인 결과를 내기 위해서는 자원조달과 개발, 통합, 인재 영입에 대해 새로운 접근법을 모색해야 한다.

10장에서 또 보게 되겠지만, 골리앗의 복수에 관한 설문조사에서 적절한 디지털 인재를 보유하고 있다고 대답한 회사는 중소기업의 27퍼센트, 대기업의 29퍼센트에 불과했다. 응답자의 3분의 2 이상이 보통 수준 또는 심각한 수준의 인재 공백을 절감하고 있었다.

결국, 관건은 시간이다. 적절한 기술을 보유한 적절한 인재를 적시에 확보하는 것이야말로 회사의 성공을 좌우하는 가장 중요한 요소이다. 성공한 골리앗들은 조직 지식을 존중하고, 3D 디지털 역할 이상의 인재를 추구하고, 선제적 기술 개발에 전념하고, 벤처 관리자를 중시하고, AI와 인간의 균형을 맞추려 노력하고, 디지털 민첩성을 향상시키는 등 인적 자원을 디지털 혁신의 중심축으로 만들기 위해 노력하고 있다.

각각의 영역에 대해 자세히 설명하겠지만, 먼저 이러한 사람 중심 원칙이 흔히 디지털 혁신과는 거리가 멀다고 인식되는 의료 서비스 분야에서 훌륭한 효과를 거둔 사례에 대해 살펴보자. 바로 펜실베이니아 대학병원Penn Medicine이다.

의료 서비스 개념을 뒤집은 펜실베이니아 대학병원

2012년, 실리콘밸리의 회계 소프트웨어 거물 인튜이트의 혁신 책임자였던 로이 로진Roy Rosin은 의료 분야에서 250년 이상의 역사를 자랑하는 펜실베이니아 대학병원으로 매우 인상적인 도약을 감행했다. 필라델피아의 기후도 충격적이었지만, 의료업계의 혁신을 가로막고 있던 오랜 장벽은 로진이 인튜이트에 정착시킨 간결하고 지속적인 혁신 모델과는 극명한 대조를 이뤘다.

로진의 영입은 펜실베이니아 대학병원이 새로운 방향으로 전환하고 있음을 입증하는 증거나 다름없었다. 의학계에서 혁신이란 세계 정상급의 학술 연구를 통해 과학적 돌파구를 마련하는 것을 뜻하며, 사실 펜실베이니아 병원은 그 영예에 만족하고 안주할 수도 있었다. 그러나 그들은 다른 길을 택했다. 바로 실리콘밸리를 본받아 의료 서비스의 개념을 재창조하고, 의료비용의 가치곡선을 조정하는 것이었다.

미국의 의료 시스템은 주로 규모에 의존해왔다. 이는 검사와 기술, 치료를 받는 환자들이 많을수록 수익이 증가한다는 의미였다. 의료계는 AI와 임상의를 조합한 모델을 통해 환자에게 더 나은 성과를 제공할 수 있길 바랐지만, 디지털 혁신에 필요한 인재가 부족했다.

실리콘밸리가 지닌 뛰어난 장점이 하나 있다면, 그것은 바로 인재를 유인하고 기술 혁신을 가속화하는 데 중요한 인센티브를 제공하는 것이다. 로진은 디지털 인재 부족이라는 문제를 해결한다면 의료 서비스 업체와 환자 양쪽 모두에게 더 나은 결과를 가져올 수 있으리라고 생각했다.

로진이 활용한 것은 높은 감성지수EQ였다. 그는 이 새로운 혁신 집단에 실리콘밸리의 천재들을 데려온다면 극단적인 거부 반응이 일어나리라고 예상했다. 그래서 펜실베이니아 대학병원에서 가장 존경받는 의사들과 펜실베이니아 대학의 공학자들, 그리고 와튼 경영대학원 출신의 인재들을 합류시켰다. 그런 다음 꼭 필요한 분야에만 외부인사와 전문 업체를 추가해 팀을 강화했다.

로진은 여러 학술 분야가 뒤섞여 있는 대학병원 특유의 장점을 이용해 지금까지 환자의 치료 방식과 관련해 상호작용이 거의 없던 집단들, 즉 경영학자와 기술자, 디자이너, 행동과학자와 임상의들 사이에 협업 문화를 창조했다. 그는 독특한 강점을 지닌 개인들을 모아 민첩하고 융통성 있는 팀을 구성했고, 이는 의학적 지식과 강력한 기술적 노하우를 모두 갖춘 소수의 인재를 찾는 것보다 훨씬 쉬운 일이었다.

로진의 팀은 2가지 문제에 초점을 맞췄다. 하나는 치솟는 의료비(현재 미국 GDP의 18퍼센트)를 저지하는 것이었고, 다른 하나는 사후 치료가 아닌 예방 치료를 통해 환자들을 돕는 것이었다. 로진은 팀을 최소 시간 내에 최대한 활용하기 위해 실리콘밸리 스타트업들이 애용하는 애자일 방법론을 도입했다. 애자일 방법론은 빠른 속도로 베타 버전을 출시해 시장의 검증을 받은 다음 이를 반복함으로써 혁신적 솔루션을 찾아내는 것이다.

'애자일agile(기민함)'은 의료 서비스 분야에서는 잘 쓰지 않는 단어다. 의료계는 새로운 의약품이 승인받기까지 수십 년이 걸리는 것이 당연하고, '늘 이런 식으로 해왔다'는 관성에 젖은 곳이다. 또 로진은 해커톤과 혁신 과제를 후원하여 다양한 잠재 혁신가들을 끌어들여 의료 서비스 업계에서 가장 골치 아픈 문제들을 해결했다.

로진의 인재 중심적 접근방식은 3가지 분야에 지대한 영향을 끼쳤다. 바로 의료 서비스 과다이용자들과의 소통과 임신성 고혈압으로 인한 입원 및 사망률 감소, 그리고 산부인과 병동 간호사들의 시간 여유 확보였다.

저소득층이나 노숙자 같은 의료서비스 과다이용자들은 의료비용의 상당 부분을 차지한다. 예방 치료가 제한되어 있기 때문에 응급실 같은 급성 치료 서비스를 비정상적으로 자주 사용하기 때문이다. 슈레야 캉고비Shreya Kangovi는 펜실베이니아 대학병원에서 치료를 지연시키는 복잡한 가족 문제를 해결하는 지역사회 의료 서비스 모델인 IMPaCT 개발팀을 이끌었는데, 로진의 연구팀은 캉고비에게 이 모델을 보다 정교하게 다듬고 정리할 수 있는 도구와 방법론을 제공해 펜실베이니아 병원은 물론 이 프로젝트를 외부까지 확장할 수 있도록 지원했다. 병원의 이러한 조치는 전국적인 관심을 불러일으켰고, 취약 집단을 위한 의료 시스템 및 의료 기관에 투자된 1달러당 약 2달러의 의료비 절감 효과를 가져왔다.

두 번째로 펜실베이니아 대학병원의 의사들은 임신성 고혈압이 산모 사망률의 20퍼센트를 차지할 뿐만 아니라 환자의 재입원이나 뇌졸중 같은 산과 질환을 일으키는 가장 큰 원인이라는 사실을 알고 있었다. 그러나 퇴원 후 환자의 혈압을 감시하는 것은 무척 어려운 일이었고, 이러한 장애는 환자들에게도 부정적인 결과를 초래했다.

그러나 혁신 리더인 케이티 마흐라지Katy Mahraj가 이끄는 로진 팀의 신속한 실험 및 치료 설계 기술 덕분에 환자의 상황에 대해 통찰력을 지닌 펜실베이니아 병원 최고의 의사들은 획기적인 해결책을 개발할 수 있었다. 연구팀은 손목 혈압측정기를 사용해 퇴원한 환자들에게 다양한 실험을 반복했고, 그 결과 펜실베이니아 대학병원의 건강관리 플랫폼인 웨이투헬스Way to Health의 엔지니어링 팀과 함께 새로운 자동화 애플리케이션을 배포할 수 있었다. 최근에 시행한 무작위 대조군 연구에 따르면, 환자들의 재입원율이 80퍼센트 감소하고 부정적인 건강 수치가 거의 사라지는 등 현저하게 개선된 결과가 보고되었다.

마지막으로, 모유를 유축하고 이를 관리 및 추적하는 일은 산부인과 간호사들에게 많은 시간을 요구할 뿐만 아니라 실수도 잦은 업무였다. 신생아실당 모유 관리에만 연간 1만 3,000시간이 소요되었고, 공급량의 감소를 추적할 만한 신뢰할 수 있는 방법도 없었다.

케리톤Keriton은 기술력을 갖춘 펜실베이니아 대학 공학부 학생들이 이 문제에 대해 깊은 통찰력을 갖춘 수유 간호사들과 협업하여 창설한 스타트업이었다. 연구팀은 모유량을 자동으로 측정하고 추적할 수 있는 센서와 판독기, 송신장치가 부착된 젖병 덮개를 개발했다. 초기에 개념 증명에 불과하던 이 제품은 이후 모유의 재고 및 추적 과정을 자동화한 소프트웨어 시스템으로 발전했다. 케리톤 시스템은 신생아실 하나당 7,000시간의 직접 간호 업무를 절약시켰고, 모유 비축량은 40퍼센트 증가한 반면 폐기량은 50퍼센트 감소했으며, 위험한 오류를 제거하고 라벨 및 기증 모유에 들어가던 상당한 비용을 절감하여 간호사와 산모 모두를 만족시켰다.

더불어 산부인과 간호사들은 더욱 중요한 치료 업무에 더 많은 시간을 할애할 수 있었다. 케리톤은 혁신과 관련한 수많은 상을 받았고, 최근에는 드림잇 벤처Dreamit Ventures와 퍼스트 라운드 캐피털First Round Capital의 돔 룸 펀드Dorm Room Fund로부터 투자금을 유치했다.

펜실베이니아 대학병원의 의료 혁신 센터Center for Health Care Innovation는 이러한 성공에 힘입어 독립적인 3부서로 확장되었다. 가속화 연구소Acceleration Lab는 펜실베이니아 대학병원 임상의들의 획기적인 통찰력을 혁신으로 전환하여 상용화시킨다. 넛지 유닛Nudge Unit은 대학병원의 행동과학 및 설계 관련 지식을 의료 서비스 분야에 적용한다. 디지털 건강 센터Center for Digital Health는 디지털 의료 혁신이 환자들에게 미치는 영향과 효과를 연구하고 있다.

그중에서 코트니 슈라이버Courtney Schreiber 박사가 이끄는 PEACE

팀은 얼마 전 임신 합병증에 관한 8개 시범 프로젝트를 90일 만에 완료했다. 의료계 같은 규제 산업 분야에서는 전례가 없던 속도였다. 이 실험은 ER의 대안으로 고안된 특수 설계 클리닉의 탄생으로 이어져 환자들의 경험을 현저하게 향상시키고, 건당 1,000달러의 비용을 절감했다. 틀에 얽매이지 않는 리더의 영입, 그리고 내부 인재들의 부서 간 협업과 선별된 외부 인재의 결합이 엄청난 성공을 거둔 것이다.

그러나 불행히도 이처럼 성공을 일군 조직은 아주 드물다. 새로운 CDO가 채용될 때마다 누군가는 발전이 느리다는 이유로 밀려나고 있다. 그렇다면 도대체 어디서부터 잘못되는 것일까? 골리앗들은 어떻게 인재를 활용해 디지털 파괴자들에게 반격할 수 있을까? 이와 관련해 인재를 영입할 때 중요시해야 할 6가지 원칙에 대해 알아보자.

원칙(1)
조직 지식을 존중하라

기존 기업들은 디지털 변혁에 있어 기술력을 과대평가하는 경향이 있다. 조직을 디지털 미래로 이끌 거물급 기술 임원을 영입하는 것만으로도 굉장한 발전처럼 느껴지기 때문이다.

그러나 CDO를 영입하는 것은 싸구려 차에 페라리 엔진을 설치하는 것과 비슷하다. 엔진 소리는 요란할지 몰라도 원하는 속도는 나지 않는다. 결국 새 CDO는 5개월간 열심히 엔진을 돌리다가 기진맥진하여 회사를 박차고 나갈 테고, 회사의 핵심 사업부는 주행기록계에 100만 킬로미터가 늘어난 것을 보고 의아해하며 물을 것이다. "이게 다 무슨 호들갑이야?"

복수를 열망하는 골리앗들은 단기적 재무성과와 신속한 학습을 함께 중시하는 2중 속도 조직 모델을 장착한다. 숙련된 직원들과 조직 외부 또는 업계 외부에서 영입한 인재들을 한 팀으로 통합하고, 학습과 비즈니스 효과를 모두 중요시하는 2가지 지표를 이용해 팀에게 보상한다.

조직 지식을 존중하면 디지털 지식을 갖춘 신규 채용자들과 디지털 파괴자들의 손에 놀아나기 쉬운 직원들 사이의 문화적 분열을 방지할 수 있다. 이 원칙을 인재 활용 전략의 시작점으로 삼으라.

원칙(2)
3D 디지털 역할 이상의 인재를 추구하라

———

아마 여러분 대부분은 "2030년의 일자리 중 85퍼센트가 아직 생겨나지 않았다"는 말의 다양한 버전을 들은 적이 있을 것이다. 만약 이 예측이 옳다면, 왜 회사들은 아직도 과거의 직무 개념과 경력맵을 고수하고 있는 것일까? 복수를 열망하는 골리앗들은 다르다. 이들은 2가지 종류의 디지털 역할, 즉 현재와 미래에 대응할 이들을 채용한다.

현재에 즉각적으로 대응하는 역할은 우리가 '3D'라고 부르는 것, 즉 기획design, 개발development, 데이터과학data science을 가리킨다. 이 3가지 역할은 디지털 변혁 계획을 실행하고 회사를 디지털 성공에 알맞게 포지셔닝하는 데 있어 필수적으로 작용하는 것들이다. 3D는 디지털 파괴를 예측하여 핵심 비즈니스를 강화하고, 5장에서 우선순위로 지목한 '빅1' 혁신팀을 지원하는 역할을 하기도 한다.

금융업계의 경우, 업계 선두주자인 골드만삭스와 JP모건 체이스

JPMoargan Chase 같은 기업들은 3D 인재를 채용하는 데 막대한 투자를 쏟는 반면, 지역 은행들은 이 일을 아웃소싱하는 경향이 있다. 물론 양쪽 다 효과적인 접근법이다. 다만 회사가 외부 서비스를 현명하게 구매하고 신속한 실험을 할 수 있도록 사내 3D 인재를 충분히 확보해두어야 한다.

안타깝게도 3D 인재들은 더 이상 쉽게 구할 수가 없다. 여러분의 회사는 제품 육성 관리자 product incubation manager, 행동과학자, 고객 여정 지도 개발자 Journey Mappers와 비즈니스 모델 개발자, 해법 발견자 Solution Finders, 유망기술 전문가처럼 미래에 곧 필요해질 역할들을 고용하기에 이미 한 발 늦었을 것이다. 이 6가지 역할은 외부 계약으로는 조달하기 어렵기 때문에 지금 즉시 조직 내에서 적합한 이들을 찾아 육성해야 한다. 다음은 6가지 역할에 대한 설명이다.

제품 육성 관리자

—

기업들은 프로젝트 관리와 제품 관리를 혼동하는 경우가 잦다. 디지털 혁신 환경에서 제품 관리가 부족한 이유는 제품의 수명이 기존의 수십 년에서 오늘날 몇 년, 심지어 몇 달로 줄어들었기 때문이다. 파괴적 혁신 기술과 새로운 사용 케이스 및 유망 비즈니스 모델의 복잡성을 감안하면 제품 관리 인재 풀은 더욱 좁아질 수밖에 없다.

디지털 의료를 상업화하는 제약회사에서 일하든 아니면 자문 챗봇을 제공하는 전문 서비스 회사에서 일하든, 사실 그것들은 여러분 회사의 전통적인 제품이 아닐 것이다. 그러므로 이런 제품에 대해서는 출시 방법과 가격, 마케팅, 판매, 서비스 방식을 결정하는 데 각별한 주의가 필요하다. 제품 육성 관리자는 평범한 제품 관리 기술 이상의 능력을 갖춰야 한다. 즉, 애자일 방법론을 훈련받고 (외적 가치가 아닌) 본질적 가치를 포지셔닝하는 데 능숙하며, 디지털 리드 고객을 생성할 수 있는 독창적인 요인에 대해 이해하고 있어야 한다.

행동과학자

—

의미 있는 혁신이 가능한가 가능하지 않은가, 그것은 사람들의 행동을 실제로 변화시킬 수 있는지 여부에 달려 있다. 혹시 여러분의 목표가 만성질환 제거나 생산 공장의 안전성 향상, 도시의 탄소배출량 감소인가? 사실 이 모든 혁신 기회들은 인간의 인지심리 및 행동 변화에 뿌리를 두고 있다.

소비자 시장에서 센서와 웨어러블 기능을 이용한 수동적 데이터 수집과 AI를 사용한 패턴 인식의 결합은 개인화된 '넛지(강압하지 않고 부드러운 개입으로 사람들이 더 좋은 선택을 할 수 있도록 유도하는 방법)'를 유도해 사용자의 행동을 변화시킨다. 애플은 이를 '알림' 기능이라고 부르는데, 가령 여러분은 이 책을 읽는 동안 그런 넛지를 피하기 위해 전화기의 일부 기능을 꺼놨을 수도 있다.

펜실베이니아 대학병원, 월마트, 모닝스타Morningstar, AIG, 메리츠 Meritz처럼 복수를 열망하는 골리앗들은 이 같은 역량을 강화하기 위해 행동과학팀을 설립한 바 있다. 앞으로는 신경과학이나 행동경제학을 전문으로 하는 인지과학자와 행동과학자를 찾는 곳이 크게 늘어날 것이므로 빨리 움직여야 한다. 특히 일선 소비자들의 행동 변화와 관련해 비즈니스 관계자들과 협력 경험이 있는 이들을 우선적으로 찾는 것이 가장 좋다.

고객 여정 지도 개발자

고객 여정 지도 개발자는 기존의 고객 경험 설계자보다 더 폭넓은 역할을 수행한다. 이 새로운 직종은 질적·정량적 정보를 통합하여 계속 반복되는 문제에 대해 새로운 사고를 자극하는 강력한 스토리를 창조한다.

어쩌면 회사는 디지털 상호작용 데이터라는 끝없는 빵가루에 질려 있을지도 모른다. 또 그 모든 데이터에서 새로운 패턴을 찾아내기 위해 머신러닝과 딥러닝 도구를 구축했을 수도 있다. 여기서 종종 간과되는 연결고리가 바로 고객 여정 지도 개발자이다. 이 지도 개발자들은 맥락을 이해하고 사용자 여정을 구성하기 위해 과학적이고 사실에 기반한 접근법을 활용한다. 또 이들은 소수의 가상 페르소나나 시나리오에 의존하기보다 개인적인 수준에서 사용자 맥락을 정의하고, 적응형 사용자 인터페이스, 영상 분석, 감정 인식 및 새로운 종류의 센서를 이용해 대체 가설을 테스트하며, 실시간 피드백을 통합하고, 최상의 미래 사용자 경험에 도달하기 위해 반복 실험을 거친다. 고객 여정 지도 개발자는 기획설계와 인종학, 관찰연구, 데이터과학, 트렌드 조사, 시나리오 개발 및 서사 창조 등의 배경을 갖추고 있어야 한다.

비즈니스 모델 개발자

—

현재의 비즈니스 환경이 복잡하게 급변하고 있다는 사실을 감안하면, 기존 기업들은 그들의 비즈니스 모델에 대해 끊임없이 의문을 던져야 할 필요가 있다. 5장에서 논한 것처럼, 비즈니스 모델 혁신은 제품이나 경영 혁신보다 더 큰 가치를 창출할 수 있다.

많은 기업들이 비즈니스 사례를 개발하고 잠재적 혁신의 효과를 예측하면서도 동적 비즈니스 모델을 개발하고 평가하는 데에는 충분한 시간을 투자하지 않는다.

신속한 반복 실험과 위험을 제거한 가정은 린 스타트업Lean Startup(아이디어를 빠르게 최소요건 제품으로 제조한 뒤에, 시장의 반응을 보고 다음 제품에 반영하는 것을 반복해 성공확률을 높이는 경영 방법론 중의 하나)과 발전 지향적 계획에 비즈니스 모델 개발자들이 가장 중요한 가정을 해주는 역손익계산서를 중심으로 적응형 재무 모델을 개발하면, 회사는 미래의 비즈니스 모델 설계를 완성하는 데 필요한 실험을 시도할 수 있다.

비즈니스 모델 개발자들은 회사가 애자일 방법론을 실천할 때 비용 대비 학습량을 극대화하는 데 도움을 준다. 그들이 없다면 스프린트 프로젝트(어려운 프로젝트를 빠른 시간 내에 효율적으로 해결하기 위해 만들어진 팀에 구체적인 방법을 제시하는 프로그램)와 최소기능제품minimum viable products(완전한 제품 출시 전에 최소 실행 가능한 형태로 출시하여 고객들의 반응을 살펴보는 것)은 사업 수익으로 가는 올바른 길을 찾지 못하고 제멋대로 방황하는 이니셔티브에 그칠 것이다.

비즈니스 모델 개발자로 가장 적합한 사람들은 재무설계 능력과 확률 모델에 대한 경험을 갖추고, 미래 유망 기술과 벤처 창업에 친숙하고, 새로운 비즈니스 모델에 대한 전문성과 기업가적 사고방식을 갖추고 있는 이들이다.

해법 발견자

7장에서 NASA의 사례를 통해 봤듯이, 해법 발견자들은 개방형 혁신으로 방향을 전환하는 데 있어 발명가만큼이나 중요한 존재다. 전문가가 비교적 좁은 영역을 깊숙이 파고드는 경향이 있다면 해법 발견자는 여러 분야에 걸쳐 깊은 이해를 갖추고 있는 체계적인 사고가들이다. 이들은 새로운 패턴에서 발견한 점dot들을 아직 충족되지 않은 니즈 및 잠재적 해결책과 연결한다.

해법 발견자들은 혁신 네트워크를 능동적으로 육성하고, 이노센티브와 카글Kaggle 같은 개방형 혁신 플랫폼을 활용하고, 아직 다듬지 않은 발명품을 분명한 니즈를 충족시키는 완전한 솔루션으로 변환한다. NASA의 경우에는 이런 해법 발견자들이 이미 내부에 근무하고 있었고, 그들의 역할이 NASA의 사명에 가치 있는 기여를 할 수 있다는 인정만 받으면 되는 상황이었다.

전통적으로 내부 R&D에만 집중해온 회사는 이런 해법 발견자들을 외부에서 채용할 필요가 있다. 이 해법 발견자들은 외부 혁신자를 활용하는 데 능숙하고, 사내 사업부와 협력하며, 기술 및 비즈니스에 폭넓은 이해를 갖추고, 개방형 혁신 플랫폼에 대한 경험이 있으며, 상업적 효과에 꾸준히 초점을 맞출 수 있어야 한다.

유망기술 전문가
—

AI와 IoT, 블록체인, 몰입 경험 등에 의해 디지털 분야가 재편성되면서 기업은 이런 기술을 추적, 변환, 테스트할 수 있는 전문가를 필요로 하게 되었다. 유망기술 전문가들은 이런 파괴적인 기술이 여러분의 회사에 어떤 영향을 미칠 수 있는지를 예측한다. AI의 경우, 현재 머신러닝과 딥러닝의 혜택을 보고 있는 기업은 겨우 16퍼센트에 불과하다. 이 파괴적 기술이 효과가 없다기보다는 AI 기술이 명백한 ROI를 창출하지 않는 사용 케이스에 이용되고 있기 때문이다.

유망기술 전문가들은 첨단기술과 관련된 깊은 전문지식과 성공 가능성이 가장 높은 사용 케이스 및 애플리케이션에 대한 인식을 갖추고 있어야 한다. 이들은 종종 중요하고 뛰어난 팀을 형성해 사업부 전체에 영향을 끼칠 수도 있고, 사업부나 특정 역할의 일부로서 활동할 수도 있다. 이들 전문가들은 가능성을 허황된 공상과학 프로젝트가 아니라 사업적 효과로 전환하는 데 초점을 맞춰야 한다.

원칙(3)
선제적 기술 개발에 전념하라

———

이런 역할들은 모두 여러분의 회사가 디지털 파괴자에게 반격하려면 어떠한 인재 전략을 개발해야 하는지를 보여주는 것들이다. 그렇다면 현재의 인재 공백을 해소하고 미래의 필요를 미리 충족하려면 어떻게 해야 할까? 유일한 해결책은 바로 필요한 기술을 미리 개발하고 습득하는 것이다.

이 새로운 역할들에 대해 회사의 역량을 실질적인 규모로 확장하는 것은 쉬운 일이 아니다. 필수적인 능력을 갖춘 인재는 늘 부족하고, 대학에 새로운 전공과목을 개설하기엔 이미 늦었다. 미래의 인재를 확보하려면 내부 개발 및 유동성을 구축하고, 외부 인재를 영입하고, 파트너와 프리랜서를 활용하고, 기술을 접목시키는 선제적 기술 개발을 위한 4가지 방법을 활용해야 한다.

내부 개발 및 유동성 구축

—

무서운 사실을 하나 알려주겠다. 밀레니얼 세대는 직장에서 새로운 것을 충분히 빨리 얻을 수 없다면 42퍼센트가 다른 회사로 빠져나갈 것이다. 이들 세대는 경력을 쌓는 데 다소 조급한 경향이 있다. 그래서 회사는 재능 있는 젊은이들이 회사를 떠나지 않도록 짧은 기간 동안 가급적 많은 직무를 경험할 수 있게 지원해야 한다. 이는 직원들의 이탈률을 줄이고, 학습 속도를 높이며, 적절한 인적 자원을 더 빨리 얻을 수 있게 해줄 것이다.

이러한 직무순환식 접근법이 성공하려면 적극적인 멘토링과 시의적절한 교육을 통해 직원들의 생산성을 높여야 한다. 사내 커뮤니티 또는 새로운 직무를 수행하는 '집단'을 육성하고, 교육자를 훈련하는 모델에 투자하라. 탤런트스카이TalentSky 같은 소셜 네트워크는 기존 기업들이 유망 분야의 인재들이 얼마나 필요한지를 직접 표현하고, 더욱 넓은 내부 및 외부 인재 풀을 검토할 수 있게 수 있게 돕는다.

외부 인재 영입

—

외부 인재를 채용하는 일은 비용은 많이 들지 모르나 회사의 맹점을 극복할 수 있는 가장 빠른 길이기도 하다. 기존 기업은 디지털 파괴에 대응하는 데 있어 시간보다는 자금이 더 넉넉한 경우가 많다. 따라서 혁신을 가속화하기 위해 위험을 감수하고라도 외부 인사를 채용하는 것은 충분히 그만한 가치가 있다.

복수를 열망하는 골리앗들은 인접 시장 진입 같은 핵심 분야에서 외부 인재를 채용하는 경향이 있다. 예를 들어 소매약국인 CVS는 건강보험 시장에 진입하기 위해 애트나Aetna를 인수하여 필요한 인재들을 충원했고, GM은 인수합병과 외부 인재 영입을 통해 골리앗의 복수로 가는 전동화와 자율주행, 공유경제의 길을 닦았다.

파트너와 프리랜서

—

부족한 시간에 대한 절박감은 종종 앞에서 언급한 인재들을 얻기 위해 파트너십을 맺는 것을 매력적인 선택지로 만든다. 계약직 인재들은 내부 직원에 비해 1인당 2~3배가량 비용이 더 많이 들지만, 대신 곧장 업무에 투입할 수 있다.

탑코더Topcoder나 카글Kaggle 같은 개방형 혁신 플랫폼은 이런 새로운 직무에 필요한 인재들을 공급하는 중요한 역할을 하고 있다. 밀레니얼 세대의 92퍼센트가 원격 근무를 선호하는 오늘날, 이러한 프리랜서 계약직들은 심지어 사무실에 출근할 필요조차 없다. PWC 같은 회사들은 재능 교환 플랫폼을 통해 이런 긱 경제gig economy(산업현장에서 필요에 따라 사람을 구해 임시로 계약을 맺고 일을 맡기는 형태의 경제 방식) 인재 풀을 이용한다.

기술 접목

—

식물의 생존율을 높이고 수확량을 늘리며 새 형질을 개발하는 '접붙이기 기술'의 역사는 4,000년 전 고대 중국까지 거슬러 올라간다. 식물을 접붙이는 것처럼 인재들을 조합해 디지털 혁신의 성과를 극대화하는 것은 아주 어려운 일이지만, 제대로만 해낸다면 그처럼 보람 있는 일도 없을 것이다.

펜실베이니아 대학병원의 사례에서도 보듯이, 도메인 지식과 기술 역량을 모두 갖춘 사람을 찾아 건초더미를 뒤지는 것보다는 상호보완적 기술을 가진 사람들을 발굴해 함께 팀을 구성하는 편이 훨씬 유용하다. 많은 디지털 조직이 이를 대규모로 실시할 수 있는 프로그래밍 모델을 실험 중이다.

구글은 제품개발팀이 성공하려면 하드 기술(정의되고 측정할 수 있는 구체적인 능력)과 기술 경험만큼이나 소프트 스킬(예를 들어 남들과 잘 소통하는 자질)과 인간성이 중요하다는 사실을 깨달았다. 기술 접목을 성공적으로 수행하고 싶다면 다양한 부서와 회사, 업계에서 일하는 사람들을 고능률 팀으로 통합할 수 있는 소프트 스킬에 중점을 두라.

필요한 인재들의 우선순위를 결정하라

—

지금까지 인재를 활용하는 3가지 원칙에 대해 알아보았다. 조직 지식을 존중하고, 3D 디지털 역할 이상의 인재들을 추구하고, 선제적 기술

		인재 조달 예상 비율			
		내부 개발 및 유동성	외부 인재 영입	파트너와 프리랜서	기술 접목
지금 즉시 필요한 3D 역할	기획자	##%	##%	##%	##%
	개발자	##%	##%	##%	##%
	데이터 과학자	##%	##%	##%	##%
미래에 필요한 새로운 디지털 혁신 역할	제품 육성 관리자	##%	##%	##%	##%
	행동 과학자	##%	##%	##%	##%
	고객 여정 지도 개발자	##%	##%	##%	##%
	비즈니스 모델 개발자	##%	##%	##%	##%
	해법 발견자	##%	##%	##%	##%
	유망기술 전문가	##%	##%	##%	##%

[그림 8-1] 선제적 기술 개발 계획

개발에 전념하라. [그림 8-1]을 참고하여 앞에서 설명한 9개 역할을 수행할 인재들을 어떻게 구해야 할지 생각해보자.

각 디지털 혁신 역할(가로 행)을 수행해야 할 인재들(세로 열)을 어떤 비율로 구성해야 할지 고민해보라. 각 행의 총합은 100퍼센트가 되어야 한다는 점을 명심하라. 평가를 마치고 나면 각각의 세로 열을 합산해 선제적 기술 개발을 위한 4가지 접근법의 중요도에 대해서도 순위를 매겨보기 바란다.

원칙(4)
벤처 관리자를 중시하라

———

대부분의 회사들은 추후에 기능부서나 사업 부문을 총괄할 수 있는 제너럴리스트generalist를 육성한다. 이 같은 방식은 종종 역효과를 낳는데, 넓고 얕은 지식을 지닌 제너럴리스트들은 다양한 능력을 지닌 대신 디지털 기술이 부족해 결국 경력의 사다리를 더 이상 높이 오르지 못하고 중간에서 멈추게 되기 때문이다. 반대로 유능한 스페셜리스트specialist들은 전문분야에서 끌려 내려와 제너럴리스트가 되기를 강요받곤 한다. 이 2가지 시나리오는 직원들에게는 좌절감을 주고 회사에는 리더십 균열을 초래하는 원흉이다.

균형 잡힌 T

—

[그림 8-2]에서 보듯이, 지금처럼 빠른 속도로 디지털화되는 세상에서

이상적인 리더십은 우리가 '균형 잡힌 T'라고 부르는 벤처 관리자이다(그림의 오른쪽). 그러나 현재의 접근방식으로는 전문분야가 너무 광범위한 제너럴리스트(제일 왼쪽)의 짧은 T나 전향한 스페셜리스트의 길쭉한 T(중간)를 형성할 뿐이다.

벤처 투자가들은 항상 이런 균형 잡힌 T 형태의 벤처 관리자들을 중요하게 여겨왔다. 평균 이하의 성과를 보완하기 위해 일부 역할들의 수를 늘릴 수는 있어도 리더십 자리를 메꾸는 것은 불가능하기 때문이

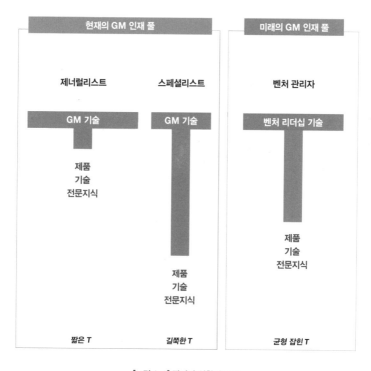

[그림 8-2] 관리자 역할의 진화

다. 공동책임제를 시도한 기업들도 있었지만, 그 경우에는 의사결정을 내리는 데 시간이 너무 오래 걸린다는 어려움이 있었다.

이를테면 블랙베리Blackberry가 스마트폰 시장의 변화에 재빨리 적응하지 못한 이유도 공동경영 구조 때문이었다. 반면에 애플은 꼭대기에 있는 한 명의 CEO가 모든 운영에 대해 전적인 책임을 졌다. 시간이라는 자원이 무엇보다 희귀한 이 디지털 시대에, 신속한 결정을 내릴 수 있는 CEO의 중요성은 나날이 증가하고 있다.

벤처 투자가들은 T의 수평 부분에서는 자금 조달과 디자인적 사고, 린 스타트업 시행, 위험률 예측, 시장진출 전략, 벤처 규모 확장 같은 기술을 선호하고, T의 기둥 부분에서는 시장과 직접적 연관이 있는 제품과 기술에 대한 전문기술을 추구한다.

벤처 관리자는 창업가의 역량을 가진 것은 물론, 무엇보다 창업가적인 사고방식을 가진 사람들이다. 이들은 다른 사람들과는 완전히 다른 신념에 따라 행동한다. 아이디어를 실현하는 데 필요한 일을 하고 허락을 얻은 뒤에 행동하는 것이 아니라 일단 달려들고 보며, 날마다 해고될 각오를 한 채 회사에 출근하고, 오랫동안 은밀하고 비밀스럽게 일한다. 여러분 회사의 복도에 이런 사람들이 돌아다니고 있을 것 같지는 않지만, 어쨌든 이것들이야말로 파괴적 혁신을 실현하는 데 필요한 리더십 자질이다.

그렇다면 이런 벤처 관리자들을 발굴하고 이들이 더욱 높은 자리에서 경험하길 원하는 곳으로 회사를 전진시키려면 어떻게 해야 할까? 5장에서 우리는 '리틀1' 이니셔티브를 사내기업가들을 위한 오디션처럼 활용해야 한다고 언급한 바 있다. 필요하다면 당신만의 '샤프 탱크' 를 제작하라고 말이다.

그렇게 하면 미래의 벤처 관리자들을 육성할 수 있지만, 현재의 비즈니스를 수호하고 인접 시장으로 성장하려면 많은 수의 벤처 관리자가 필요하다. 두 번째 방법은 회사의 핵심 비즈니스와 외부 벤처 관리자들이 함께 공존하고 성공할 수 있도록 평행 조직 구조를 형성하는 것이다. 시스코가 좋은 예가 될 수 있다.

시스코의 벤처 관리자 벤치

—

시스코가 사용하는 혁신 모델은 대부분의 일을 실리콘밸리에게 맡기는 것이다. 간단히 말해 벤처 투자 회사가 여러 회사에 투자를 한 다음, 자연도태 법칙에 따라 그중에서 몇몇 잠재적인 승자가 남을 때까지 기다린다. 인수합병 부서 책임자였던 마이크 볼프Mike Volpe는 그렇게 발견한 각광받는 새로운 리더를 영입하고 그 회사의 기술을 시스코의 방대한 판매 및 유통 생태계를 통해 확산시킴으로써 킹 메이커와 같은 역할을 했다.

시스코와 실리콘밸리의 상호의존적 관계는 벤처 관리자 인재라는 면에서 어마어마한 자산을 창출했다. 시스코의 전 CEO인 존 챔버스는 인수합병이 완료된 뒤 기존 스타트업의 CEO를 보유하는 데 따른 부차적 이익을 깨닫게 되었다. 그는 시스코의 벤처 관리자 역량이 비즈니스 운영에 보기 드문 자원으로 기능함으로써 무한한 시장 인접성을 얻게 되었다고 생각한다.

어느 한 시점에는 시스코에 100명이 넘는 전직 CEO가 일하고 있을 정도였는데, 챔버스는 이런 벤처 관리자들을 사모투자회사가 창업가를 대하듯이 취급했다. 이들이 새로운 시장을 창조하거나 기존의 비즈니스를 성장시키거나 새로운 기술을 운용할 적절한 기회가 나타날 때까지 넉넉한 보수를 주면서 기다린 것이다.

이 전직 CEO들은 챔버스와의 사이에 명령체계가 두세 단계 더 존재하고 있음에도 불구하고 챔버스를 위해 일하고 있다고 여겼다. 챔버스는 회사 곳곳의 리더들에게 그들을 '빌려주면서도' 꾸준히 그들과 연락을 유지하고 조언을 나누고 그들의 노력을 칭찬했다. 이렇게 강력한 벤처 관리자 풀은 시스코가 네트워크라는 기본 비즈니스를 넘어 데이터센터와 온라인 협업, 스마트 그리드, 텔레프레즌스 같은 완전히 새로운 영역으로 성장하는 데 중요한 원동력이 되어주었다.

어쩌면 당신은 한 번에 많은 전직 CEO를 고용하는 사치를 누리지는 못할지도 모른다. 당신의 회사에 벤처 CEO가 10명만 있어도 골리앗의 복수로 가는 길은 비교적 순탄할 것이다. 이러한 벤처 관리자들이 당신의 '빅1' 포부를 실현하는 데 중요한 역할을 한다는 사실을 명심하라.

원칙(5)
AI와 인간을 조화롭게 활용하라

———

싱귤러리티 대학Singularity University의 설립자이자 구글의 엔지니어링 이사인 레이 커즈와일Ray Kurzweil에 따르면, 2019년 즈음에는 AI가 인간의 수준에 도달하고 2029년 즈음이 되면 인간의 10배 이상을 능가할 것이다. 현대의 기존 기업들은 각자의 업계에서 탁월한 AI 인지 역량을 쌓기 위해 치열하게 경쟁 중이다.

머신러닝과 브로드 데이터broad data(빅데이터와 비슷한 의미로 더 나은 마케팅 방법을 찾기 위해 요구되는 다양한 정보)에 대한 기업 투자가 기하급수적으로 증가하고 있다. 그러나 그 어느 때보다도 범람하고 있는 AI 애플리케이션과 혁신 기회를 따라잡기 위해서는 기계와 인간의 균형을 맞출 수 있는 지점을 재빨리 파악해야 한다.

데이터를 화폐로 사용하려면 인간과 기계, 또는 하이브리드에 각각 최적화된 활동이 무엇인지 구분하고 판단할 수 있어야 한다. 이러한 구분은 앞으로 AI가 통제하게 될 재교육과 인재 발굴, 그리고 노동력 규모의 조정 등에 관한 어려운 결정들과 관련되어 있는데, 늑장을 부리다간 경쟁자들에게 나중에 극복이 불가능한 알고리즘 우위를 달성할 시간을 벌어주게 될 것이다.

AI 전환의 3단계

—

대부분의 산업에서 AI는 이제야 막 비즈니스 가치를 창출하기 시작한 참이다. 현재는 고객 챗봇, 로봇 프로세스 자동화, 맞춤형 마케팅, 추천 판매, 적응형 예측 기법 등 다양한 분야에 활용되고 있다.

금융 서비스 분야의 위험 관리 및 사기 감지 같은 일부 업계 고유의 특수 분야에서도 슬슬 결실이 나타나기 시작하고 있다. 심지어 고등 조직에서는 AI 업무를 조율하는 최고인공지능책임자를 고용하고 있는 상황이다.

[그림 8-3]에서 보듯이 AI의 침투는 3단계에 걸쳐 진행되고 있으며, 각 단계마다 인간에서 기계에게로 힘의 균형이 기울게 할 가능성을 지니고 있다. 각 단계에서 AI와 인간이 적절한 균형을 유지하도록 관리하려면 리더십의 상당한 노력이 필요하다.

1단계: 탐구

말하자면 AI를 도입하는 허니문 단계다. AI는 자연어 처리 등의 분야에서 불과 5년 만에 정확도가 77퍼센트에서 95퍼센트로 성장하는 어

[그림 8-3] AI 침투의 3단계

마어마한 진전을 이룩했다. 아직은 인간 뇌의 인지 능력이 세계에서 가장 빠른 슈퍼컴퓨터보다 10배 더 높지만(1000페타플롭 vs. 100페타플롭) 컴퓨터 연산능력의 기하급수적인 증가 속도를 고려할 때, 2020년 즈음이면 이 순위도 뒤집힐 것이다.

탐구 단계는 사용 케이스 파악과 AI 모델 훈련에 필요한 데이터 세트 구축, AI의 현실 적용을 위한 시범 운영, 그리고 새롭게 부상하는 AI

애플리케이션의 완전한 활용을 위한 비즈니스 프로세스 재설계에 초점을 맞춘다.

1단계의 AI 사용 케이스는 다음과 같은 특성을 공유하는 경향이 있다.

- 반복적 작업
- 다수의 변수 분석을 요하는 복잡한 문제(예: 사기 탐지)
- 광범위한 데이터 세트를 이용한 AI 모델 훈련이 가능(예: 안면 인식 기술)
- 오차 용인(예: 예측 관리의 경우)
- 확고한 ROI를 가져오는 더 나은 의사결정(예: 대량 고객 서비스를 위한 챗봇)

오늘날 대부분의 기존 기업은 이 단계에 있는데, AI 도구(텐서플로나 H2O 같은)를 실험하고 AI 기술을 보다 넓게 확산할 수 있는 비즈니스 사례를 개발하고 있는 것이다. 아직까지는 기계보다 인간이 대부분의 상호작용과 분석, 의사결정을 다루고 있으며, AI는 3D 인재들을 보조하는 생산성 도구로 사용된다.

2단계: 갈등

2단계에서는 상황이 보다 극적으로 변화한다. 머신러닝과 딥러닝이 발전하면서 필연적으로 AI가 대부분의 분석 업무와 평범한 수준의 의사결정을 맡게 되기 때문이다. 이를테면 잠재 직원의 배경 조사나 서류 검토처럼 말이다.

고객과의 상호작용과 공유 서비스 기능을 수행하게 되면서 AI는 튜

링 테스트(컴퓨터가 인공지능을 갖추었는지를 판별하는 실험)를 통과하고 인간과 유사한 상호작용을 제공할 수 있게 될 것이다. 또 이러한 자동화는 전 세계 8억 명의 노동자를 해고시킬 수 있기 때문에 많은 노동자들이 그들의 업무를 자동화하려는 압력에 저항할 것이다.

복수를 갈망하는 골리앗들은 이미 AI로 노동력을 대체하고 직원들을 재교육하기 위한 사회적 책임 계획을 세우고 있다. 이들은 직원들을 AI로 대체 가능한 진부한 역할에서 해방시키고, 고객 경험 개선과 신제품 개발, 운영개선 설계 등 고급 소프트 스킬이 필요한 영역으로 재배치함으로써 더욱 성장할 수 있는 기회를 엿보는 중이다.

앞으로 소매직원들은 눈에 띄지 않는 어두운 구석에서 나와 고객과의 중간다리 역할을 하게 될 것이다. 어쩌면 미래에는 트럭 운전사가 고객 서비스를 담당해야 할 수도 있고, 자산 관리사가 금융 코치나 관계 관리사가 되어야 할 수도 있다.

2단계가 되면 많은 치즈가 자리를 옮기게 된다. 여러분의 회사가 올바른 선택을 한다면 AI와 인간은 효과적인 협력을 통해 보다 생산적이고 보람찬 미래를 향해 진화하게 될 것이며, 인재 관리 체제 또한 일상 업무가 인간에게서 기계로 이전되는 점진적인 변화에 적응해 기계는 할 수 없는 새로운 직무에 초점을 맞추게 될 것이다.

한편 이 같은 변화를 잘못 이해한다면 당신과 회사는 2단계에 갇혀 더 이상 전진하지 못하게 될 수도 있다. 인간과 기계의 갈등은 조직을 마비시키고 골리앗의 복수로 가는 길을 중단시킬 것이며, 여러분과 여러분의 회사는 철학적인 논의에 휘말려 결국 아무 행동도 하지 못하고 발을 묶이게 될 것이다. 일감을 빼앗긴 직원들이 고차원적 기술을 쌓는 데 얼마나 많은 시간이 필요한지, 고객들에게 언제 그들의 데이터가 AI 애플리케이션을 훈련하는 데 사용된다는 사실을 알릴지, 그리고 만일 AI 모델로 인해 부정적 결과가 초래될 경우 어떻게 해야 할지 등의 윤리적 문제를 해결할 수 없는 것도 불을 보듯 분명하다.

3단계: 평형

3단계에서는 기업 내에서 AI와 인간의 역할이 조화로운 평형 상태에 도달하게 된다. 사용 케이스는 AI가 인간 이상의 성과를 낼 수 있을 가능성을 바탕으로 분류되고, 그중 상당수가 먼 미래에도 여전히 인간의 감성지능과 창의성, 미묘한 상호작용 능력을 필요로 하게 될 것이다. 성공적인 골리앗은 인간이 적은 자원으로 같은 일을 하는 것이 아니라 같은 자원으로 더 많은 일을 할 수 있도록 기계를 활용하도록 훈련시킬 것이다. 기업 훈련은 더욱 발전된 단계의 기술과 문제 해결, 인지 능력에 초점을 맞추고, 기업 문화는 방어적이 아니라 성장적인 사고방식을 포용하게 된다.

3단계에 이르러 기계가 스스로 코드를 짜고 예측 모델을 구동하게 되면서 기존의 3D 역할—기획자, 개발자, 데이터과학자—은 더 이상 부족해지지 않을 것이다. 옥스퍼드 대학의 연구에 따르면, 프로그래머라는 직업이 자동화 때문에 사라질 확률은 48퍼센트라고 한다. 제품 리더, 마케팅 전문가, 사용자 경험 설계자들도 더 이상은 기술지원 직원로부터 답을 얻기 위해 기다릴 필요가 없다. AI는 자기 강화 선순환을 통해 더더욱 높이 성장할 것이다.

　AI의 침투가 이처럼 3가지 단계를 거쳐 진행된다면, 최상의 대응책은 철저한 사전 대응에 나서는 것이다. 일단 인간의 직무가 기계로 대체되고 나면 AI와 인간을 균형 있게 활용하기란 여간 어려운 일이 아니다. AI 변화의 물결이 덮쳐오기 전에 미리 인재들을 새로 배치할 계획을 세우고 실천에 옮겨야 하는 이유다.

원칙(6)
디지털 민첩성을 향상시키라

___

기술보다 인재를 중시하는 마지막 단계는 디지털 민첩성을 향상시키는 것이다. 디지털은 끊임없이 움직인다. 과거에 디지털 변혁이 전자상거래와 애플리케이션을 가리켰다면, 지금은 AI와 증강현실, 사물인터넷, 그리고 블록체인 기술을 포함하는 방향으로 이동하고 있다.

어쩌면 여러분의 회사는 아직도 CDO나 CIO를 고용하면 문제를 해결할 수 있다고 믿을지도 모르겠다. 하지만 그건 유니콘이나 네잎클로버를 찾아 나서는 것과도 같다. 불가능하지는 않아도 가능성이 아주 희박하다는 얘기다. AI 기반의 개인화된 고객 참여에서부터 블록체인의 국제표준화에 이르기까지 폭넓은 전문지식을 고루 갖춘 디지털 리더는 거의 존재하지 않는다.

복수를 꿈꾸는 골리앗들은 디지털 변혁을 팀 스포츠로 인식한다. 이들은 각 부문의 최고 리더들에게 이런 새로운 규칙에 초점을 맞춰 실

	인플루언서	추진자
최고정보 책임자	디지털 인프라의 명시 및 관리	모든 디지털 인프라 및 앱 포트폴리오 승인
최고마케팅 책임자	마케팅 관련 디지털 표준 설정	모든 고객 접점 디지털 기회 및 연구소 승인
최고기술 책임자	디지털 시스템 권고	디지털 제품 개발 및 연구소 승인
최고디지털 책임자	디지털 기회 전파, 표준 설정	전반적인 디지털 포트폴리오 및 육성 시설/연구소/벤처 지휘
최고데이터 책임자	데이터 접근 및 모델링 기준 개발	AI/데이터 제품 포트폴리오와 혁신에 사용되는 디지털 기술
최고제품/ 혁신책임자	제품 개발/혁신 활동에 디지털 통합	디지털 제품 포트폴리오/연구소 및 생태계/벤처 승인
사업부 디지털 경영자	사업부 요건과 디지털 포트폴리오에 대해 회사에 보고	사업부를 위한 디지털 포트폴리오 개발 및 관리
사내 벤처 리더	디지털 지원에 필요한 투자를 추천 및 관리	디지털 생태계와 외부 디지털 제품 육성 시설 승인

[그림 8-4] 리더십 역할의 디지털화

행할 것을 주문한다. [그림 8-4]는 고위 경영진의 역할 변화를 나타낸 그림이다.

고위 리더십의 개별적인 역할이 진화하는 것은 출발점으로는 바람직하나, 골리앗의 복수를 달성하기에는 충분하지 않다. 중요한 것은 조직의 모두가 위기의식을 느끼는 것이다. 우리는 이를 '디지털 민첩성'이라고 부른다.

디지털 민첩성 키우기

디지털 민첩성은 팀이나 리더가 기술 인식과 고객 중심주의, 파괴적 혁신과 실험적 사고, 신속한 실행에 대해 얼마나 적극적이고 열정적인 태도를 갖추고 있는지를 가리킨다.

디지털 민첩성은 성공적인 팀과 리더를 뒷받침하는 요소에 관한 연구에 기반하는데, [그림 8-5]에서 볼 수 있듯이 조직의 디지털 전략가와 디지털 혁신가, 디지털 추진가에게 필요한 속성에 중점을 두고 있다.

[그림 8-5]에서 화살표로 표시된 동인 및 역할 유형은 높은 성과를 보이는 팀 구성원들이 지니고 있는 기본 속성을 가리킨다. 그러나 조직의 디지털 민첩성을 향상시키고자 한다면 그중 몇몇에는 특히 각별

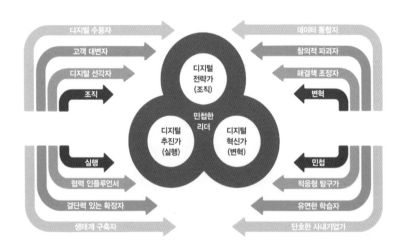

[그림 8-5] 디지털 민첩성을 이끄는 사람들

한 주의를 기울여야 한다.

가장 먼저 기술 혁신 이니셔티브의 약속을 이행하기 위해 냉정하게 우선순위를 결정하고 신속한 조치를 취하고 빠른 결정을 내리는 '결단력 있는 확장자'로 시작해보자. 디지털화를 위한 수많은 노력들이 데모 버전에서는 뛰어나더라도 비즈니스 효과가 한정된 까닭에 결국 시범 운영의 지옥에서 빠져나오지 못하고 방황하곤 한다. 결단력 있는 확장자가 있는 팀은 단순한 데모 버전이나 개념 증명을 능가하는 사고를 하며, 이들의 혁신은 차후에 규모를 확장하기 위한 목적으로 구축된다.

두 번째 '디지털 생태계 구축자'는 내부 집단과 외부 파트너십에 걸쳐 유연하고 다양한 최고의 인재 풀을 이용해 남들이 불가능하다고 여긴 성과를 일궈낸다. 디지털 생태계 구축자들은 조직의 경계를 넘나들며 최상의 인재들을 완벽하게 활용한다. 이들은 카리스마 넘치는 리더십을 지니고 있으며, 회사 구석구석에 있는 사람들에게 설사 주말과 밤낮을 희생하고라도 그들의 계획에 동참하도록 고무시킨다.

마지막으로 '유연한 학습자'와 '적응형 탐구가'는 새로운 작업 방식에 대해 강한 호기심을 느끼고 혁신 환경 전반에서 발생하는 끊임없는 변화에 신속하게 적응하는 데 집중한다. 디지털 세계는 너무 빨리 변화하고 있기 때문에 이제는 능숙하다는 것만으로는 부족하다. 팀원들은 파괴적인 기술과 시장 범위, 경쟁업체와 고객의 기대에 뒤처지지 않도록 민첩하고 적응력이 뛰어나야 하며, 또한 외부 변화를 재빨리 반영하고 실행 방식을 적극적으로 수정할 수 있어야 한다.

[그림 8-5]는 중요한 '빅1'이나 '리틀1' 혁신 팀에 인재를 투입할 때 일종의 체크리스트로 활용할 수 있다. 팀의 디지털 역량을 최대화하고 싶다면 이 모든 역할들이 전체적으로 안정적이고 균형 있는 조화를 이룰 수 있게 만들라.

[워크시트]
자기평가표 작성하기

이 장을 통해 기술보다 그 기술을 다룰 인재들을 더욱 가치 있게 여겨야 한다는 사실에 대해 충분히 생각해봤으리라 믿는다. 이제 여러분의 회사는 조직 지식을 존중하고, 3D 디지털 역할 이상의 인재들을 추구하고, 선제적 기술 개발에 전념하고, 벤처 관리자의 중요성을 인식하고, AI와 인간의 균형을 최적화하고, 디지털 민첩성을 향상시킬 준비가 되었다. 이제 법칙 5에 대한 회사와 여러분 개인의 경력을 평가할 시간이다.

회사 준비도 자기평가

여러분의 회사가 법칙 5를 실천할 준비가 얼마나 잘 되어 있는지 생각해보자. 지금쯤이면 이러한 자기평가 활동에도 익숙해졌을 것이다.

법칙 5: 적절한 기술보다 적절한 인재가 우선이다
회사 준비도 자기평가표

	0~20% 최하 역량	20~40% 하위 역량	40~60% 보통 역량	60~80% 상위 역량	80~100% 세계 최상위 역량
조직 지식 존중	기존 직원들이 디지털 변혁을 어렵게 만들고 있음	숙련된 직원들과 디지털 신참들이 서로 신뢰하기 시작	일부 팀에서 기존 직원들과 신규 디지털 직원들이 서로 협력	기존 직원들과 신규 디지털 직원들이 시간을 들여 서로에게서 배움	기존 직원들과 신규 디지털 직원들이 순조롭게 협력하며 미래를 창출
3D 디지털 역할 이상의 인재 추구	기획, 개발, 데이터과학에서 상당한 인력 부족	필요한 대부분의 기획, 개발, 데이터과학 인재이 생산적으로 활동 중	6개 '3D 디지털 역할 이상' 직무 중 최소 2개에서 뛰어난 인재들이 활동 중	6개 '3D 디지털 역할 이상' 직무 중 최소 4개에서 뛰어난 인재들이 활동 중	6개 '3D 디지털 역할 이상' 직무 중 5개 이상에서 뛰어난 인재들이 활동 중
선제적 기술 개발에 전념	반응적인 디지털 기술 개발	주로 외부 채용 인재에 디지털 기술을 의존	내부 기술 개발에 단발성 프로그램 활용	파트너와 프리랜서를 폭넓게 활용해 부족한 기술력을 보완	'하나 더하기 하나는 다섯'을 제공하는 기술 접목
벤처 관리자 중시	벤처 관리자의 역할을 잘 이해하거나 중요하게 평가하지 않음	벤처 관리자 풀이 부족해 비즈니스 성장에 영향이 있음을 인지함	기회가 생길 때 보통 수준의 벤처 관리자 풀을 재활용	벤처 관리자 풀을 경쟁우위로 인식	벤처 관리자가 다수의 획기적인 성장을 주도
AI-인간 균형 최적화	직원들이 일자리 보전을 위해 AI의 역할을 적극적으로 방해	직원들이 AI에게 일자리를 잃을까 우려	AI의 빠른 발전으로 직원들의 역할이 조정됨	AI와 인간이 '뉴 노멀'을 향해 함께 협력	인간이 기본 업무를 적극적으로 AI에 이전하여 영향력이 증대
디지털 민첩성 향상	12개의 디지털 민첩성 유형 전무	12개 디지털 민첩성 유형 중 최소 3개가 활동 중	12개 디지털 민첩성 유형 중 최소 6개가 활동 중	12개 디지털 민첩성 유형 중 최소 9개가 활동 중	12개 디지털 민첩성 유형 모두가 활동 중이며 성과를 내는 중

0%   20%   40%   60%   80%   100%

[그림 8-6] 법칙 5 회사 준비도 자기평가표

법칙 5: 적절한 기술보다 적절한 인재가 우선이다
개인 경력 준비도 자기평가표

	0~20% 최하 역량	20~40% 하위 역량	40~60% 보통 역량	60~80% 상위 역량	80~100% 세계 최상위 역량
조직 지식 존중	실제와 달리 정치적이고 불화를 조장하는 사람으로 인식됨	필요한 경우 다른 조직의 사람들과 함께 일할 용의 있음	기존 직원 및 신규 디지털 직원들과 동등한 능력을 갖춤	이질적인 집단 사이를 잇는 훌륭한 연결고리라는 인정을 받음	기존 직원과 새로운 디지털 직원으로 구성된 팀을 지휘
3D 디지털 역할 이상의 인재 추구	새로운 6개 역할은 커녕 3D 역할에 대한 경험조차 전무	기획, 개발, 데이터과학 중 최소 1개 이상에 대한 경험	6개의 새 디지털 역할 중 최소 1개 이상에서 직무 완료	6개의 새 디지털 역할 중 최소 2개 이상에서 직무 완료	6개의 새 디지털 역할 중 최소 3개 이상에서 의미 있는 경험 보유
선제적 기술 개발에 전념	미래 수요가 있는 디지털 기술에 대해 어떤 역량이 부족한지 잘 모르겠음	부족한 기술 역량에 대해 이해하고 있으나 따로 노력을 하고 있지는 않음	디지털 기술을 쌓기 위해 횡적으로 경력 이동	디지털 기술을 향상시키기 위해 개인적인 시간에 온라인 강좌 참여	신속한 기술 발전을 위해 관련 직종에서 업무
벤처 관리자 중시	내세울 만한 관리경영 기술 부재	관리경영 기술을 갖추고 있으나 성숙한 비즈니스에서만 가능	혁신 벤처를 성공적으로 이끈 경험 보유	많은 혁신 팀을 지휘한 적이 있는 강력한 성과	동료들이 벤처 관리 기술에 대한 멘토링을 부탁
AI-인간 균형 최적화	AI 프로젝트에 대해 방어적	앞으로 본인의 경력을 고려할 때, AI가 아직 못 미더움	AI 프로젝트를 지휘하여 약속한 성과를 창출	AI-인간 협업에 대한 전문가	인간 고유의 역할에 능통한 AI 혁신가
디지털 민첩성 향상	디지털 민첩성에 대한 어떤 자질도 보여주지 못함	디지털 민첩성에 대한 최소 3가지 자질을 보여줌	디지털 민첩성에 대한 최소 6가지 자질을 보여줌	디지털 민첩성에 대한 최소 9가지 자질을 보여줌	디지털 민첩성에 대한 12가지 자질을 모두 보여줌

0%　　　　20%　　　　40%　　　　60%　　　　80%　　　　100%

[그림 8-7] 법칙 5 개인 경력 준비도 자기평가표

[그림 8-6]을 꼼꼼히 읽어보고, 여러분의 회사가 각 행에서 어떤 발전을 이뤄왔는지 평가해보라.

대기업의 경우에는 일부 부서가 특정 영역에서 유난히 탁월한 수준에 도달해 있을 수도 있지만, 최대한 회사의 전반적인 상황을 평가하기 바란다. 회사 전체에 대한 평가를 마친 뒤에는 여러분이 속한 팀이나 그룹에 대해 따로 연습 활동을 할 수도 있다.

개인 경력 준비도 자기 평가

—

이제 거시적인 수준에서 미시적인 수준으로 이동해보자. 여러분은 회사의 인재 중시 문화에 개인적으로 어떻게 기여하고 있는가? [그림 8-7]을 이용해 엄격하게 평가해보라. 이 자기평가는 여러분의 전문성을 향상시키기 위한 우선 과제를 결정하는 도구이므로, 어떤 부분에서 부족한 역량을 키워야 할지 이 자기평가를 통해 확실하게 알아두는 것이 중요하다.

법칙 5 준비도 요약

—

법칙 5에 대한 회사와 개인의 준비 상태를 평가했다면, [그림 8-8]의 요약표를 완성할 차례다. 앞서와 마찬가지로 www.goliathsrevenge.com에서 자기평가를 마쳤다면 자동으로 결과를 얻을 수 있다.

이제 디지털 파괴자들에게 반격해 판도를 뒤집을 마지막 법칙에 대

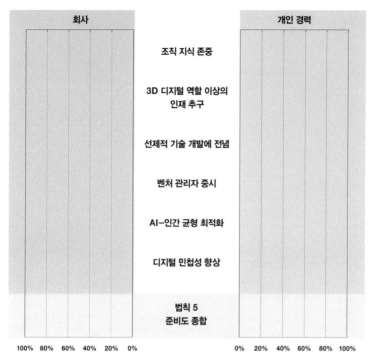

회사		개인 경력

조직 지식 존중

3D 디지털 역할 이상의
인재 추구

선제적 기술 개발에 전념

벤처 관리자 중시

AI-인간 균형 최적화

디지털 민첩성 향상

법칙 5
준비도 종합

100% 80% 60% 40% 20% 0%   0% 20% 40% 60% 80% 100%

[그림 8-8] 법칙 5 준비도 요약

해 알아볼 차례다. 바로 목적을 재정립하는 것이다.

09

GOLIATH'S REVENGE

[법칙 6]
한 차원 더 높은 목표를 설정하라

:

애플이 회사명에서 '컴퓨터'를 삭제한 이유

"눈은 별을 향하되 발은 지상에 두어라."

— 시어도어 루즈벨트, 미국 제26대 대통령

❖❖❖

드디어 마지막 법칙까지 온 것을 축하한다.

혹시 귀한 시간을 들여 목적을 재정립해야 하는 이유를 모르겠다고 생각하고 있는가? 회사에서 근사한 비전을 세운답시고 수없이 지루한 단체 활동을 하고도 결국 아무 변화도 경험하지 못한 적이 수두룩하니, 그럴 만도 하다. 그러나 목적을 재정립하는 것은 결코 시간 낭비가 아니다. 그러니 마음을 열고 들어보기를 권한다.

목적을 재정립한다는 것은 회사의 성장을 위해 더욱 다양한 옵션을 고려하는 것을 의미한다. 여러분과 동료들이 디지털 파괴가 창조한 인접 시장으로의 기회를 추구할 수 있도록 현 산업의 위상과 비즈니스 모델, 공급 제품 등에서 목표를 높이는 것이다.

이는 또한 다음 세대를 끌어들이는 것이기도 하다. 우리는 골리앗의 복수에 관해 연구하면서 밀레니얼 세대들이 일하고 싶어하는 회사에 대해 수십 명과 인터뷰를 했는데, 그 결과 이 새로운 세대가 단순히 시장점유율이나 주가 상승보다 더욱 심오한 목표를 위해 일한다는 소명 의식을 느끼고 싶어한다는 사실을 발견했다. 이들이 앞으로 노동력의 심장이 될 경우, 회사의 목적을 재정립하는 일은 조직의 성공에 있어 무엇보다 중요한 일이 될 것이다.

이번 장에서는 이와 관련된 논의를 해보자.

2007년 애플이 일으킨 변혁의 그래프

회사 목적의 재정립을 마지막으로 꼽은 데에는 이유가 있다. 처음 5가지 법칙은 신속한 실험과 반복이 가능하지만 6번째 법칙은 그렇지 않다. 기존 기업의 입장에서는 새로운 목적을 시험하거나 그 결과로 교훈을 얻을 수가 없다. 올바른 목표를 정립한다면 혁신 기회와 성장 궤적, 인재에 대한 접근성 측면에서 회사를 새롭게 변화시킬 수 있겠지만 만약에 실패한다면 어디로 가야 할지 몰라 방황하는 다른 회사들처럼 매년 쇠락을 거듭하게 될 것이다.

목적을 재정립한다는 것은 조직의 사명과 비전을 변화시킨다는 의미다. 사명은 조직의 문화와 성격을 형성하며, 고객에게 가치를 전달할 방법에 중점을 둔다. 비전은 해결이 시급한 거대한 문제들과 이를 해결하는 것이 어떻게 더 큰 이익에 기여할 수 있는지에 대한 회사의 야심 찬 목표를 정의한다.

	patagonia	Linked in.	CATERPILLAR®	coinbase
사명	최고의 제품을 만들되 불필요한 피해를 유발하지 않고 환경 위기에 대한 해결책을 구상하고 실천하기 위해 사업을 활용한다.	전 세계의 전문가들을 연결해 그들이 더욱 생산적이고 성공할 수 있게 돕는다.	인프라 및 에너지 개발을 통해 경제 성장을 가능케 하고, 지역사회를 지원하고, 지구를 보호하기 위한 해결책을 제공한다.	전 세계에 열린 금융 시스템을 창조한다.
비전	우리 자연과 아름다운 장소를 사랑한다면, 그것들을 구하고 지구 환경의 전반적인 악화를 막기 위한 싸움에 참여해야 한다.	전 세계 모든 노동자들에게 경제적 기회를 창조한다.	모든 이들의 기본 욕구가 환경 지속적인 방식으로 충족되는 세상, 우리가 살고 일하는 지역사회와 자연환경을 더욱 나아지게 만드는 회사.	디지털 화폐는 열린 금융 체제를 창조함으로써 세상에 더욱 큰 혁신과 효율성, 그리고 기회의 평등을 가져올 것이다.

[그림 9-1] 여러 회사들의 사명 선언 및 비전 선언 요약

강력한 사명과 비전 선언은 혁신에 중요한 촉매로 작용한다. [그림 9-1]은 강력한 목적 선언이 어떻게 조직 전체의 목표를 높일 수 있는지를 보여준다.

목적이란 다시 말해 여러분의 회사가 존재하는 이유다. 대기업들이 늘어놓는 애매모호한 용어에 불과하다고 생각하지 말라. 아무리 규모가 작은 회사라도 조직의 존재 이유, 그리고 회사가 현재의 역량보다 더 크고 심오한 목적을 지니고 있다는 사실을 분명히 해둬야 할 필요가 있다. 목표를 높이면 말 그대로 여러분의 회사, 여러분, 그리고 다른 사람들이 성공할 가능성을 높일 수 있다. 탐구와 실험, 획기적인 혁신을 달성할 수 있는 여지가 마련된다. 여러분이 기존 고객들과 신규 고객들의 니즈를 한꺼번에 충족시키는 데 집중할 수 있게 해준다.

여러분의 회사는 아마도 기존 제품과 현 경영 방식을 개선하기 위한 비즈니스 모델을 갖추고 있을 테지만, 돈을 버는 방법에 대한 혁신을 성공시키려면 그보다 더 큰 도약이 필요하다. 그리고 그러한 도약은 현재의 비즈니스 모델에 내포된 잠재적 위험과 취약점을 드러나게 할 것이다. 이를 해낼 수 있는 것은 오직 더욱 높은 시선으로, 보다 넓게 바라볼 수 있는 회사들뿐이다.

목표를 높인 애플

예를 들어 설명하면 더 쉽게 이해할 수 있을 것이다. 사람들은 애플을 혁신을 찍어내는 회사로 여기지만, 사실 애플의 그런 역량은 처음 회사가 설립되고 20년간 주가가 바닥을 치게 만들었다. [그림 9-2]를 보라. 애플의 주가는 2001년이 되어서야 상승하기 시작했다. 애플이 목표를 높이고 비즈니스 모델 혁신을 실행하기로 결정한 해였다. 매킨토시는 분명 혁신적인 제품이었지만, 개인용 컴퓨터라는 비즈니스 모델에 변혁을 일으키지는 못했다.

아이팟은 2개의 측면으로 구성된 애플의 비즈니스 모델을 기하급수적으로 성장시켰다. 아이튠즈 애플리케이션은 아티스트와 애플 기기 사용자라는 커다란 소비자군을 완전히 새로운 방식으로 연결시켰다. 애플은 한 곡당 99센트라는 비즈니스 모델로 기존 음반업계의 비즈니스 모델, 즉 앨범이라는 개념을 산산이 깨트렸고, 아이튠즈라는 혁신

목표를 재정립한 애플

[그림 9-2] 애플의 비즈니스 모델 혁신

은 업계와 음악 애호가들의 교환을 재정의하고 고객들에게 획기적인 성과를 제공했다. 좋아하지 않는 음악이 들어 있는 앨범을 통째로 살 필요가 없이 좋아하는 곡만 골라서 구매할 수 있게 된 것이다.

[그림 9-2]의 오른쪽 부분은 아주 설득력 있는 메시지를 전달한다. 2007년에 애플이 회사명에서 '컴퓨터'라는 말을 삭제했을 때 그들의 목표는 진정으로 더욱 높고 넓게 확장되었으며, 그것은 바로 사람들의 삶을 더 낫게 바꾸는 것이었다. 애플의 차세대 비즈니스 모델 혁신인 앱스토어는 애플이 1조 달러 이상의 가치를 지닌 최초의 상장기업으로 성장하는 데 일조했다.

복수를 갈망하는 다른 업계의 골리앗들도 애플의 선례를 따르고 있다. GM은 매우 고효율적인 자동차 제조 사업을 포함해 지속 가능한 운송 리더로의 변신을 꾀하고 있다. 디스커버리 보험Discovery Insurance 은 고객과 위험을 공유하고 보상하는 혁신적인 모델로 전환 중이며, 마스터카드는 신용카드 네트워크 회사에서 현대 사회의 결제 생태계 를 돕는 방향으로 목표를 높였다. 존 디어는 농기구 제조업체에서 정밀농업을 통해 수확량을 높이는 쪽으로 진화하고 있다.

이 회사들은 모두 세상이 어디로 향하고 있는지 내다보고 그곳에 도달하는 것을 돕기 위해 어떤 역할을 해야 하는지 한 차원 더 높은 목표를 세웠다. 여러분도 지금 업계에서 일어나고 있는 디지털 변혁과 여러분의 회사에 새로운 혁신 기회를 가져다줄 수 있는 보다 크고 심오한 사명과 비전에 대해 생각해보기 바란다.

회사 목적을 다시 세우기 위한
5번의 질문

────

린 생산방식을 개발한 오노 다이이치大野耐一는 회사의 진정한 목적을 이해하기 위해 '왜라고 5번 묻기'라는 개념을 고안해냈다. 이는 말하자면 회사가 존재하는 이유의 핵심에 도달하기 위해 양파 껍질을 하나씩 벗기는 과정이다. "우리는 왜 이 일을 하는가?"라는 질문으로 시작해, 계속해서 단계적으로 질문을 던지며 목적의 근본적인 핵심에 도달할 때까지 파고들라. 핵심에 도달하기까지는 대개 5번의 '왜'가 필요하다.

회사의 목적을 재정립하는 데 단 한 번의 기회밖에 없다면, 충분한 시간을 투자해 이 5가지 질문에 대답하는 것이 좋다. 누구나 사용하는 운동화를 예로 들어보자. 만약 여러분의 회사가 운동화를 생산한다면 5번의 '왜'에 이렇게 대답할 수 있다.

- 우리는 왜 운동화를 만드는가? 고객들이 운동화를 원하기 때문이다.

- 고객들은 왜 운동화를 원하는가? 운동을 하고 싶기 때문이다.

- 고객들은 왜 운동을 하고 싶어하는가? 경쟁을 통해 향상되기 위해서다.

- 사람들은 왜 경쟁을 통해 향상되기를 원하는가? 개인 신기록을 얻기 위해서다.

- 사람들은 왜 개인 신기록을 내고 싶어하는가? 기분이 좋고 다른 사람들에게 귀감이 될 수 있기 때문이다.

다음 연습 활동의 목적은 앞서 다른 장에서도 논했던 인접 시장에 대한 접근성을 얻는 것이다. 현재의 핵심 비즈니스를 넘어 그 이상의 성장을 목표로 하고 있다면 5번 '왜'라고 묻는 것은 인접 시장에 접근하기 위한 진정한 방법론이다. 운동화에 인접 시장 이론을 겹치면 [그림 9-3] 같은 시장 지도를 얻을 수 있다.

나이키의 사명은 '전 세계 모든 운동선수에게 혁신과 영감을 가져다주는 것'이다. 이런 크고 넓은 목적은 나이키가 신발 및 의류 사업에서 벗어나 새로운 비즈니스 모델로 혁신하기 위해 얼마나 커다란 노력을 하고 있는지를 보여준다. 나이키의 스포츠 훈련 서비스와 상태추적장치, 온라인 게임, 영양 상담, 운동성과 기준, 혁신적인 비즈니스 모델(예를 들어 펠로톤스Peloton's) 등을 생각해보라.

또 다른 좋은 예로는 185개국에서 6,500만 명이 사용하고 있는 인기 내비게이션 애플리케이션인 웨이즈Waze를 들 수 있다. 웨이즈 경영진에게 회사의 목적에 대해 묻는다면 그들은 더욱 유용한 교통 정보를 제공하는 것이라고 대답하지 않을 것이다. 웨이즈는 사람들이 삶을 영

건강과 웰니스
콘텐츠와 미디어

훈련과 지도
시뮬레이션

영양섭취
기기+분석

동호회와 대회
장비

신발
의류

웰니스wellness와 영감

개인적 성취

경쟁과 향상

운동

운동화

[그림 9-3] 시장 범위를 넓히는 5번의 '왜'

위할 수 있는 시간을 되돌려주는 서비스를 제공한다. 심지어 자신들이 얼마나 그 일을 잘하고 있는지 알려주기까지 하는데, 현재 고객 1명당 연간 약 60시간의 시간적 여유를 돌려주고 있다. 웨이즈는 이렇게 보다 큰 목적을 달성하기 위해 고객의 쇼핑 명단을 바탕으로 운전 경로를 조정하고 운행 중 어디쯤에서 배달 음식을 주문해야 하는지 예측하는 등 고객들에게 매일 더 많은 시간을 돌려줄 수 있는 신규 서비스를 개발하기 위해 힘쓰고 있다.

여러분 회사의 팀과 부서, 사업부, 또는 전체 회사에 대한 5가지 '왜'에 대답할 수 있겠는가? 함께 일하는 동료들의 대답도 당신과 비슷할까? 한번 알아보라.

09 [법칙 6] 한 차원 더 높은 목표를 설정하라

이제는 '자기잠식'을
현명하게 이용할 때다

'빅1' 혁신에 관한 한 대부분의 기존 기업은 파괴자가 되는 것이 아니라 다른 이들에게 파괴되는 잘못된 길에 서 있다. 기존의 수익성 높은 비즈니스가 잠식될지도 모른다는 두려움에 마비되는 것이야말로 디지털 시대에 기존 기업이 직면할 수 있는 가장 큰 위험요소이다.

이 책을 여기까지 읽었다면 무엇을 할지 또는 하지 말아야 할지에 대해 충분히 깨달음을 얻었을 것이다. 코닥은 디지털카메라를 최초로 발명하고도 필름 사업을 보호하기 위해 상용화를 포기했다. 블록버스터는 연체료라는 이익을 지키려다 넷플릭스에 패배했다. 그리고 두 회사는 결국 파산하고 말았다.

핵심 비즈니스 잠식에 대한 두려움은 설령 치명적인 피해를 입히지 않을 때조차도 그것만 없었다면 기존 기업이 더 빨리 이룩할 수 있었던 성공을 저해한다. 델은 애플을 초기에 인수할 수 있었던 기회를 거절했고, 마이크로소프트는 구글을 인수할 기회를 놓쳤다. 록히드 Lockheed와 보잉Boeing은 프레데터Predator의 드론이 그들의 핵심 프랜차이즈에 미칠 영향을 과소평가했다.

2중 속도 조직 모델
—

현명한 자기잠식을 이용하려면 현재의 물결과 미래의 물결에 모두 발을 담글 수 있는 2개의 속도를 지닌 조직 모델을 갖춰야 한다. 회사의 핵심 비즈니스는 첫 번째 속도에 맞춰 운영된다. 이 1번 속도 조직은 빠르고 강력한 대형 원양정기선과 비슷하다. 신뢰성과 성능, 효율성과 수익성에 최적화되어 있지만, 속도와 방향을 신속하게 전환하지는 못한다. 1번 속도 조직은 직원들이 편안함을 느끼고 기존 비즈니스 지표의 중심이 되는 곳이다.

두 번째 속도는 업계의 디지털 파괴와 같은 속도로 유지된다. 오늘날에는 AI와 로봇공학, 사물인터넷, 블록체인, 몰입경험과 같은 첨단기술이 업계 경쟁 체제의 근간을 뒤흔들고 있다. 새로운 경쟁업체가 부상하고, 유서 깊은 경쟁자들이 뒤처지고 있다. 2번 속도를 내기 위해서는 조직 전체가 민첩성을 발휘해야 하며, 이는 오늘날 소수의 기존 기업만이 할 수 있는 일이다.

두 번째 속도를 내기 위해서는 혁신 문화와 사내기업가 군단, 행정적 마찰의 최소화, 크라운 주얼에 대한 접근 권한, 그리고 경영진의 엄호가 필요하다. 이미 지난 장에서도 폭넓게 다룬 바 있지만 지금 여러분의 회사가 이러한 특성을 보유하기 위해 과연 충분히 노력하고 있는지 다시 한 번 생각해보기 바란다.

혁신 문화

—

회사에 혁신 문화를 심고 육성하는 것은 1번 속도로 운영되는 핵심 비즈니스에서의 '리틀1'과 2번 속도로 운영되는 '빅1' 이니셔티브 양쪽 모두에 필수적인 과제다.

모든 직원들은 자신이 회사의 비전과 목적을 실현하는 데 일조하고 있다고 느낄 수 있어야 한다. 리더십 팀은 여러분의 회사가 지금과 같은 디지털 시대에 번창하려면 다양한 기술과 전문지식, 배경이 매우 중요하다는 점을 분명히 해야 한다.

조직의 2중 속도 모델이 어느 한쪽도 부족하거나 치우치지 않도록, '리틀1'과 '빅1'은 동등한 수준의 보상을 받아야 한다. 회사가 골리앗의 복수를 달성하게 되면 모든 이들이 전리품을 얻을 수 있게 하라.

사내기업가 군단

—

회사에 참신한 스타트업 DNA를 주입하고 2가지 속도를 지닌 조직 모델을 도입하려면 벤처 업계에서 잘나가는 젊은이들을 채용하는 것만으로는 부족하다. 실제로 많은 기성 회사들이 일회성 프로젝트 연구소나 기획실의 규모를 축소하거나 운영을 중단하고 있다.

마스터카드처럼 이런 일회성 연구소를 사내기업가 재능을 지닌 직원들을 발굴하고 발전시키고 유지할 체계적인 프로그램으로 활용하라. 평소에 눈에 띄지 않는 곳에서 발굴된 인재들은 회사의 핵심 비즈니스를 존중하고 조직에 장기적으로 헌신할 가능성이 크다.

이런 사내의 기업가적 리더를 주춧돌로 삼고, 외부에서 영입한 인재들을 업계 파괴적 벤처 사업의 연료로 투입하라. 이처럼 안팎의 인재들을 2중으로 발굴하면 기존의 비즈니스를 넘어 더 크게 성장할 수 있는 최고의 기회를 얻을 수 있다.

행정적 마찰의 최소화

—

1943년에 켈리 존슨Kelly Johnson은 SR-71 블랙버드의 전신인 고속 정찰기를 개발하기 위해 캘리포니아 버뱅크에 록히드 스컹크웍스Skunk Works를 설립했다. 존슨은 록히드의 주요 시설 지구에서 1.5킬로미터 떨어진 곳에 연구소를 세우고는 혁신 속도를 높이려면 인적 자원과 조달, 제조, 그리고 품질에 있어 스컹크웍스가 독자적인 결정을 내릴 수 있어야 한다고 주장했다.

존슨은 진정으로 시대를 앞서가는 인물이었다. 대부분의 기존 기업은 비록 의도적이지 않더라도 재무, 법률, 인적 자원 및 조달 절차에 있어 혁신을 방해하는 높은 장벽을 세우기가 일쑤다. 아직 미숙한 2중 속도 조직은 신규 벤처 사업에 그러한 기능을 도입하려 할 때마다 복잡한 행정적 절차에 짓눌리기 쉽다.

존슨의 발상에서 힌트를 얻은 존 챔버스와 마틴 드 비어는 시스코에 이머징 테크놀로지 그룹Emerging Technology Group을 설립했다. 이들이 시행한 이른바 '통행규칙'은 시스코의 '빅1' 벤처에 한정된 기간 동안 표준운영절차 의무에 대한 면제권을 부여했는데, 이처럼 한정된 기간 동안 주어진 자유는 시스코의 혁신 속도를 가속화했다. 사내기업가들이 행정적 마찰에 대해 고민할 필요가 없는 이런 절호의 기회를 최대한 활용하는 데 집중했기 때문이다.

크라운 주얼에 대한 접근 권한

—

2장에서 이야기한 바 있지만 기존 기업들은 종종 그들이 알고 있는 것보다도 더 값진 크라운 주얼—자체 자금 조달이 가능한 혁신 능력, 탄력적인 브랜드 가치, 기존 고객 관계, 디지털 수익률과 직결되는 설치 기반, 데이터 세트, 상호저촉특허, 업계 표준에 미치는 영향력—을 보유하고 있는 경우가 많다. 하지만 이런 자원들은 주로 핵심 비즈니스를 운영하는 1번 속도 조직들과 긴밀히 연관되어 있기 마련이다.

기성 주자의 이점을 최대한 발휘하려면 기술과 절차의 장벽을 극복해야 한다. 먼저 기술적인 측면에서는 제3자 클라우드를 모방한 유연성 있는 인프라, 즉 사용 가능한 API 세트를 통해 쉽고 빠르게 제공할 수 있는 인프라를 구축하라. 그러면 비즈니스 파트너가 당신의 데이터 세트와 알고리즘, 애플리케이션을 이용해 혁신적인 솔루션을 개발하고 시험하는 속도를 최대화할 수 있다. 회사의 IT팀은 진입을 가로막는 문지기가 아니라 혁신을 가능케 하는 조력자여야 한다. 7장에서 언급한 샌드박스를 이용하면 생산 시스템과 데이터를 위험에 빠트리지 않고도 혁신에 대해 반복적 접근을 꾀할 수 있을 것이다.

절차적 문제는 1번 속도 조직의 자산에 대한 시범 운영 절차를 표준화함으로써 해결할 수 있다. 1번 속도와 2번 속도 팀이 정치적 신용이나 수익과 관련된 일회성 협상을 생략하기 위해 가장 간단히 교환할 수 있는 것이 무엇인지 고민해보라. 그런 다음 다른 핵심 비즈니스처럼 시범 프로그램에도 간결하고 신속한 린 사고방식을 적용하라. 한 캐나다 은행은 이런 방식을 통해 파트너 회사와 함께 시범 운영에 착수하는 데 필요한 시간을 6개월에서 6주일로 단축할 수 있었다.

경영진의 엄호

―

리더들은 핵심 비즈니스의 상황이 어려워졌을 때 단기적인 경제적 수단을 사용하고 싶은 충동에 저항해야 한다. 당신도 "그 투자에 제동을 걸고 있을 뿐"이라든가 "샐리와 프랭크가 예전에 하던 일까지 한다면 회사에 남을 수 있어요" 또는 "채용 동결은 이번 분기가 끝날 때까지만입니다" 같은, 얼핏 악의 없는 말들을 들은 적이 있을 것이다.

바로 이런 것들이야말로 2번 속도 비즈니스를 죽이는 가장 좋은 방법이다. 이런 사태를 피하려면 고위 경영진의 공중 엄호가 필요하다. 현재를 지키기 위해 미래를 도둑질하는 것을 막을 수 있는 사람들이 있다면 바로 그들이다.

IBM의 EBO Emerging Business Opportunity 프로그램에 대한 루 거스너 Lou Gerstner의 헌신과 뒷받침이 그 좋은 예다. IBM은 하드웨어 제조업체에서 소프트웨어 및 서비스 리더로 탈바꿈하는 변화를 겪고 있었고, 거스너는 상황이 좋을 때나 안 좋을 때나 IBM 육성 프로그램의 '빅1' 프로젝트를 변함없이 지지했다. IBM은 자그마치 10년 동안이나 '빅1' 혁신이 약속한 성과(예를 들면 왓슨)를 내놓는 데 필요한 보호와 인내 자본patient capital을 제공했다.

이제 여러분의 회사가 이런 2중 속도 조직의 5가지 요소 가운데 어떤 것들을 충족하고 있는지 한번 생각해보라. 혹시 미흡한 부문이 있다면, 이를 책임지고 발전시킬 수 있는 사람을 한 명 이상 떠올릴 수 있는가?

새 비전에 디지털 세대 의견을 적극 반영하라

오늘날 이른바 디지털 원주민이라고 불리는 1억 4,000만 명─밀레니 얼과 Z세대─은 전체 노동력의 25퍼센트를 구성하며 2조 달러에 가까운 구매력을 지니고 있다. 이들은 미래에 여러분 회사들의 직원이자 미래의 고객들이다.

디지털 원주민은 언제나 서로 연결되어 있고 열렬한 사명감을 지니고 있다. 소셜 그래프에 의해 커다란 영향을 받고 집단적 행동을 보이며, 또한 이는 개인 네트워크의 규모에 기반한 개인적 영향력을 증대시킨다.

디지털 원주민은 소셜 네트워크를 통해 주변 세계의 문제점을 조명하고, 자신이 이를 해결할 힘이 있다고 믿는다. 현장에서 문제를 발견하면 소리 높여 외치는 것을 두려워하지 않으며, 특히 온라인 네트워크가 그들의 주장을 긍정하고 거침없는 언사에 대해 보상을 해줄 때에는 더욱 그렇다.

이 새로운 세대는 비즈니스 리더가 이민자와 성희롱, 인종차별, 기후 변화 같은 중요한 문제에 개입해주길 기대하는 경향이 있다. 이들은 우리가 사는 세상이 더 관대하고 포용적이며 사회적 이슈에 민감하고 환경적으로 책임 있는 태도를 보이도록 만드는 데 일조하기를 원한다. 그리고 그들 자신과 친구들, 고용주가 모두 이런 목적을 달성해야 하는 책임을 지니고 있다고 믿는다.

디지털 원주민은 모든 기존 기업이 회사의 이익을 위해 직원들과 환경을 희생시키고 있다는 잘못된 생각에 빠질 수 있다. 이들은 회사가 재정 및 사회적 책임을 진다는 것이 왜 그렇게 어려운지 이해하지 못한다. 왜 더 많은 회사들이 파타고니아patagonia처럼 삼림파괴를 막기 위해 노력하지 않고, 와비 파커Warby Parker처럼 전 세계 사람들의 눈 건강 관리를 돕거나 이케아IKEA처럼 다양성을 지닌 인재들을 적극적으로 고용하지 않는지 납득하지 못한다. 그들은 크게 성공한 회사라면 당연히 받은 것보다 더 많은 것을 사회에 돌려줘야 한다고 생각한다.

회사의 목적을 재정립할 때에는 항상 디지털 원주민들을 고려해야 한다. 이들이 곧 미래이며, 여러분은 회사가 한 차원 더 높은 사명과 비전으로 오랫동안 살아남아 번영하길 바라기 때문이다. 디지털 원주민은 중요한 일을 하는 사람이나 회사는 많은 돈을 벌어야 한다고 생각한다. 그러니 회사의 목적을 선언할 때는 여러분과 여러분의 회사가 왜 이 세상에 중요한 존재인지를 강조하라. 그러면 디지털 원주민들은 여러분의 대의에 동참하기 위해 여러분 회사의 문을 두드릴 것이다.

이를 달성하는 한 가지 방법은 지속가능경영의 3대 축, 즉 사회적 책임과 환경보호, 수익을 기업의 성공 기준으로 삼고 이를 널리 공언하는 것이다. 심지어 다우존스도 회사가 이런 종합적인 기준에 부합하는지를 측정하는 지속가능경영지수Sustainability Index를 보유하고 있다.

유니레버Unilever, 파타고니아, 네슬레Nestlé는 이런 지속가능경영 3대 축의 활용에 대한 훌륭한 사례들이다. 유니레버는 환경을 해치지 않고도 개발도상국의 필요에 부응하는 제품을 개발 중이다. 파타고니아는 열악한 근무 환경과 환경 파괴로 악명 높은 의류 분야에서 의류의 재활용과 접근 기회의 균등, 지속 가능한 제조법 등을 장려함으로써 디지털 원주민들에게 브랜드 도달 범위를 넓히고 있다. 네슬레는 지구상 모든 이들에게 물에 대한 접근성과 지속 가능한 식품을 제공하기 위해 노력한다.

친구들이나 아동들에게 당신이 새로 정립한 목적을 제시하고 반응을 살펴보라. 새로운 목적이 진부하지 않으면서도 지속가능경영 3대 축의 3가지 기준을 모두 통과할 수 있게 노력하라.

이사회에서 일선 직원까지
위에서 아래로 정비하기

———

아무리 목적을 새로 정립한다 한들 이사회부터 일선 직원에 이르기까지 모든 구성원들이 한 방향으로 단결하지 못한다면 아무 의미도 없다. 대담한 목적 선언은 직원 기반을 혁신하고, 에너지를 불어넣고, 새로운 고객과 파트너, 인재들을 끌어들인다. 그러나 본질적으로 담대한 비전과 사명은 사람들을 동요하게 만들고 불편함을 느끼게 만들기 마련이다.

새롭게 단장한 2중 속도 조직의 역량을 완전히 발휘하는 데 필요한 하향식 지지와 단결의식을 불어넣으려면 어떻게 해야 할지 신중하게 고민하라. 다음에 나열된 이해당사자들에게 위에서부터 아래로 순서대로 초점을 맞춰야 한다.

리더십 팀

—

이론적으로 이들이 리더십 팀으로 선택된 이유는 비즈니스를 장기적인 성공으로 이끌 수 있는 장점과 특성을 지니고 있기 때문이다. 업계 상황이 안정적이고 변화가 완만한 시기라면, 이는 보통 올바른 판단이다.

그러나 우리는 격동의 시대에 살고 있다. 아마 많은 리더들이 1번 속도 비즈니스를 통솔하는 능력 덕분에 현재의 자리에 올랐을 것이다. 그러나 이들은 회사가 디지털 미래로 향하는 데 필요한 현명한 자기잠식을 받아들일 확률이 가장 낮은 리더들이다.

이제 현재의 리더십 팀을 미래 예측력과 적응력, 탄력적인 회복력과 학습능력 등에서 재평가해야 할 시간이다. 이들은 새로 정립한 목적을 달성하기 위해 회사의 현 비즈니스를 현명하게 운영하고, 만일 미래 성장에 필요하다면 그것을 침해해야 한다고 하더라도 개의치 않아야 한다.

이사회

—

이 부분에서는 회사의 이사회가 어떻게 구성되어 있느냐에 따라 할 일이 많을 수도 있고 아닐 수도 있다. 이사회가 업계에 대한 깊은 지식을 갖추고 전통적인 비즈니스 모델에 익숙한 임원들로 주로 구성되어 있다면, 이들에게 급변하는 시장 전망과 고객의 행동, 경제 상황에 대해 교육하기 위해 일찍부터 자주 노력을 기울여야 할 것이다.

이반 세이덴버그Ivan Seidenberg는 버라이즌의 CEO로 일하던 시절에 이사회 회의에 참석할 때마다 무선통신과 디지털 미디어라는 새로운 트렌드에 대해 피력했다. 그는 업계의 중요 가치가 유선 및 공중파 방송에서 무선 및 콘텐츠 스트리밍으로 변화할 미래에 이사회를 대비시키기 위해 엄청난 노력을 쏟아 부었다. 앞으로 회사가 성장하려면 대규모 인수합병이 필요할 터였고, 그는 방아쇠가 당길 때가 왔을 때 이사회가 곧장 행동할 수 있길 바랐다.

중간 규모 회사의 경우, 현장답사는 이사회가 디지털 공격자들의 파괴적인 성격과 변화를 직접 체험할 수 있는 효과적인 방법이다. 물류 공유 회사인 브램블스Brambles의 전 CEO인 톰 고맨Tom Gorman은 특히 이 방법으로 뛰어난 효과를 거뒀다. 그는 시드니 본사에서 온 이사회와 리더십 팀을 실리콘밸리에 데려가 디지털 변혁을 실천 중인 GE와 시스코 같은 회사들과 향후 브램블스의 파트너가 될 수 있는 스타트업을 만나게 했는데, 이러한 경험은 2015년에 이사회가 BXB 디지털BXB Digital를 설립할 결정을 내리는 데 커다란 역할을 했다.

이사회에 디지털 파괴에 대해 가르치는 데 들어가는 시간과 비용은 곧 당신의 머리 위를 보호해주는 강력한 방어막을 확보하기 위한 투자다. 이들은 1번 속도 비즈니스가 재정적으로 추락하더라도 2번 속도 조직을 보호하는 정책적 결정으로 당신을 뒷받침해줄 것이다. IBM의 거스너나 시스코의 챔버스가 그 좋은 사례를 보여주고 있다.

직원들

—

5장에서 논한 것처럼, '빅1'의 파괴적 혁신을 성공시키기 위해서는 핵심 비즈니스 부문에서 일하는 직원들을 장기적 목표에 맞춰 조율해야 한다. '빅1' 이니셔티브 팀은 조직 내에서 선망받는 계급으로 인식되기 쉽고, 따라서 긴장감을 조성하고 핵심 비즈니스의 생산성을 저해할 수 있다.

강력하고 명확한 목적은 미래의 성장과 성공을 위해 회사를 포지셔닝하는 데 있어 '리틀1'과 '빅1'이 똑같이 중요하다는 점을 강조함으로써 이런 분열을 해소할 수 있다. 재정립된 목적은 직원들의 감정을 자극하고 개인의 영향력을 점차 증가시킬 수 있는 흥미로운 경력 경로를 제공해야 한다.

직원들이 회사의 새로운 목적을 진정으로 받아들이게 하려면 구체적인 고객 사례와 경쟁 환경의 변화를 제시하며, 큰 위험을 감수하더라도 변화를 모색할 수밖에 없는 상황에 처해 있다는 사실을 공공연하게 알려야 한다. 사탕발림은 필요 없다. 모두가 손에 구글을 들고 다니는 시대다. 새로운 것을 완전히 내면화하려면 적어도 두세 번은 반복해서 접해야 한다는 점을 명심하라. 위험을 무릅쓰고라도 솔직히 위기감을 털어놓고 변화에 대한 필요성을 주지시키라.

비즈니스 파트너

—

여기서 말하는 비즈니스 파트너는 평범한 계약업체뿐만 아니라 7장에서 불러들인 혁신 생태계 파트너까지도 포함한다. 훌륭한 파트너는 여러분이 새로 정립한 목적을 더욱 빠르게 실현할 수 있게 돕는 촉매제 역할을 해줄 것이다.

어쩌면 이들은 골리앗의 복수를 위해 이미 그들만의 혁신을 일궈나가고 있는 중일지도 모른다. 힘들게 습득한 교훈을 나누고, 서로의 성공을 축하하고, 각자의 노력을 바탕으로 굳건하고 꾸준한 파트너십을 쌓아가라.

새롭게 부상하고 있는 많은 승자들이 이 분야에 공을 들이고 있다. IBM은 돌Dole과 머스크Maersk 같은 업계 리더 고객들을 위해 그들의 공급망에 AI와 블록체인을 도입하는 혁신을 지원하고 있다. GE는 그들의 산업 고객들이 머신러닝과 사물인터넷에 보다 쉽게 접근할 수 있도록 확장 가능한 플랫폼에 대규모 투자를 하고 있다. TWC는 애플 등의 회사와 손잡고 사용자 기기에서 보다 세부적인 기압 데이터를 수집하는 혁신을 일구고 있고, 스플렁크는 거의 모든 산업 부문에 포진한 고객들과 협력해 AI 데이터의 잠재 가치를 식별하고 활용할 수 있게 돕는다.

주주들

—

주주들은 종종 회사의 역사와 시대적 경험을 물려받기 때문에 디지털 파괴라는 새로운 현실에 적응하는 데 상당한 시간이 걸린다. 다른 관계자들과 마찬가지로, 이들이 현명한 자기잠식을 수용하게 하려면 혁신 포트폴리오의 성공 사례들을 확인시켜줘야 한다.

회사 주식을 장기간 동안 보유할 예정인 성장 지향적 주주들은 새로 정립한 목적과 파괴적 혁신에 대한 투자에 동의할 것이다. 헤지펀드 같은 많은 단기 투자자들은 회사가 재정적 손해를 보지 않고 새로운 성장 사업을 성공적으로 키울 수 있다는 확신을 가질 필요가 있다.

두 집단에게 어떻게 자기잠식이 회사의 가치를 저해시키지 않고 매출이나 이익 면에서 성장을 유지할 수 있는지 이해시키라. 또 일부 주주 구성원들이 교체될 수 있음을 예상해야 한다. 위대함으로 가는 길을 그르칠 수 있다고 생각되는 주주들은 지속가능경영 3대 축에 대한 새로운 약속에 공감하지 못할 수도 있다.

고객들

—

마지막으로 고객은 회사가 재정립한 목적의 가장 핵심적인 청중이다. 회사가 한 차원 높은 목표를 추구할 때, 어떤 고객들은 불안을 느낄 수도 있다. 그들은 인접 시장으로 가는 길을 혁신하는 투자가 그들을 위한 제품이나 서비스를 위한 게 아니라고 느낀다.

파트너의 경우와 마찬가지로, 회사의 비즈니스를 재정립하는 데 있어 가장 중요한 것은 고객들과 함께 새것을 창조할 기회를 찾는 것이다. 히타치는 미래의 제품과 서비스를 혁신하고 장기적인 산업체 고객들을 끌어들이기 위해 이런 공동창조Co-creation 프로젝트에 심혈을 기울였다.

반면에 여러분의 회사에서 갈수록 수익성이 떨어지는 비즈니스 분야에 참여하고 있는 기존 고객들도 있을 것이다. 여러분은 때가 되면 옛 고객과 망설임 없이 헤어질 수도 있을 정도로 재정립한 목적에 대해 확신을 가져야 한다.

정부 기관과 규제 기관, 협회나 NGO처럼 다른 이해당사자가 있을 수도 있으니 그들도 여러분의 고객 명단에 추가하라. 지금으로서는 모두에게 회사가 새로 구축한 목적을 주지시키고, 성공을 위해 광범위한 지원 네트워크를 구축하는 것이 가장 중요하다.

리더의 움직임은 회사의 목적과 일치해야 한다

회사라는 군대가 디지털 경쟁이 한창인 시장 한복판으로 행진할 때에는 그 선두에 당연히 CEO와 다른 리더들이 서 있어야 할 것이다. 지금과 같은 불확실성의 시대에 직원들은 그 어느 때보다도 리더들이 직접 앞장서서 걷고 목소리를 내는 것을 중요하게 생각한다.

미래의 리더들은 반드시 회사의 목적과 일치하는 삶을 살아야 한다. 직업적 삶과 개인의 삶이 분리되어 있던 시절은 이미 오래전에 지났다. 한 회사의 리더라면 회사가 새로 정립한 목적에 동참해야 한다. 메리 배라Mary Barra는 훌륭한 귀감이 될 만하다. 그는 교통사고 제로, 배기가스 제로, 교통혼잡 제로라는, GM의 3제로3zero 프로젝트를 개인적으로도 이끌고 있다.

대담한 목적을 달성하려면 자신감도 필요하지만 겸손한 자세가 필수적이다. 일이 계획대로 돌아가지 않을 때 리더가 할 수 있는 일이란 장기적인 시야를 유지하는 것뿐이기 때문이다. 유나이티드 테크놀로지스United Technologies의 전 CEO인 조지 데이비드George David는 이렇게 말했다. "이 일을 오래 하다 보면 겸손해지게 되어 있다. 명심하라. 중요한 건 당신이 아니라 회사다. 회사는 100년 이상 유지될 것이고 당신은 겨우 10년에서 15년 정도 회사에 봉사하는 것뿐이다." 헨리 포드Henry Ford 역시 비슷한 주제에 대해 "장애물이란 목표에서 눈을 뗐을 때 보이는 무시무시한 것들이다"라고 말한 바 있다.

진정한 리더는 회사의 목적과 일치할 뿐만 아니라 나아가 이를 더욱 확장하는 개인적인 신조에 따라 삶을 살아간다. 여러분이 해야 할 일 중에 가장 어려운 것은 아마도 개인적인 목적 선언을 생각해내는 것일지 모른다. 개인의 목적 선언은 자신이 지닌 독창적인 재능이나 특수한 능력과 일치하고, 또한 개인적으로 공감하는 대의와 부합해야 한다. 돈을 받지 않고도 그것을 달성하기 위해서라면 자발적으로 기꺼이 행동하고 노력할 그 무엇 말이다.

아리스토텔레스는 "당신의 재능과 세상의 필요가 교차하는 곳에 천직이 있다"라고 말했다. 요컨대 주변 세상에서 아직 해결되지 않은 문제를 해결하기 위해 당신이 잘할 수 있는 일을 하는 것이야말로 당신이 후대에 남길 수 있는 유산이다. 개인적인 목적 선언은 다른 사람들이 당신이 추구하는 대의에 감명을 받고 참여하게 만드는 강력한 자석이 될 것이다.

빌 게이츠와 멜린다 게이츠가 세계의 인도주의적 과제를 해결하겠다고 표명했을 때, 그들의 명확하고 뚜렷한 개인적인 목적 선언은 문자 그대로 전 세계에 영향을 주었다. 개인의 지속가능성장 3대 축에 충실하게 살아가는 리더들은 골리앗의 복수를 추구하는 회사들이 가장 희망하는 재원이 될 것이다.

보험회사 디스커버리의
새로운 목적 찾기[6)

남아프리카공화국의 우산 아래에서 아주 조용히, 디지털 파괴를 이용해 보험회사의 정의를 완전히 새롭게 바꾸어놓은 한 혁신적인 보험회사가 있다.

애드리언 고어Adrian Gore는 대기업 CEO의 전형적인 이미지와는 거리가 먼 인물이다. 1992년에 그가 디스커버리를 설립했을 당시 남아프리카공화국은 흑백분리정책에서 민주주의 체제로 역사적인 전환점을 맞이하고 있었다. 이러한 국가적인 변화는 새로 유입된 인구 집단의 보험 위험을 평가해야 한다는 독특한 과제를 던져주었다. 예를 들어 디스커버리는 인구통계학적으로 부분별 집단의 상해 및 질병발생률에 대한 기존의 데이터가 부족했기 때문에 보험 가격을 정확하게 산정할 수 없었다.

고어는 미래의 위험을 관리하기 위해 돈을 지불한다는 전통적인 보험 모델에 매달리기보다 이를 반대로 뒤집는 편을 선택했다. 보험 가입자들의 건강을 개선하고 삶을 향상시키는 것을 보험회사의 궁극적 목적으로 재정립한 것이다.

고어와 그의 리더십 팀은 회사와 고객들이 함께 파트너가 되어 고객들의 건강을 관리하자고 손짓했다. 동시에 디스커버리는 거대한 '빅1' 혁신을 진행하고 있었다. 건강보험 산업을 아예 새로운 형태로 재창조하는 것이었다. 보험업계는 고어가 미쳤다고 생각했다. "이제껏 아무 문제도 없었던 비즈니스를 왜 괜히 망치려는 거야?"라는 게 업계의 반응이었다.

그러나 앨런 폴라드Alan Pollard는 달랐다. 고어가 자신이 원하는 대의를 추구하기 위해 가장 먼저 영입한 리더 중 한 명인 폴라드는 디스커버리의 대담한 비전이 얼마나 중요한지 즉시 깨달았다. 1997년, 고어와 폴라드, 그리고 헌신적인 기획자와 개발자로 구성된 협력팀은 가입자들에게 더 건강한 삶을 살 수 있게 장려하는 획기적인 보험 상품인 비탈리티Vitality를 출시했다.

폴라드와 팀은 흡연과 편식, 신체활동 부족 같은 잘못된 생활 습관이 조기 사망에서 절반 이상의 원인을 차지하는 만성질환(당뇨병 같은)과 직결된다는 사실을 알고 있었다. 그러나 그들은 순진하지 않았다. 일반인들의 삶에 깊숙이 뿌리박혀 있는 습관을 바꾼다는 것이 얼마나 어려운 일인지 그들은 아주 잘 알고 있었다.

디스커버리는 사람들의 행동을 변화시킬 수 있는 방법을 모색하기 위해 세계 최고의 전문가들을 동원했다. 행동경제학이라는 새로운 학문을 활용해 신체활동을 장려하는 건강 포인트와 건강상태 보상이라는 체계를 도입했고, 이 보상 시스템은 단순히 건강보험뿐만 아니라 생명보험 시스템과도 연결되었다.

비탈리티는 가입자들에게 몸에 좋은 활동(예를 들어 체육관에 가는 것)을 실천하면 점수를 추가하고, 몸에 좋은 음식을 구매하면 할인 혜택을 제공했다. 보험회사가 정말로 가입자들의 건강을 위해 투자한다는 사실에 기쁘고 놀란 회원들 덕분에 회사의 명성은 들불처럼 퍼져나가기 시작했다.

비탈리티는 하루 7만 건 이상의 체육관 사용과 수억 건의 건강에 좋은 식품 구매에 힘입어 급속도로 성장했고, 대규모 모집단의 웰니스 데이터를 기반으로 강력한 퍼스트 무버로서의 시장 우위를 확보하게 되었다.

디스커버리는 3장에서 다룬 영구적 알고리즘 우위로 가는 길에 들어섰다. 회사는 그 뒤로도 최소의 비용으로 대상 집단의 건강을 최대화할 수 있도록 비탈리티의 행동 변화 모델을 지속적으로 다듬었다.

10년쯤 지나자 스마트폰과 웨어러블 센서, 건강 관련 앱들이 등장하기 시작했다. 비탈리티는 혁신의 최전선에서 새로운 기술들을 성공적으로 프로그램에 통합하고, 서비스 범위와 장점 등을 끊임없이 발전시켜나갔다.

실제로 디스커버리는 애플 워치의 획기적인 건강 혁신을 활용한 최초의 웰니스 회사 중 하나이기도 하다. 이제 회원들은 비탈리티 프로그램으로 약간의 선불금을 내면 애플 워치를 구입할 수 있다. 그런 다음 24개월 동안 애플 워치가 제시하는 건강 활동을 하거나 현금을 이용해 잔금을 치르는 것이다. 이처럼 건강한 삶을 위한 물물교환은 보험 가입자 중 60퍼센트 이상의 신체활동 수준을 증가시키는 획기적인 고객 성과를 달성했다. 디스커버리와 애플, 그리고 보험 가입자에 이르기까지 모두의 승리였다.

디스커버리의 새로운 목적은 핵심 시장인 남아프리카공화국에만 국한되지 않았다. 그들이 국제적으로 확장할 수 있게 도와준 것은 비탈리티 플랫폼이었다. 현재 디스커버리는 미국의 존 핸콕John Hancock과 캐나다의 매뉴라이프Manulife, 유럽의 제너럴리Generali, 아시아의 AIA 그룹AIA Group 및 중국의 핑안 보험Ping An Insurance을 통해 세계에서 가장 매력적인 보험 시장에 참여하고 있는 중이다. 이런 제휴관계는 비탈리티 플랫폼에 더 많은 데이터를 제공해 차세대 혁신의 원동력을 마련할 수 있게 해주었다.

영국에서 비탈리티는 보험 가입자들의 생활방식에 따라 보험료를 책정하는 최초의 보험회사가 되었다. 하버드 경영대학교의 마이클 포터Michael Porter는 비탈리티를 창조자와 사용자가 혁신적인 솔루션의 장점과 위험을 함께 공유하는, 공유가치 제품의 가장 훌륭한 사례라고 말하기도 했다.

현재 비탈리티는 디스커버리가 자동차 보험 같은 다른 분야로 성장할 수 있는 발판을 제공하고 있다. 자동차 보험 시장에서 비탈리티는 사용자들이 이른바 운전 DNA를 개선해 더 안전한 운전자가 될 수 있게 돕는다. 이번에도 광범위하고 설득력 있는 회사의 목적이 또 다른 성장 기회를 열어준 것이다. 디스커버리는 공유가치 비즈니스 모델을 활용해 텔레메틱스 전문가인 두 명의 MIT 교수와 손잡고 사용자 행동을 기반으로 하는 자동차 보험 서비스를 출시했다.

고어는 사용자의 행동을 변화시키는 것은 지극히 어렵다는 기존 보험업계의 통념에 반기를 들었다. 그는 보험의 목적을 위험 관리에서 건강하고 안전한 삶의 영위로 재규정했을 뿐만 아니라 스스로 본보기를 보였다. 디스커버리의 대담한 혁신 목표를 대외적으로 발표하는 위험을 무릅썼고, 팀에게는 회사의 '빅1' 혁신을 실현해야 한다는 건전한 압박을 조성했다.

[워크시트]
자기평가표 작성하기

———

여러분의 회사는 이 법칙의 어떤 면을 실천할 준비가 되어 있는가? 법칙 6에 대해 여러분 자신과 회사가 얼마나 잘 준비되어 있는지 평가해보자.

회사 준비도 자기평가

—

회사의 준비 상태를 평가하기 전에 먼저 [그림 9-4]의 각 행에 묘사된 최하, 하위, 보통, 상위 및 세계 최상위 수준의 역량에 대해 각각 이해하라. 그런 다음 여러분의 회사가 각 행에서 어떤 단계에 있는지 역량 수준을 평가하라. 이 연습 활동을 처음 해보는 사람이라면 회사의 수준을 전체적으로 평가하고, 팀이나 그룹, 부서에 대해 판단하고 싶다면 나중에 따로 이 활동을 반복하길 권한다.

법칙 6: 한 차원 더 높은 목표를 설정하라
회사 준비도 자기평가표

	0~20% 최하 역량	20~40% 하위 역량	40~60% 보통 역량	60~80% 상위 역량	80~100% 세계 최상위 역량
목표 높이기	사명/비전 같은 것을 믿지 않음	사명/비전이 바깥세상이 아니라 지나치게 회사 중심적	비전은 뚜렷하나 이를 사명에 내재시키지 못함	사명은 적절하나 비전이 장기적으로는 부적절	사명과 비전이 설득력이 강해 모두가 공감함
'왜'라고 5번 묻기	첫 번째 '왜'에도 대답 못 함	우리가 왜 이 일을 하는지 최소한 2개의 '왜' 질문에 답변할 수 있음	왜 이 일을 하는지 최소한 3개의 '왜' 질문에 답변할 수 있음	왜 이 일을 하는지 최소한 4개의 '왜' 질문에 답변할 수 있음	왜 이 일을 하는지 최소한 5개의 '왜' 질문에 답변할 수 있음
현명한 자기잠식 이용하기	코닥과 같은 길을 가는 중	핵심 시장이 아닌 인접 시장에서 2번 속도 모델을 가동 중	2번 속도 모델의 현명한 자기잠식이 이제 막 시작됨	2중 속도 모델을 실천 중이나 '가진 자'와 '가지지 못한 자'의 문제가 존재	2중 속도 조직 모델이 순조롭게 진행 중
다음 세대 포용하기	디지털 원주민은 우리 회사에서 일하는 것을 좋아하지 않을 것	밀레니얼 세대와 Z세대 직원들의 다른 점을 이해하기 시작	일터 밖에서 변화를 일구고 싶은 직원들을 지원함	재정적 목표 외에 사회적 또는 환경적 목표를 추가	날마다 지속가능경영 3대 축을 바탕으로 살아감
조직을 일관되게 정렬	소집단마다 고유의 소명과 비전이 있어 회사 차원에서 체계적인 정렬이 이뤄지지 않음	피상적인 정렬, 일상 업무에는 반영되지 못함	이사회와 고위급 리더들의 목표는 일치하나 일선 직원까지 미치지 못함	중간관리 및 일선 직원들은 일치 정렬되어 있으나 고위급 리더들은 불확실	이사회부터 일선 직원, 파트너에 이르기까지 광범위하고 일관된 협력 체제 가동
솔선수범	리더들이 근시안적이고 단기적 이익에만 집중	리더는 개인적으로 분명한 목적을 지니고 있을지 모르나 나는 그게 뭔지 모름	일부 리더들만 개인적으로 분명한 목적을 지님	리더들이 분명한 개인적 목적을 갖고 있으나 회사와 일치하지 않음	리더들이 회사와 일치하는 개인적인 목표를 진심으로 추구함

0%　　　　20%　　　　40%　　　·　60%　　　　80%　　　　100%

[그림 9-4] 법칙 6 회사 준비도 자기평가표

법칙 6: 한 차원 더 높은 목표를 설정하라
개인 경력 자기평가표

	0~20% 최하 역량	20~40% 하위 역량	40~60% 보통 역량	60~80% 상위 역량	80~100% 세계 최상위 역량
목표 높이기	일단 성과 기준에 맞추려 '자중하는' 중	회사의 목적은 있으나 팀의 목적은 부재	팀의 목적이 있으나 분명하게 규정되지 않음	팀이 설득력 있는 사명을 추구	팀이 설득력 있는 비전/사명을 추구하며 회사와도 일치
'왜'라고 5번 묻기	노력은 하고 있지만 무슨 의미가 있는지 모르겠음	나의 경력 경로는 회사가 2번째 '왜'를 성취하게 돕는 것임	나의 경력 경로는 회사가 3번째 '왜'를 성취하게 돕는 것임	나의 경력 경로는 회사가 4번째 '왜'를 성취하게 돕는 것임	나의 경력 경로는 회사가 5번째 '왜'를 성취하게 돕는 것임
현명한 자기잠식 이용하기	만일 회사가 2중 속도 모델을 갖추고 있더라도 나는 전혀 모름	1번 속도 팀과는 밀접한 직무 경험이 있으나 2번 속도 팀과는 전무	2번 속도 팀과는 밀접한 직무 경험이 있으나 1번 속도 팀과는 전무	1번 속도와 2번 속도 팀에 전부 참여 경험이 있으나 아직 한쪽에 있어서는 다소 미흡함	양쪽에 모두 능함. 1번 속도 팀과 2번 속도 팀에서 모두 탁월한 성과를 이끌어냄
다음 세대 포용하기	사회 문제나 환경 문제에 대해 왜 다들 호들갑인지 모르겠음	디지털 원주민이 신선한 공기와 같다는 사실을 깨닫기 시작	디지털 원주민과 공감대를 쌓기 위해 업무 스타일을 바꾸는 중	소속 팀 혹은 외부에서 디지털 원주민에게 적극적인 멘토 역할	팀의 업무 방향에 대해 지속가능성장의 3대 축을 적용
조직을 일관되게 정렬	이런 게 왜 필요한지 모르겠음. 자기 일만 잘하면 되지 않나?	팀이 조직 정렬에 대해 이야기하고 있지만 어떻게 해야 할지 모르겠음	팀 내에서 전략적 정렬을 추진하고 있으나 다른 동료들이나 조직 전체에서는 아님	내 팀과 동료들의 목표는 일관적으로 정렬되어 있으나 상부에의 영향력이 제한되어 있음	개인적으로 내 역할을 중심으로 전방위적인 정렬 체제를 이끌고 있음
솔선수범	개인적인 목적 선언은 시간 낭비라고 생각	개인적인 목적을 찾기 위해 시간과 에너지를 투자할 준비가 되어 있음	개인적인 목적에 대해 생각은 있지만 정식으로 글로 표현한 적은 없음	개인적으로 훌륭한 목적을 추구하고 있으나 그것이 회사와 부합하는지는 확신이 서지 않음	매우 설득력 있는 개인적인 목적을 추구하고 있으며, 회사의 목적과도 부합함

0%   20%   40%   60%   80%   100%

[그림 9-5] 법칙 6 개인 경력 준비도 자기평가표

개인 경력 준비도 자기평가

—

이제 여러분의 개인적인 경력에 초점을 맞춰보자. 여러분은 개인적인 목적을 정립하는 데 있어 어떤 단계에 와 있는가? 앞의 [그림 9-5]를 이용해 스스로를 평가해보라.

준비도 요약

—

이제 법칙 6에 대한 회사 및 개인 경력에 대한 자기평가를 완료했으니 [그림 9-6]에서 요약표를 작성할 수 있다. 온라인 웹페이지에서 자기평가 활동을 했다면 요약표가 자동으로 완성된다.

자, 이제 당신은 골리앗의 복수를 성공적으로 달성할 수 있는 6가지 규칙에 대해 배웠다. 10장과 11장에서는 지금까지 배운 법칙들을 종합해 회사와 개인이 실제로 실천할 수 있는 행동 계획을 세워보도록 하자.

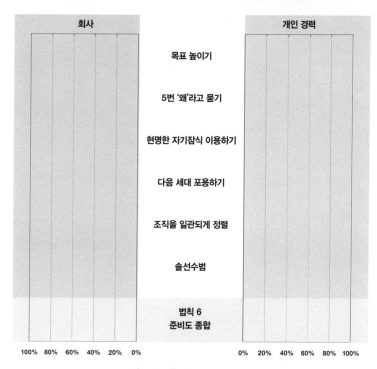

[그림 9-6] 법칙 6 준비도 요약

09 [법칙 6] 한 차원 더 높은 목표를 설정하라

3부

파괴자
실천서
실행하기

10

GOLIATH'S REVENGE

회사를 위한
파괴자 실천서

———

"뱃속에서 나비가 파득거려도 괜찮다.
그저 제대로 된 대형으로 날게 하라."
– 프란시스코 로페즈, 음악가

———

잠시 숨을 돌리고 뿌듯함을 느껴보라.

여러분은 회사에 기성 주자의 이점을 부여하는 크라운 주얼을 찾아냈고, 디지털 경쟁에서 왜 승자가 대부분의 몫을 가져가는지 이해했으며, 골리앗의 복수를 위한 6가지 법칙에서 당신과 회사가 현재 어떤 수준에 있는지 평가했다.

이제는 단순히 생각하는 데서 그치는 게 아니라 새로 배운 지식을 행동으로 실천해야 할 차례다. 이 장에서는 우리가 회사용 '파괴자 실천서'라고 부르는 것을 작성하는 법을 배우게 될 것이며, 이는 업계의 디지털 파괴자들에게 역공을 퍼붓는 데 도움이 될 것이다. 또 다음 11장에서는 여러분 개인의 경력과 디지털 미래에 대한 부족한 역량을 보완할 대책에 초점을 맞춘다.

프란시스코 로페즈Francisco López는 회사의 전략적 차원에 있어 아주 중요한 사실을 지적한다. 골리앗의 복수를 달성하는 데 필요한 변화를 일구려면 각 기능과 부문, 활동 지역에 걸쳐 하나의 목표를 향해 일관된 전략을 추진하는 것이 필수적이다. 축구 같은 팀 경기를 하는 것처럼 말이다. 개별 데이터과학 팀이나 연구소가 전략적으로 행동하는 것만으로는 충분하지 않다. 디지털 파괴자를 능가하는 혁신을 이루고 싶은 기존 기업은 집단적인 기술과 에너지, 지식을 활용해야 한다.

방어와 공격,
그 균형점을 찾아야 한다

———

중소기업이든 대기업이든 우리가 제시한 6가지 법칙에 따라 행동 전략을 세우고자 한다면 아직 늦지 않았다. 알다시피 수많은 회사들이 다양한 단계에서 디지털 파괴에 대처하기 위해 노력하고 있다. 우리는 이 책을 쓰면서 기존 회사들이 골리앗의 복수를 실천하는 데 얼마나 잘 준비돼 있는지 파악하기 위해 자동차, 의료, 산업장비, 군사방어, 포장소비재, 고객 응대, 소매, 구인채용 등 다양한 산업 분야에 걸쳐 50개 이상의 회사를 조사하고 인터뷰했는데, 우리가 발견한 사실들은 다음과 같다.

공격과 방어의 균형 잡힌 조합

—

[그림 10-1]은 우리가 회사의 '디지털 혁신 자세'라고 부르는 것을 나

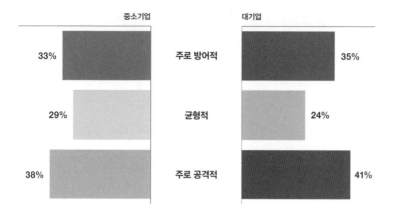

[그림 10-1] 디지털 혁신 자세

타낸 것이다. 보다시피 중소기업과 대기업은 모두 현재의 핵심 비즈니스를 보호하거나 기존 비즈니스의 하락을 상쇄할 정도로 인접 시장에서 빠르게 성장하고 있다. 디지털 혁신에 있어 양극화된 태도를 지니는 경향이 있는데 방어와 공격 목표를 균형적으로 추구하는 회사들은 비교적 소수에 불과하다.

흔히 말하듯이, 최고의 방어는 공격이다. 그러므로 당신 회사의 파괴자 실천서는 이 2가지 전략의 균형점을 추구해야 한다. 만일 현재의 핵심 비즈니스와 전통적인 비즈니스 모델로 디지털 혁신을 포장하려 든다면 당신은 디지털 혁신을 마치 햄버거의 케첩처럼 취급할 위험이 있다. 다시 말해, 맛없는 재료를 그럭저럭 먹을 만하게 만드는 조미료처럼 말이다.

반면에 인접 시장으로 진출하거나 성장함에 있어 6개 법칙을 실천

　　　　　　　　　　　　　　　　10 회사를 위한 파괴자 실천서

하는 데에만 집중한다면 '돈을 보여줘!'라는 아우성에 직면할 가능성이 크다. 아무리 CEO가 새로운 디지털 사업이 신속하게 성장하고 있다는 증거를 제시하더라도 주주들은 그저 성장과 이익에만 관심이 있을 뿐이다. 많은 회사들이 이 중요한 사항을 간과한 나머지 고위 경영자들이 해고되곤 한다. 단기적 시각에서는 인접 시장에서 100퍼센트의 소규모 성장을 이루는 것보다 핵심 비즈니스가 연간 5퍼센트 하락하는 것을 막는 편이 절대적인 수치로는 더 중요한 의미를 지닐 수 있다.

그러니 중간지대를 모색해야 한다. 핵심 비즈니스를 수호하는 동시에 인접 시장에서의 성장을 달성하는 균형 잡힌 디지털 혁신 투자가 필요하다. 이것이 바로 고객과 직원, 제휴 파트너들의 장기적 목표를 대다수 주주들의 근시안적 시각과 일치시키는 유일한 방법이다.

'빅1' 혁신에 대한 투자

5장에서 우리는 '빅1'의 획기적인 혁신과 '리틀1'의 점진적 혁신을 병행할 수 있는 혁신 포트폴리오를 구성해야 한다고 지적했다. [그림 10-2]에서 보듯이 조사에 참여한 대기업의 절반 이하와 중소기업의 절반 이상이 '빅1' 혁신에 자금을 지원할 의향이 있다고 응답했다.

다시 말해, 경쟁업체의 절반 정도가 점진적인 혁신 게임을 하고 있다는 의미다. 이는 축구 경기를 하는데 상대편 골대를 향해 슛을 날리지 않는 것과도 같다. 그러나 이런 전략은 업계의 구매 기준이 안정적이고 경쟁 강도가 낮을 때에나 효과적이다. 승자가 대부분의 몫을 가

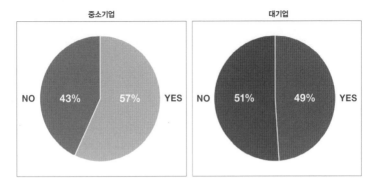

[그림 10-2] '빅1' 혁신을 지원할 의향

져가는 환경에서 투자 전략의 기본 요소는 '빅1' 혁신이 되어야 한다.

짐작하겠지만, '빅1' 혁신을 추구하는 회사들은 인접 시장에의 진입
과 성장에 보다 공격적으로 임하고 있을 가능성이 크다. [그림 10-3]

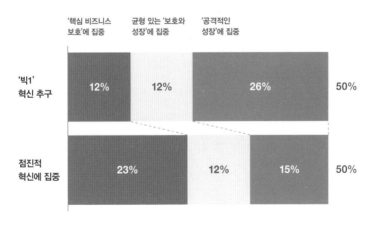

[그림 10-3] '빅1' 혁신은 성장에 치우쳐 있다

10 회사를 위한 파괴자 실천서

의 분석은 이 같은 사실을 보여준다.

반대의 경우도 마찬가지다. 점진적 혁신에 집중하는 기존 기업들은 무하마드 알리의 전략처럼 디지털 혁신의 상당 부분을 방어에 치중한다. 어쩌면 그들은 핵심 비즈니스의 '빅1' 혁신이 이미 오래전부터 시작됐다고 생각하는지도 모른다. 택시 산업을 재창조한 우버, 그리고 호텔 업계와 경쟁을 벌이고 있는 에어비앤비Airbnb를 생각하면 가장 오래되고 안정적인 업계도 '빅1' 혁신에 알맞게 무르익은 듯 보인다.

데이터 자산 활용

———

승자가 대부분의 몫을 차지할 수 있는 근본적인 원인은 영구적인 알고리즘 우위에 있다. 6장에서 우리는 데이터를 일종의 화폐로 사용하면 회사에 장기적인 시장지배력과 수익성을 가져올 수 있다는 것을 배웠다. [그림 10-4]에서 볼 수 있듯이, 오늘날 가진 데이터 자산을 완전히 활용하고 있는 회사는 소수에 불과하다.

중소기업은 '빅1' 혁신에 대해 보다 열렬한 의지를 갖고 있을지는 몰라도 실제로 데이터를 알고리즘 우위로 활용하는 데에는 대형 기업들보다 훨씬 뒤처져 있다. 사실 우리의 조사 대상인 중소기업 중 거의 절반이 데이터를 자본화하는 데 최소의 노력만 기울이고 있었다. 반면에 대기업은 거의 3분의 2가 데이터 웨어하우스와 기업정보 수집 활동, 분석 및 데이터과학 분야에 수년간 투자한 결과 최소한 중간 정도의 성과를 거두고 있었다. 대기업과 중소기업에 모두 좋은 소식이 있

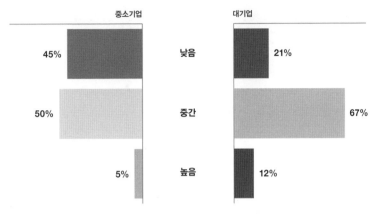

중소기업		대기업
45%	낮음	21%
50%	중간	67%
5%	높음	12%

[그림 10-4] 혁신을 위한 데이터 활용

다면, 클라우드 구축과 비즈니스 모델 변화로 데이터를 활용하는 비용이 대폭 절감되고 있다는 것이다.

혁신에 대한 개방
—

7장의 예시들에서 볼 수 있듯이 집단의 지혜는 혁신에 유용할 수 있다. 아무리 조직의 규모가 크다 한들 외부 세계의 혁신 역량은 내부 역량을 능가한다. 그러나 디지털 혁신 자세를 취할 때에는 양쪽의 균형을 적절히 유지해야 한다. [그림 10-5]에 따르면 그런 균형점을 발견한 회사는 전체의 3분의 1 정도에 불과하다.

작은 회사들은 대체로 외부 혁신에 지나치게 의존하는 경향이 있어 위험한 반면, 대기업은 내부 R&D에 지나치게 의존할 가능성이 높다.

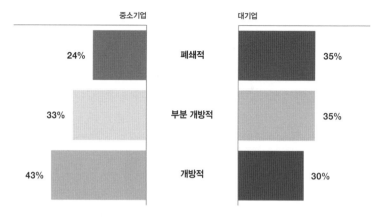

[그림 10-5] 외부 혁신에 대한 개방성

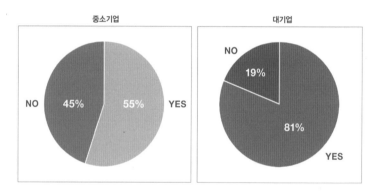

[그림 10-6] 정규 혁신 프로세스

정규 혁신 프로세스

—

디지털 혁신 프로그램의 균형을 이루는 한 가지 방법은 구조화된 혁신 프로세스를 갖추는 것이다. [그림 10-6]에서 보듯이 대부분의 대기업은 정규 혁신 프로그램을 갖추고 있는 반면, 중소기업은 거의 절반 정도가 여전히 임시방편적인 접근법으로 혁신을 추구하고 있다.

파괴자 실천서의 핵심 중 하나는 혁신 포트폴리오와 각 단계별 성과지표를 관리하는 것이다. 우리의 실천서는 현재 시행 중인 혁신 프로세스를 개선하고, 혁신을 시작한 이들에게는 결과를 최대화할 수 있게 도와줄 것이다.

인재 풀의 향상
—

8장에서 우리는 골리앗의 복수를 노리는 최고의 기존 기업들이 기술보다 인재를 더 가치 있게 여긴다는 사실을 보여주었다. 이 법칙이 너무 어렵게 느껴진다면 걱정하지 말라. 당신은 혼자가 아니다. [그림

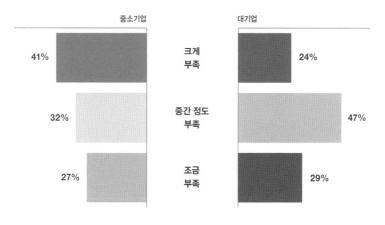

[그림 10-7] 혁신 인재의 부족

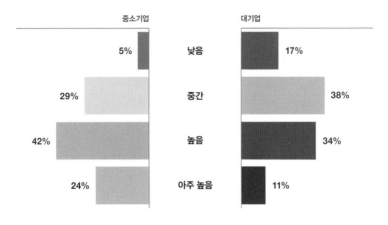

중소기업		대기업
5%	낮음	17%
29%	중간	38%
42%	높음	34%
24%	아주 높음	11%

[그림 10-8] 직원 참여도

10-7]을 보면, 10개의 기존 기업 중 디지털 시대에 경쟁력을 갖춘 적절한 인재를 보유하고 있다고 여기는 이들은 겨우 3곳도 되지 않는다.

우리가 조사한 중소기업의 41퍼센트가 혁신 인재 부문에서 커다란 공백을 호소했는데, 이는 선진국 내 중소기업의 고용 비중이 전체의 약 절반이라는 점에서 우려되는 부분이 아닐 수 없다. 한편 인재가 크게 부족하다고 대답한 대기업은 24퍼센트에 불과했다. [그림 10-8]에서 보듯이 이 같은 중소기업의 혁신 인재 부족 현상은 직원들의 높은 참여율로 일부분 상쇄된다.

중소기업은 혁신 이니셔티브에 높은 수준의 직원 참여도를 보고할 확률이 대기업보다 2배는 높다. 한편 대기업의 절반 이상이 직원 참여도가 낮거나 보통 수준이라고 응답했다. 디지털 파괴 문제를 해결하고 회사에 혁신 문화를 조성하기 위해서는 팀 차원의 노력이 필요하다는 사실을 감안하면, 이는 매우 중차대한 문제다.

새로운 목적을 중심으로 정렬
—

9장에서 우리는 회사와 개인 경력의 목적을 재정립하는 데 초점을 맞췄다. 최대한 높은 목표를 세우라. [그림 10-9]에서 볼 수 있듯, 동료들과 함께 비행 대형을 구성하려면 아직도 해야 할 일이 많다.

짐작하겠지만 작은 회사들은 큰 회사에 비해 전략적인 정렬이 쉽다는 장점을 지닌다. 회사를 구성하는 부품들이 적기 때문이다. 중소기업 중 3분의 1이 혁신 전략에 대해 매우 확고하게 정렬되어 있다고 응답했는데, 이는 대기업의 거의 2배에 달하는 수치다. 그러나 대기업의 절반과 중소기업의 절반 정도가 아직도 향후의 혁신 전략에 대한 조직

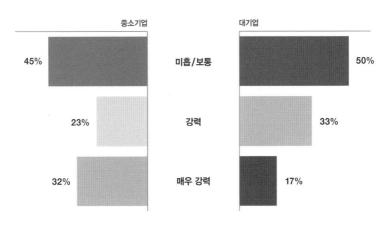

[그림 10-9] 혁신 전략에 대한 조직적 정렬

                                         10 회사를 위한 파괴자 실천서

적 정렬이 아직 미흡하거나 보통 수준이라고 여기고 있다. 업계의 다윗들이 얼마나 신속하게 움직이고 있는지 생각한다면 전략적 정렬은 옵션이 아니라 필수 사항이다.

준비:
파괴자 실천서를 실행하기 위한 몇 가지

그렇다면 조직 전체가 질서정연한 비행 대형으로 날게 하려면 어떻게 해야 할까? 새로운 6가지 법칙과 지금까지 살펴본 사례들을 어떻게 여러분 회사에 적용할 수 있을까? 골리앗의 복수를 어떻게 실행할 것인지 결정했다면, 이를 파괴자 실천서로 통합해 정리하라.

세계에서 가장 오래된 건축물 중 하나인 파르테논 신전은 그리스 아테네 시가 한눈에 내려다보이는 언덕 위에 서 있다. 거의 2,500년 전에 완공된 이 건물은 신전인 동시에 도시의 금고, 즉 황금을 보관하는 장소였으며, 전쟁과 지진, 화재, 그리고 약탈꾼들의 습격을 겪고도 오늘날까지 살아남았다. 어쩌면 당신은 업계의 디지털 파괴자들이 당신의 황금과 고객, 일자리를 훔치려 달려드는 약탈꾼처럼 느껴질지도 모르겠다.

이제 당신은 골리앗의 복수를 위해 당신만의 파르테논 신전을 세워

[그림 10-10] 골리앗의 복수 파르테논

야 한다. 회사의 핵심 비즈니스를 수호하고 인접 시장으로 성장하기 위한 이니셔티브의 순서와 우선 과제를 결정해야 한다는 의미다. 가장 먼저 실행해야 할 우선 과제를 결정하는 방법에 대해서는 다음 섹션에서 알아보고, 지금은 일단 회사 전체가 하나가 되어 디지털 파괴자들에게 역공을 가할 전략을 추구하게 만들 방법에 대해 생각해보자.

[그림 10-10]에서 보듯이 여러분은 팀원들이 던질 다음 3가지 질문에 대답할 수 있어야 한다.

• 우리의 최종 목표는 무엇인가
• 우리는 어떻게 목표를 달성할 것인가
• 우리는 왜 이 일을 하는가

이 질문 중 하나라도 대답하지 못한다면 생각을 실행으로 옮기는 데 필수적인 조직 전체의 전략적 정렬은 대단히 어려운 과제가 될 것이다.

골리앗의 복수를 위한 6가지 법칙을 곱씹다 보면, 모든 법칙이 똑같이 중요한 건 아니라는 생각이 들지도 모른다. 그러나 이 6가지 법칙은 각각 파괴자 실천서에서 고유의 역할을 맡고 있다.

우리의 최종 목표는 무엇인가

—

법칙 1(고객에게 10배 만족감을 선사하라)은 모든 팀원들이 품고 있는 '무엇을'이라는 질문에 대한 대답이다. 디지털 파괴자는 업계의 구매 기준을 새롭게 정의하며, 때로는 심지어 그 산업 자체의 영역과 범위를 재규정하기도 한다. 대대적인 조직적 정렬을 원한다면 회사가 어떤 길로 가야 할지 결정하기 전에 먼저 목적지가 어디인지에 대한 팀원들의 협의가 필요하다. 법칙 1은 가치 계단과 단계별 완전한 제안을 통해 이 목적지를 설정하는 데 필요한 틀을 고객의 관점에서 제공한다. 그것이 바로 당신의 BHAG이다.

우리는 어떻게 목표를 달성할 것인가

—

목적지가 어디인지 결정했다면, 이제는 어떤 방법으로 거기에 가야 할지 의견을 모아야 한다. [그림 10-10]에서 보듯이, 이제부터는 법칙 2부터 법칙 5까지가 중요한 역할을 하게 된다. 법칙 2(큰 혁신과 작은 혁신을 동시에 실행하라)는 회사의 혁신 포트폴리오를 작년보다 약간 나은 수준의 점진적 혁신을 넘어 더욱 광범위한 수준으로 확장한다. '빅1' 이니셔티브는 상당한 투자를 필요로 하기 때문에 지금은 일단 주어진 숙제를 하고, 크라운 주얼을 활용하고 획기적인 고객 성과의 주요 측면을 제공할 수 있는 한두 분야를 우선적으로 선택해야 할 때다.

법칙 3(데이터를 화폐처럼 사용하라)은 목표를 향한 추진력을 부여한다. 전쟁에서 공군이 어떻게 육군과 해군의 위력을 배가시켜주는지 떠올려보라. 데이터를 활용하면 전체 혁신 포트폴리오의 효력을 증대시킬 수 있으며, 이는 마진을 보호하는 내부 생산성을 향상시키는 핵심 요소가 될 것이다. 데이터는 또한 4개의 구매자 페르소나에게 고객 성과를 제공하고, 새로운 혁신 파트너를 유치하고, 다른 골리앗과 다윗에게서 시장점유율을 빼앗아오는 당신의 새롭고 완전한 제안을 차별화해주는 중요 요소이기도 하다.

법칙 4(외부 혁신 인재를 적극 도입하라)는 '어떻게'의 시간적 측면, 즉 법칙 1에서 선택한 목적지에 닿는 데 걸리는 시간을 결정한다. 여기서 중요한 것은 존 챔버스가 제안한 '병행의 힘'을 활용하는 것이다. 외부 혁신이 내부 혁신보다 무조건 낫다는 얘기가 아니다. 다만 목적지에 가는 길은 다양하며, 가장 빠르고 효과적인 길을 선택하는 것이 실용적이라는 뜻이다.

이를 위해 사내 연구 조직과 데이터과학 팀, 또는 머신러닝 연구소의 혁신을 도입하는 것이 유익하다면 그렇게 하라. 명문대학의 연구

팀이나 스타트업의 야근 근무자들, 또는 소규모 경쟁업체의 혁신자들이 당신을 더 빨리 목적지에 데려다줄 수 있다면 이런 전략적 제휴와 교차 특허, 지분투자, 잠재적 기업 인수 등에 열린 태도를 취할 필요가 있다. 이 법칙에 대한 대답은 당신의 회사가 골리앗의 복수를 얼마나 진지하게 열망하고 있는지에 대해 생각보다 더 많은 것을 알려줄 것이다.

마지막으로 법칙 5(적절한 기술보다 적절한 인재가 우선이다)는 2가지 이유로 '어떻게' 질문에 대한 결정적인 대답이 될 수 있다. 업계의 디지털 파괴자들에게 반격을 가하고 있는 기존 기업들은 이미 디지털 역량을 갖춘 인재들을 영입, 발전, 유지하는 데 전력을 다하고 있다. 8장에서 봤듯이 이들이 원하는 인재들은 단순히 기획과 개발, 디지털 과학기술의 3D 역할에서 멈추지 않고 제품 육성 관리자, 행동과학자, 고객 여정 지도 개발자, 비즈니스 모델 개발자, 해법 발견자, 유망기술 전문가처럼 완전히 새로운 역할이 포함되어 있다.

둘째, 기술보다 인재를 더 가치 있게 여김으로써 지금처럼 변화가 극심한 시기에도 회사를 더욱 촘촘하고 긴밀하게 유지할 수 있다. 기존에 회사를 위해 일하고 있는 이들이 새로운 기술을 쌓고 역량을 구축하게 돕는다면 기업 문화 차원에서 '어떻게'에 대한 강력한 메시지를 전달할 수 있다. 오래된 직원들이 기존의 역할에만 매달리는 것이 아니라 새로운 역할을 수행하는 데 필요한 개방적이고 헌신적인 태도를 보여준다면 앞으로도 여전히 중요하고 가치 있는 존재가 될 것이라는 기본 원칙을 확인시켜주는 것이다. '어떻게'의 소프트 스킬적 측면은 디지털 기술을 지닌 자와 지니지 못한 자라는 이분법적 환경을 극복하는 데 중요한 역할을 한다. 이미 외부의 경쟁자들만으로도 충분히 힘들다. 내부의 경쟁이 발목을 잡게 내버려둬서는 안 된다.

우리는 왜 이 일을 하는가

파괴자 실천서의 '무엇'과 '어떻게'의 대답이 동료들의 이성에 호소한다면, '왜'에 대한 대답은 감성에 호소한다. 대부분의 기존 기업이 골리앗의 복수를 달성하기까지는 대개 3~5년이 걸린다. 그 긴 여정 동안 변혁을 위한 행동력과 조직적 정렬을 유지하는 것은 단순한 전략과 이론만으로는 할 수 없는 일이다. 당신과 동료들에게는 회사의 미래시장 점유율과 수익 성장, 마진 이윤보다 더욱 심오한 목표인 사명의식이 필요하다.

법칙 6(한 차원 더 높은 목표를 설정하라)은 '왜' 질문에 대한 대답이다. 이 법칙은 회사의 사명과 비전이라는 측면에서 목표를 높인다. 또 목표를 재정립하면 변화의 필요성에 대한 근거를 확립하는 동시에 어째서 미래를 위해 현재를 희생해야 하는지를 설득할 수 있다. 현명한 자기잠식은 가장 중요한 부분이다. 골리앗의 복수를 꿈꾸는 어떤 회사도 그들의 신성한 소를 어느 정도 위험에 빠트리지 않는다면 전진하지 못할 것이기 때문이다.

지금의 수익 엔진이 잠식될까 두려워 뒷걸음질만 치다 결국 무너져버린 업계 리더들의 예시는 수없이 찾아볼 수 있다. 블록버스터는 연체료에 너무 오랫동안 매달리다가 넷플릭스에게 시장을 빼앗겼다. 노키아와 모토롤라는 통신사의 단말기 보조금을 지키려다 스마트폰의 최종 고객들에게 앱을 판매하는 애플과 구글의 혁신적 비즈니스 모델에 밀려나고 말았다.

　이러한 목적의 재정립은 상위·중간·일선 관리자들에게 혁신에 필요한 권한을 부여한다. 슈왑과 뱅가드, 피델리티, 모건 스탠리, TD 아메리트레이드 같은 회사들은 자산관리 로보어드바이저에 맞서 유리한 위치를 확보하기 위해 현재의 수수료를 포기하고 '왜'를 중심으로 새로운 목적을 정립해야 했다. 그들은 골리앗의 복수를 추구하는 과정에서 비록 분기별 수익이 단기적으로 감소하더라도 고객들이 경제적 미래를 확보할 수 있게 돕는 기나긴 게임을 하기로 결심했다.

사례:
마스터카드의 파괴자 실천서 살펴보기

몇몇 선도적인 골리앗들은 6가지 법칙을 제 몸처럼 능란하게 활용하고 있다. 마스터카드는 2006년 처음 주식시장에 상장된 이래 4,000퍼센트가 넘는 성장을 달성했는데, 이러한 고도성장은 핵심 비즈니스의 지속적인 개선과 더불어 그 너머에 있는 획기적인 혁신에 바탕을 두고 있었다.

모든 것은 마스터카드가 글로벌 고객 네트워크에 획기적인 고객 성과를 제공하면서 시작되었다(법칙 1). 혁신 책임자인 데보라 바타Deborah Barta가 지휘하는 스타트 패스Start Path 프로그램은 스타트업 기업들에게 운영 노하우와 상업적 접근법을 제공하는데, 그 목표는 스타트업과 그 고객들을 마스터카드와 함께 시장에 진입시키는 것이다. 예를 들어 마스터카드와 모비웨이브Mobeewave의 시범 운영은 3개의 서로 다른 시장에서 스마트폰을 새로운 결제 단말기로 변신시켰다.

5장에서 우리는 마스터카드가 '빅1'과 '리틀1' 혁신을 어떻게 함께 추진할 수 있었는지 설명했다. 마스터카드의 독특한 '솔선수범' 프로그램은 혁신적 아이디어에 CEO 수준의 지원과 엄호를 제공함으로써 새로운 벤처 사업과 파격적인 솔루션을 유도한다.

또 법칙 3의 경우, 마스터카드는 개인정보보호에 관한 어려운 문제를 25억 명의 신용카드 고객을 위한 새로운 표준 및 보안 기준을 혁신할 수 있는 기회로 변환시켰다. 회사는 익명화된 거래 데이터를 분석해 미래의 서비스와 고객 경험을 제안한다.

마스터카드가 네트워크 모델로 재탄생했다는 사실을 생각하면 이들이 법칙 4의 혁신 생태계에서도 탁월한 활약을 하는 것은 어찌 보면 당연한 일일 것이다. 바타와 그의 팀은 마스터카드가 최신 기술에 뒤처지지 않고 현지 팀이 전 세계 혁신가들과 함께 일할 수 있도록 스타트 패스 대사들을 육성했다.

법칙 5와 관련해 마스터카드는 인력 자산이 앞으로 필요로 할 다음 단계의 중요 기술들을 끊임없이 예측하고 준비한다. 마스터카드의 혁신 마스터Innovation Masters 프로그램은 사내기업가로서의 재능을 계발하고 싶어하는 직원들을 지원한다. 또 마스터카드는 외부 고객들과 협력하는 데 필요한 객관적인 사고를 육성하기 위해 전 세계에서 디자인적 사고 워크숍을 개최하고 있다.

회사는 아직도 현금을 사용하는 전 세계 금전거래의 85퍼센트를 디지털화하기 위해 쉴 없이 노력하는 중이다. 법칙 6과 관련해 마스터카드는 선행善行을 통한 성공이라는 명확한 목적을 지니고 있다.

2015년에는 빌과 멜리다 게이츠 재단과 함께 금융포용 마스터카드 연구소Mastercard Labs for Financial Inclusion를 설립했다. 이 연구소의 목표는 농업, 마이크로소매microretail, 교육 분야의 파격적인 혁신을 통해 더 많은 사람들에게 금융 서비스 기회를 제공하는 것이다.[7]

마스터카드 같은 회사들은 골리앗의 복수를 위한 6가지 법칙을 활용해 끊임없이 변화하면서 현저한 성장을 이룩하고 있다. 이제 여러분만의 파르테논 신전을 건설하려면 각각의 법칙에서 무엇을 가장 먼저 실천해야 할지 생각해볼 시간이다.

계획:
각 회사에 맞게끔 실천 계획 작성하는 법

이제 4장부터 9장까지 여러분이 지금껏 투자한 노력에 대한 결실을 거둬야 할 때가 왔다. 여러분에게는 6개 법칙에 대해 각각 신중하게 시간을 들여 완성한 회사 준비도 자기평가표가 있다. [그림 10-11]의 빈 사본을 인쇄해 각 장의 마지막에 완성한 준비도 요약 종합 점수를 채워 넣어라. 온라인으로 www.goliathsrevenge.com에서 요약표를 얻었다면 [그림 10-11]의 결과도 자동으로 얻을 수 있다.

그렇게 완성된 회사 준비도 요약은 조직의 전략과 현재의 역량이 골리앗의 복수를 위한 6가지 법칙과 얼마나 일치하는지, 그리고 당신이 파르테논 신전을 건설하기 위해 얼마나 잘 준비되어 있는지를 보여줄 것이다. 일종의 리트머스 테스트라고 생각하면 된다. 6가지 법칙에 대한 준비 상태가 일관되지 못하고 들쭉날쭉하다고 해도 낙담할 필요는 없다. 실제로 동종업계의 많은 회사들이 최소 3가지 법칙에 있어 준비

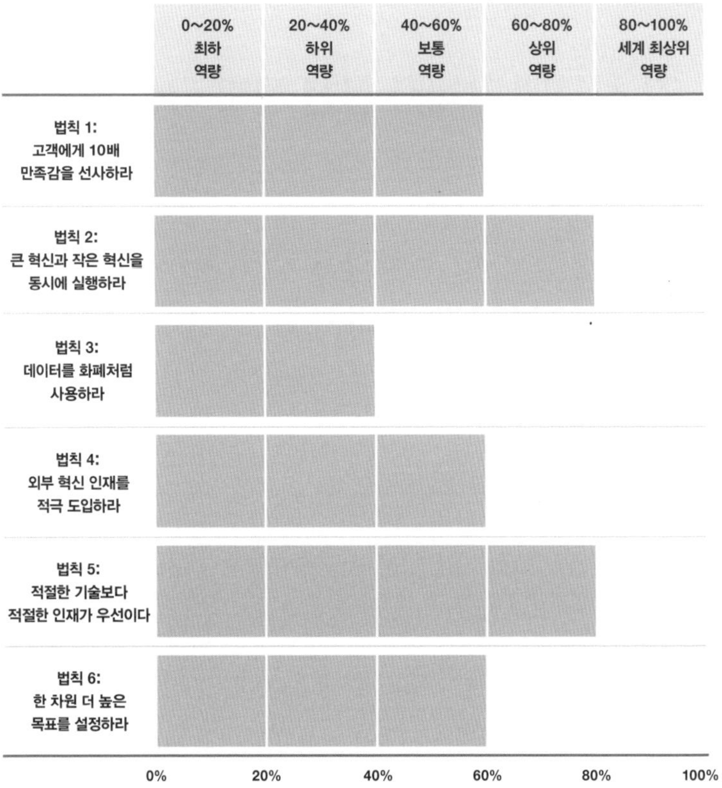

	0~20% 최하 역량	20~40% 하위 역량	40~60% 보통 역량	60~80% 상위 역량	80~100% 세계 최상위 역량
법칙 1: 고객에게 10배 만족감을 선사하라	■	■	■		
법칙 2: 큰 혁신과 작은 혁신을 동시에 실행하라	■	■	■	■	
법칙 3: 데이터를 화폐처럼 사용하라	■	■			
법칙 4: 외부 혁신 인재를 적극 도입하라	■	■	■		
법칙 5: 적절한 기술보다 적절한 인재가 우선이다	■	■	■	■	
법칙 6: 한 차원 더 높은 목표를 설정하라	■	■			

0%　　20%　　40%　　60%　　80%　　100%

[그림 10-11] 회사 준비도 요약

상태가 절반 이하일 것이며, 디지털 파괴를 달성하는 데 필요한 수준에 크게 못 미치기 때문이다.

이 도구는 점수를 매기고 평가하는 게 아니라 회사가 어떤 부분에 노력을 집중해야 하는지를 알려주기 위한 것이다. 회사 준비도 요약은 단기적으로는 지금 투자해야 할 혁신 이니셔티브의 우선순위를 결정하는 것을 돕고, 중기적으로는 파괴자 실천서의 각 영역에서 회사의 분기별 진전 상황을 점검하는 중요한 수단이 되어줄 것이다.

[그림 10-11]과 관련해 여러분이 추구해야 할 목표는 두 가지다. 첫 번째는 모든 법칙에 걸쳐 튼튼한 토대를 구축하는 것이며, 두 번째는 적어도 그중 한 범주에서 세계적 수준의 역량을 확립하는 것이다.

토대 구축하기

—

파괴자 실천서의 최우선 목표는 회사가 각각의 6가지 법칙에서 적어도 세 번째 칸(40~60% 보통 역량)에 도달하는 데 필요한 이니셔티브 또는 투자 계획을 마련하는 것이다. 포커에 비유하자면, 세 번째 역량은 게임에 참가하는 데 필요한 판돈이다. 판돈을 내지 않으면 아예 게임에 참여할 수가 없다.

6개 법칙 모두에서 보통 수준의 역량을 쌓는다면 단기적으로는 핵심 비즈니스를 방어하고 장기적으로는 인접 시장으로 성장할 발판을 마련할 수 있다. 예를 들어 [그림 10-11]에서 예로 든 회사의 경우 가장 시급한 과제는 데이터 활용을 개선하는 것이다. 이 회사는 가능한 한 빨리 법칙 3에서 보통 수준의 역량을 달성해야 한다.

6장에서 논의한 것처럼, 데이터를 일종의 화폐로 활용할 수 있는 잠재적 방법은 수없이 많다. 만일 [그림 10-11]의 회사에서 근무한다면 여러분이 할 일은 6장으로 돌아가 다른 회사의 성공 사례를 검토하고, 여러분 회사의 성과 수준을 최소한 보통 역량으로 높일 수 있는 일련의 이니셔티브를 고안해내는 것이다. 법칙 3에 대한 전반적인 상황을 개선하려면 일반적으로 법칙 3 준비도 자기평가표([그림 6-4])의 각 행에 대해서도 개별적인 이니셔티브를 준비해야 한다. 당연한 말이지만, 시작 지점이 낮을수록 해야 할 일도 많다.

기둥 세우기
—

두 번째 목표는 6가지 법칙 중에서 여러분의 기둥이 될 법칙, 다시 말해 여러분의 회사를 업계의 디지털 파괴자 다윗이나 다른 골리앗 들과 차별화할 수 있는 법칙을 선택하는 것이다. 여기서 여러분이 선택한 법칙이 세계 최고 수준의 역량에 도달하기 위해 가장 우선적으로 투자해야 할 대상이며, 파르테논 신전의 이 기둥은 다른 경쟁자들의 신전에 비해 독보적인 입지를 얻게 될 것이다.

[그림 10-11]의 회사의 경우, 이런 경쟁우위를 달성할 수 있는 기회는 법칙 2와 법칙 5에 있다. '빅1' 및 '리틀1' 혁신을 함께 추구하고 기술보다 인재를 더 가치 있게 여기는 영역에서 이미 각각 60~80퍼센트의 상위 역량에 도달해 있기 때문이다.

토대를 구축할 때와 마찬가지로 여기서 여러분이 해야 할 일은 책의 앞부분으로 돌아가 신전의 기둥이 될 수 있는 법칙들에 대해 다시 자세히 살펴보는 것이다. 해당 법칙에서 성공적인 행보를 보인 회사들의 사례를 읽고, 자기평가표의 각 행을 검토하며 여러분 회사의 역량과 준비 상태에 대해 생각해보라.

회사를 위한 실행 계획

―

이제 당신은 보통 역량에 도달하고자 하는 법칙 1~2개와 세계적 수준을 달성하고자 하는 법칙 1개를 선택했다. 그 다음 단계는 우선 과제로 선택한 법칙에 대해 목표를 달성할 실행 계획을 세우는 것이다.

여기서 잠깐! 무작정 시작하기 전에 다음 4개의 질문을 생각해보라.

1. 특정 역량을 강화하는 새로운 이니셔티브를 실행할 때 다른 회사에서 배운 교훈을 우리 회사에도 적용할 수 있을까?
2. 앞에서 선택한 법칙별 역량 내에서 새로운 인재나 투자를 더하면 더욱 효과를 얻을 수 있는, 현재 시행 중인 이니셔티브가 있는가?
3. 현재 시행 중인 이니셔티브 중에서 법칙별 역량과 상충되기 때문에 중단하거나 방향을 전환해야 할 것이 있는가?
4. 새 이니셔티브에 필요한 인적 및 재정 자원을 다른 이니셔티브에서 사람과 돈을 이동시켜 자체적으로 조달할 수 있을까?

이 4가지 질문에 대답하려면 우선 과제로 선택한 각각의 법칙에 대해 새로 시작하거나, 중단하거나, 또는 방향을 전환해야 할 각각의 이니셔티브를 식별해야 한다. [그림 10-12]는 법칙 5를 예로 들어 작성한 것이다. 이 가상의 회사는 보통/상위 역량에서 세계 최고급 역량으로 성장할 수 있기를 꿈꾸고 있다.

먼저 골리앗의 복수를 위한 6가지 법칙에 대해 [그림 10-12]의 표

골리앗의 복수 법칙별 실행 계획 예시
법칙 5: 적절한 기술보다 적절한 인재가 우선이다

	현 역량 수준	단기적 목표	시작할 새 이니셔티브	중단할 현 이니셔티브	방향을 전환할 현 이니셔티브
조직 지식 존중	보통 역량	보통 역량		• 이니셔티브 이름 • 이니셔티브 이름	
3D 디지털 역할 이상의 인재 추구	상위 역량	상위 역량		• 이니셔티브 이름 • 이니셔티브 이름	
선제적 기술 개발에 전념	보통 역량	세계 최상위 역량	• 이니셔티브 이름 • 이니셔티브 이름	• 이니셔티브 이름 • 이니셔티브 이름	• 이니셔티브 이름 • 이니셔티브 이름
벤처 관리자 중시	보통 역량	보통 역량		• 이니셔티브 이름 • 이니셔티브 이름	
AI-인간 균형 최적화	상위 역량	세계 최고급 역량	• 이니셔티브 이름 • 이니셔티브 이름	• 이니셔티브 이름 • 이니셔티브 이름	• 이니셔티브 이름 • 이니셔티브 이름
디지털 민첩성 향상	보통 역량	보통 역량		• 이니셔티브 이름 • 이니셔티브 이름	

[그림 10-12] 법칙 5 실행 계획 예시

를 각각 작성한다. 앞에서 우선 과제로 선택한 법칙은 오른쪽에 있는 3개의 열을 모두 채우고, 나머지 법칙의 실행 계획은 오른쪽에서 2번째에 있는 '중단' 열만 작성한다. 6가지 법칙에 대한 6개의 실행 계획은 골리앗의 복수를 바라는 것을 넘어 실제로 파르테논 신전을 건설하는 방법에 대한 가장 훌륭한 제안들이다. 이 실행 계획들은 현재 여러분이 실천 중인 법칙과, 주어진 법칙의 어떤 면을 이용해 게임에 참여하고(보통 역량), 앞서나가고(상위 역량), 독보적인 경쟁적 위치(세계 최상위 역량)에 달성할 것인지를 결정한다.

위의 예시에서 볼 수 있듯이, 실행 계획을 세울 때는 먼저 향상시키고자 하는 법칙의 각 역량 범주에서 새로 시작하거나 중단하거나 방향을 수정할 이니셔티브를 구분해야 한다. 아직 현 수준을 유지하고자 하는 범주에서는 새로운 이니셔티브의 인재 및 재정적 자원을 조달하기 위해 '중단'해야 하는 기존의 이니셔티브를 찾는다.

기존 기업으로서는 기존 이니셔티브를 중단하거나 변경하는 것보다는 새 이니셔티브를 시작하는 편이 더 쉽다. 모든 기존 기업에는 앞으로 나아가고자 하는 추진력과 현재에 머무르고자 하는 타성이 함께 존재한다. 과거의 전략적 우선 과제와 이를 위한 이니셔티브는 내버려두면 저절로 굴러가게 되어 있고, 그러므로 기존의 어떤 이니셔티브를 중단, 통합, 또는 변경하느냐에 따라 여러분이 추구하는 골리앗의 복수에 대해 더 많은 것을 드러내게 될 것이다. 그러니 [그림 10-12]의 오른쪽 두 열을 채울 때에는 소심하게 굴지 말라.

피드백 고리
—

어떤 법칙을 우선 과제로 삼느냐에 따라, 내부에서 강력한 자기 강화

기제를 발견하게 될지도 모른다. 마침 [그림 10-12]의 회사가 좋은 예가 될 수 있을 것이다. '리틀1' 혁신 프로그램을 지속적으로 향상시키는 한편 게임의 판도를 바꾸는 업계 파괴적인 '빅1' 혁신을 균형 있게 병행하려면(법칙 2) 거의 항상 인재 조달과 개발, 보상, 그리고 조직에 대한 상당한 변화가 요구된다(법칙 5). 그 반대도 마찬가지다. '빅1' 혁신에 다년간의 과감한 투자를 감행하는 기존 기업은 다른 경우라면 함께 일하는 것을 고려조차 하지 않았을 인재들을 끌어들이게 된다.

[그림 10-12] 회사의 경우, 이런 자기 강화적 순환은 법칙 2와 법칙 5를 세계적 수준의 역량으로 끌어올리는 데 필요한 커다란 투자를 정당화할 수 있다. 그러한 목적을 달성하려면 여러 개의 새로운 이니셔티브를 출범시키고, 동시에 보다 덜 전략적인 분야에서는 감축을 시도해야 할 것이다. 법칙별 실행 계획표의 틀을 짜고 나면 한 발짝 뒤로 물러나 너무 무리한 계획을 짜지는 않았는지 전체적으로 살펴보라.

파괴자 실천서 요약

요약하자면 [그림 10-12]의 회사는 법칙 3을 한 단계 끌어올리는 동시에(하위 역량에서 보통 역량으로) 법칙 2와 법칙 5에 대해서도 한 단계씩(상위 역량에서 세계 최상위 역량으로) 향상시키기로 결정했다. 우선 과제로 선택한 법칙에 대한 실행 계획([그림 10-12]와 같은)은 오른쪽 3개 열에서 볼 수 있는 이니셔티브의 우선순위 책정과 그에 따른 자원 할당 계획을 요약해 보여준다.

이 회사는 우선 과제로 선택한 법칙에서 원하는 단계에 이를 때까지 법칙 1, 4, 6에 대한 점진적 투자를 미루기로 결정했다. 또한 실행을 중단할 이니셔티브를 결정하기 위해([그림 10-12]의 오른쪽에서 두 번째 열) 우선 과제로 선택하지 않은 법칙들에 대한 실행 계획을 완성했다. 앞에서 말한 것처럼 어떤 투자를 중단할지 결정하는 것은 새 이니셔티브를 시작하는 것만큼이나 중요하다.

파괴자 실천서 요약서를 작성할 때에는 주변 동료들과 공개적으로 논의와 검증, 수정을 거쳐야 한다. 사람들은 보통 자신이 일조한 계획에 참여하는 경향이 있으므로, 계획을 세울 때에는 되도록 많은 사람들의 의견을 수렴하라. 6가지 법칙을 한꺼번에 늘어놓으면 너무 방대해 보여 지레 겁을 먹을 수도 있다. "코끼리를 어떻게 먹지? 한 번에 한 입씩"이라는 우스갯소리를 아는가? 앞으로 이 말을 명심하기 바란다. 6가지 법칙을 전부 실천하려 하기보다는 2~3개의 법칙을 선택해 한 사분기 또는 두 사분기 동안 의미 있는 발전을 이루는 것이 낫다. 목표가 능력에 비해 너무 벅찰 때에는 장기 발전을 이루는 데 필요한 역량과 에너지를 유지할 수가 없다.

점검:
월별, 분기별, 연례 전략 검토하기

———

아무리 좋은 전투 계획을 세워도 막상 적군을 만나면 아무 소용이 없다는 말이 있다. 파괴자 실천서 역시 현실과 상황에 맞춰 시정해나가지 않는다면 디지털 경쟁의 압박에서 살아남을 수 없다. 그러므로 항상 외부 환경의 변화를 관찰하고(3장의 고객 기대 래칫 포함), 각 법칙에 대한 역량의 발전을 추적하고, 법칙별 실행 계획을 세운 우선 과제 이니셔티브의 진행 상황을 파악할 수 있도록 주기적으로 계획 일정을 관리해야 한다.

[그림 10-13]은 파괴자 실천서의 일정 관리 방식에 대해 간단히 설명한 것이다. 이 표는 달력상의 회계연도를 바탕으로 작성한 것이니 실제 여러분 회사의 회계연도에 맞춰 수정하면 된다. 다기능 협업팀이 참가하는 3가지 종류의 세션을 통해 혁신의 진행 상황을 추적하고, 그에 따라 파괴자 실천서를 수정하는 것이 좋다.

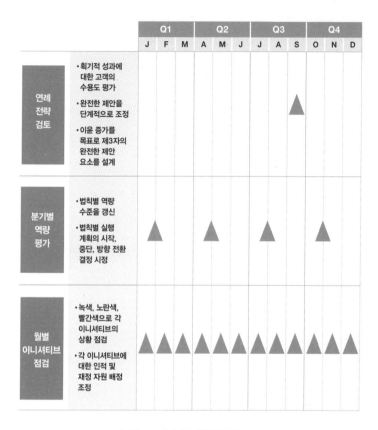

		Q1			Q2			Q3			Q4		
		J	F	M	A	M	J	J	A	S	O	N	D
연례 전략 검토	• 획기적 성과에 대한 고객의 수용도 평가 • 완전한 제안을 단계적으로 조정 • 이윤 증가를 목표로 제3자의 완전한 제안 요소를 설계								▲				
분기별 역량 평가	• 법칙별 역량 수준을 갱신 • 법칙별 실행 계획의 시작, 중단, 방향 전환 결정 시정		▲			▲			▲			▲	
월별 이니셔티브 점검	• 녹색, 노란색, 빨간색으로 각 이니셔티브의 상황 점검 • 각 이니셔티브에 대한 인적 및 재정 자원 배정 조정	▲	▲	▲	▲	▲	▲	▲	▲	▲	▲	▲	▲

[그림 10-13] 파괴자 실천서 관리 주기

월별 이니셔티브 점검

—

일선에서 팀과 함께 법칙별 실행 계획의 각 이니셔티브에 대한 진행 상황을 매달 점검하라. 이런 반복적인 절차를 단순화하는 방법 중 하나는 모든 이니셔티브에 적용할 수 있는 2~3개의 표준 슬라이드를 작성해 그때마다 활용하는 것이다. 이렇게 하면 불필요한 세부사항에 얽매이지 않고 각 이니셔티브의 진행 상황을 재빨리 확인하고 이해할 수 있다.

가장 중요한 것은 처음 발표하는 2개의 슬라이드다. 슬라이드 1은 지난번 월례 회의에서 특정 이니셔티브에 대해 내린 결정과 그에 대한 조치를 발표하고 아직 논의가 필요한 해결되지 않은 문제들을 제시한다. 이때 각 이니셔티브 리더는 지난 월례 점검 회의 결과에 따른 조치에 대해 분명한 책임을 져야 한다. 여러분의 동료들은 자신이 자리를 비웠을 때 중요 사항이 결정될까 두려워 반드시 회의에 참석하려고 노력할 것이다.

슬라이드 2는 이니셔티브에서 진행 중인 중요한 작업 흐름을 명시하고, 해당 작업 흐름이 계획대로 진행되고 있는지 또는 계획에서 벗어나거나 실패할 위험에 처해 있는지를 각각 녹색, 노란색, 빨간색으로 평가한다. 추가 슬라이드를 이용해 해당 작업 흐름이 계획에서 벗어나거나 위험에 처하게 된 원인과 '예정대로 진행 중인' 계획에 시행된 조치, 그리고 보다 신속하게 만들 제안 등에 대해 상세한 정보를 제공할 수도 있다.

각 이니셔티브당 시간은 15분 정도가 적당하며, 그 이상은 피하는 것이 좋다. 대기업에서는 월례 이니셔티브 점검에만 하루 종일이 걸릴 수도 있고 소규모 조직이라면 한 시간이면 충분할 수도 있다. 어느 쪽이든 계획에서 벗어나거나 위험에 처한 작업 흐름에 추가 시간을 할애하고, 앞으로 어떤 조치가 필요한지를 확실하게 결정해야 한다.

특히 월별 점검 회의에서 위험요소를 제거하기 위한 자원 지원을 요청할 때에는 신중해야 한다. 모두가 모이는 회의에 중요 작업 흐름에 관한 나쁜 소식을 들고 가는 것을 좋아할 관리자는 없을 테니 말이다. 어쨌든 여기서 필요한 것은 한정된 자원과 시간을 가지고 효과적으로 일하는 문화를 정착시키는 것이다.

분기별 역량 평가

―

이니셔티브의 목표는 우선 과제로 선정한 법칙들에 대해 회사의 역량을 향상시키는 것이다. 분기별 평가에서는 이니셔티브에서 한 발짝 물러나 특정 법칙에 대한 회사의 역량 수준을 다시 평가한다.

우리가 알고 있는 법칙별 역량표는 전체적으로 6×6, 총 36개의 역량 부문으로 구성되어 있다. 일반적인 기존 기업의 경우 골리앗의 복수를 달성하기까지는 3~5년이 걸린다. 작은 회사는 그보다 더 빠를 수도 있고 대기업은 그보다 더 많이 걸릴 수도 있지만, 지금은 일단 파괴자 실천서가 4년 계획을 사용하고 있다고 가정해보자.

대부분의 기존 기업은 절반 이상의 역량이 최하, 또는 하위 수준에서 시작하기 때문에 적어도 15개 이상의 역량을 보통 수준으로 향상시켜야 할 것이다(앞에서 다룬 '토대 구축' 부분을 참고하라). 또 신전의 기둥이 될 법칙을 최소 하나 이상 선택했다면, 최소한 4~5개의 역량을 여러 단계 상승시켜야 하므로 여러분의 기둥은 대체로 10개의 역량을 추가로 향상시켜야 한다는 것을 의미한다.

이를 종합해보면 파괴자 실천서의 4년 계획은 16개 사분기 동안 총 25개의 역량 수준을 상승시켜야 한다는 뜻이다. 따라서 분기마다 2개 행의 역량을 한 단계씩 발전시켜 나가야 한다. 이게 별것 아니라는 생각이 든다면, 일부 역량의 경우 한 단계를 올라서는 데에만 3~4사분기가 필요하다는 사실을 명심하라.

분기별 역량 평가는 꼬박 하루 종일 걸리는 업무다. 회사의 현재 역량을 각 행별로 다시 평가하고 위치를 조정하는 등의 준비 작업은 회의 전에 미리 참석자들에게 보고되어야 한다. 해당 역량이 지난 분기와 이번 분기에 어떻게 변화했는지 색깔 코드를 이용해 간단히 보여주라. 본회의 때에는 각 법칙의 책임 리더가 해당 역량 평가를 조정하게 된 근거와 그러한 결과에 각 이니셔티브가 어떻게 기여했는지를 설명한다.

마지막으로, 어떤 역량의 발전이 계획에 못 미치는지, 그리고 그 원인이 무엇인지를 논의한다. 각 이니셔티브의 시작, 중단, 방향 전환과 자원 배정에 관한 결정과 관련해 다기능 팀의 의견을 반영해 실행 계획을 수정하고 조정한다. 이때 구성원들은 결정된 사항을 명확히 파악하고, 다음 분기에 열리는 역량 평가 회의에서는 지난 회의에서 결정된 내용들이 시행되고 있어야 한다.

연례 전략 검토

—

혁신에 성공하려면 골리앗의 복수 전략이 실질적 성과를 낼 수 있도록 안정적으로 유지하는 한편, 전략을 변경해야 할 중요한 시장 변화를 놓치지 않도록 적절한 균형을 맞춰야 한다. 대부분의 기존 기업에게 매년 열리는 전략 워크숍은 전략의 기본 토대와 그것을 실행하는 데 도움이 되는 파괴자 실천서를 재검토할 수 있는 최적의 기회다.

이런 연례 전략 검토는 일반적으로 상위 두 수준 이상의 리더십 팀이 참석하는 며칠간의 워크숍으로 이뤄진다. 시스코에서는 이를 LRPlong-range planning(장거리 계획)라고 부르고, GE는 GPBgrowth playbook(성장 실습서)라고 부른다. 거의 모든 회사들이 연례 전략 검토와 다음 회계연도 예산 편성을 위한 공식 행사나 절차를 운영하고 있다. 우리의 목적은 회사의 이른바 연례계획 입안절차에 골리앗의 복수에 대한 집중 전략을 추가하는 것이다.

골리앗의 복수와 관련된 의제는 세 분야를 중점으로 한다. 첫째, 디지털 파괴자들에게 반격해 판도를 바꾸는 전략은 4장의 최우선 과제인 획기적 고객 성과를 바탕으로 해야 한다. 최소 1년에 한 번은 고객에게 연락해 회사의 고객 성과가 그들의 비즈니스(B2B)나 일상적인 삶(B2C)에 어떤 영향을 끼치고 있는지 점검하라. 고객이 획기적 성과에서 얻는 가치를 수량화할 수 있다면 이에 대해 더욱 심오한 통찰력을 얻을 수 있다. 고객에게 BHAG에서 목표한 10X 가치를 제공하고 있는가? 만일 그렇지 않다면 얼마나 큰 가치를 제공하고 있는가? 여러분의 BHAG는 적절한 수준인가? 아니면 너무 거창하거나 소심한가? 지금이 바로 이제까지 무엇을 배웠는지 분명하게 인지하고 미래를 위해 적절히 조율해야 할 때다.

둘째, 가치 계단에서 4단계에 걸쳐 10~12개의 완전한 제안을 구체적으로 다듬은 것을 기억하는가? ([그림 4-5]를 참고하라.) 그에 대한 시장의 피드백을 수용하라. 각 단계에서 구매자 페르소나가 가장 빨리 수용하는 완전한 제안은 무엇인가? 목표 고객들이 수용을 미루고 있는 것은 무엇이며, 나아가 거부하는 것은 무엇인가? 현재의 핵심 비즈니스를 주로 보호하는 1단계와 2단계 사이에서 고객의 수용 수준은 어떠하며, 이후 성장을 이룬 3단계와 4단계 사이에서는 어떻게 유지되고 있는가? 해마다 전략 검토를 통해 시장의 반응을 반영하고 완전한 제안들을 단계별로 시정하라.

마지막으로, 아무리 매출이 증가해도 수익성과 마진이 개선되지 않으면 충분하지 않다. 앞에서 우리는 '제안'과 '완전한 제안'의 차이점에 대해, 그리고 어떻게 제3자의 역량을 조율해 내부 역량의 공백을 메울 수 있는지 설명했다. 회사는 매년 시장에 신속하게 진입하게 도와줄 제3자 역량을 개발할 기회를 모색하지만, 시간이 지나 혁신 솔루션의 규모가 증가하면 이윤을 잡아먹게 된다. 우버가 자율주행 자동차에 어마어마한 투자를 하는 이유는 독립 계약 운전자에게 들어가는 비용과 책임에서 벗어나 고객들이 지불하는 돈을 독차지하고 싶기 때문이다. 여러분도 매년 완전한 제안에 대해 똑같은 고민을 해야 한다. 회사가 더 많은 이윤을 남기려면 어디에 어떤 투자를 해야 할까? 이 질문을 반복해야 한다.

자, 그럼 여기까지다. 파괴자 실천서에 네 번째 회의는 필요 없다. 연례 전략 검토, 분기별 역량 평가, 그리고 월별 이니셔티브 점검까지 매

년 이 3가지 유형의 회의를 17번에 걸쳐 활용한다면 골리앗의 복수를
이루는 데 큰 도움이 될 것이다.

11

GOLIATH'S REVENGE

개인을 위한
파괴자 실천서

이제 기존 기업이 골리앗의 복수를 달성하기 위한 파괴자 실천서를 작성하는 어려운 일을 끝마쳤다. 회사에 관한 얘기는 여기까지 하고, 이번에는 개인적인 직업 경력에 대해 이야기해보자. 특히 지금처럼 혼란스러운 디지털 파괴 시대에 여러분이 추구할 역할과 익혀야 할 기술을 선택하고, 직업적 영향력을 극대화하기 위한 계획을 실행할 방법에 대해서 말이다.

직업은 변하고 사람들은 적응한다. 1세기 전에 농부들은 자기 일에 자부심을 느꼈고 3명 중 1명이 농업에 종사했지만, 오늘날 농업에 종사하는 사람은 100명에 1명꼴이다. 하지만 또한 자동차 엔지니어와 농학자, 생명공학자 같은 완전히 새로운 직종이 탄생하면서 이 1퍼센트의 농업종사자들은 생산성을 놀랍도록 향상시킬 수 있었다.

오늘날의 농업은 100년 전과는 완전히 다르다. 우리는 상대적으로 적은 노동력으로 더 많은 인구를 먹여 살리고 있다. 유전자조작 종자, 자동화 농기계, AI 작물 재배 시스템 등은 이제 평범한 일상이 되었다. 농부들은 정교한 컴퓨터 앞에 앉아 센서 데이터와 드론 영상을 이용해 원격으로 트랙터를 조종한다. 컴퓨터 알고리즘은 어떤 씨앗을 뿌리고 언제 수확을 해야 수확량을 최대로 늘리고 토양을 비옥하게 할 수 있는지를 결정한다.

다른 산업 분야에서도 같은 일이 벌어지고 있다. 기존의 익숙한 경력 경로가 개편되고 새로운 역할이 등장한다. 철학자 에릭 호퍼Eric Hoffer가 말했듯이, "변화의 시대에는 배우려는 자들이 세상을 물려받는다. 반면에 이미 배운 자들은 더 이상 존재하지 않는 세상에 어울리는 것들만을 잔뜩 갖고 있음을 알게 될 것이다."

이 책을 읽는 이들은 배우려는 사람이다. 그러므로 개인적인 경력의 측면에서 골리앗의 복수를 행하려면 어떻게 해야 할지 배워보자. 이것은 자신이 6가지 법칙에 대해 직업적으로 얼마나 잘 준비되어 있는지 파악하고, 지속가능성장 3대 축의 균형을 맞추고, 목적 선언을 작성하고, 장기적인 목표를 위해 개인적인 실행 계획을 세워야 한다는 의미이다.

평사원에서 임원까지, 직급별로 자기 역량 평가하기

먼저 4장부터 9장까지 각 장에서 작성한 개인 경력 자기평가표를 종합해 [그림 11-1]에 정리해보자.

여러분의 요약표가 [그림 11-1]보다 빈 공간이 많거나 막대가 짧더라도 너무 낙담할 필요는 없다. 가상의 직원보다 경력이 짧을 수도 있고, 몇몇 법칙에서는 미흡한 반면 다른 부분에서 더 많은 경험치를 지니고 있을지 모르기 때문이다. 그러니 괜찮다. 너무 걱정하지 말라.

앞 장으로 돌아가 여러분의 개인 경력 평가표를 곰곰이 살펴보고, 뛰어난 역량을 지니고 있는 영역이나 아직 미흡한 영역이 어디인지 다시 한 번 확인하라. 자신의 역량 공백을 어떻게 해석하느냐는 현재 여러분이 회사에서 차지하고 있는 위치에 달려 있다.

	0~20% 최하 역량	20~40% 하위 역량	40~60% 보통 역량	60~80% 상위 역량	80~100% 세계 최상위 역량
법칙 1: 고객에게 10배 만족감을 선사하라	■	■	■		
법칙 2: 큰 혁신과 작은 혁신을 동시에 실행하라	■	■	■	■	
법칙 3: 데이터를 화폐처럼 사용하라	■	■			
법칙 4: 외부 혁신 인재를 적극 도입하라	■	■	■		
법칙 5: 적절한 기술보다 적절한 인재가 우선이다	■	■	■	■	
법칙 6: 한 차원 더 높은 목표를 설정하라	■	■	■		

0%　　20%　　40%　　60%　　80%　　100%

[그림 11-1] 개인 경력 준비도 요약

고위급 임원

CEO나 고위급 임원에게 이 표는 무척 무자비하게 느껴질 것이다. 고위급 임원들의 역량 공백은 결국 회사 전체로 퍼져나간다. 여러분의 역량이 어떤 법칙에서 부족하느냐에 따라 그 의미는 크게 달라질 수 있다.

'무엇을'과 '왜' 법칙―법칙 1(고객에게 10배 만족감을 선사하라)과 법칙 6(한 차원 더 높은 목표를 설정하라)― 은 협상이 불가능한 영역이다. 최고 리더로서 여러분의 임무는 회사가 추구하는 크고 대담하고 도전적인 목표를 정의하고, 그 목표가 왜 중요한지 회사의 모든 직원들이 이해할 수 있게 돕는 것이다. 따라서 이 2가지 법칙이 상위 수준 이하라면 여러분이 가장 먼저 해야 할 일은 그 부분에서 전문성을 구축하는 것이다.

'어떻게' 법칙 중에서는 법칙 5(적절한 기술보다 적절한 인재가 우선이다)가 가장 시급한 과제가 되어야 한다. 9장에서 말했듯이 여러분 개인의 목적 선언이 회사의 목적 선언과 일치한다면 더 훌륭한 인재들을 더 많이 끌어들일 수 있다. 특히 그 시대의 지속가능경영 3대 축을 중심으로 직업적인 삶을 꾸려나간다면 여러분이 앞으로 모집하고 발전시키고 동기를 부여할 더 많은 밀레니얼 세대와 Z세대 직원들에게 반향을 일으킬 수 있을 것이다.

법칙 2, 3, 4에서 역량의 공백을 느낀다면, 해당 역량에서 이미 커다란 발전을 이룬 다른 관리자나 동료들을 곁에 두라. 법칙 2(큰 혁신과 작은 혁신을 동시에 실행하라)의 경우, 여러분이 해야 할 주된 역할은 혁신 문화를 육성하고, 팀이 위험을 감수하더라도 신속한 실패를 반복해 성공을 거둘 수 있게 공중에서 엄호하는 것이다.

법칙 3(데이터를 화폐처럼 사용하라)의 경우 이미 여러분은 데이터 통합과 분석, 머신러닝 지식을 구가하는 전문적인 팀과 외부 파트너를 갖고 있을 가능성이 크다. 여러분의 역할은 투자 수준을 높이고 회사의 알고리즘 우위를 확립할 수 있도록 새로운 역량을 신속하게 구축하는 것이다. 그 외에도 훌륭한 머신러닝과 딥러닝 기술을 알아볼 수 있게 관련 기술을 공부하고 익히라.

마지막으로 법칙 4(외부 혁신 인재를 적극 도입하라)의 경우, '여기서 만들어진 게 아니야'나 '우린 모든 걸 알지' 같은 태도는 앞날의 발전을 방해할 뿐이라는 분위기를 조성하라. 또한 지금 고위급 임원의 직책에 있을 정도라면 그동안 상당한 규모의 인적 네트워크를 형성했을 것이다. 이를 벤처투자와 스타트업 영역까지 확대하여 다른 이들은 아직 눈치채지 못한 파괴적 혁신의 최신 동향을 미리 파악하라.

중간관리자

—

중간관리자는 회사가 위대한 위치에 오르기 위한 싸움에서 진정으로 승패를 가르는 결정적인 요소다. 조직에서 이 중간관리자 계층은 강력하고 균형적인 T자형 역량과 깊은 지식을 갖춘 리더들이 주로 상주하는 곳이며, 동시에 기존에 확고하게 자리잡은 사고방식과 문화, 기준을 기반으로 때로는 가장 흥미로운 혁신 기회를 억누를 수 있는 곳이기도 하다.

중간관리자는 골리앗의 복수 법칙의 '어떻게', 즉 법칙 2에서 법칙 5까지 직업적인 발전을 이루는 데 초점을 맞춰야 한다. 여러분은 회사가 골리앗의 복수를 달성하는 데 필요한 혁신을 충분히 신속하게 실행하지 못할 때 이를 방어하는 마지막 마지노선이다. 여러분은 법칙 1과 법칙 6에서 회사가 어떤 이니셔티브를 우선 과제로 삼을지에 대해 영향을 끼칠 수 있으나, 최종 결정권은 결국 여러분의 상사나 상사의 상사에게 있다.

법칙 2에서 여러분의 장점을 최대한 발휘하라. 5장에서 우리는 '빅1'과 '리틀1' 혁신이 회사의 장기적 성공에 똑같이 중요하다고 말했다. 그러므로 현재의 제품 제안과 경험, 그리고 운영 부문을 개선하는 데 뛰어나다면 '리틀1' 팀을 이끄는 데 주력하라. 반대로 날마다 고위험 고수익을 위한 돌파구를 찾는 데에서 즐거움을 느낀다면 '빅1' 이니셔티브를 지원하거나 팀을 멘토링할 기회를 찾거나, 아니면 현재의 역할에서 벗어나 파괴적 혁신을 추구하는 벤처 관리자가 되어라. 혁신 도구(디자인적 사고)와 새로운 비즈니스 구축 방법론(예를 들면 린 스타트업)에 대해 공부하고 훈련하라.

데이터과학 배경을 갖추고 있지 않은 이들에게 법칙 3은 사고의 전환을 가장 분명하게 대변할 수 있는 분야다. 온라인이나 오프라인 기반의 관리자 교육 프로그램을 통해 통계 및 분석 기술을 배우고 익히라. 데이터를 고속처리하거나 프로그램 모델을 개발하는 법은 몰라도 적어도 데이터와 알고리즘이 어떻게 단기적 수익 개선을 위한 통상 절차를 자동화하고 나아가 파괴적 혁신의 발판이 될 수 있는지에 대해서는 이해할 필요가 있다.

법칙 4와 관련해서는 개방형 혁신 플랫폼(탑코더나 카글)과의 소규모 실험을 통해 외부 혁신 네트워크에 대한 경험을 쌓으라. 또 여러분의 전문분야에 속하는 과제에 참여해 해당 플랫폼에 대한 전문가가 되는 것도 고려해보라. 고위급 임원들처럼 나중에 비즈니스에 영향을 끼칠 수 있는 벤처 투자가와 스타트업, 비즈니스 육성시설과 연구 대학 등 전문 네트워크를 계속해서 확장하라. 기술자의 경우에는 회사가 개방형 혁신을 완전히 포용할 경우 여러분의 기존 역할이 더욱 큰 영향력을 지니게 될 테니, 발명가보다는 해법 발견자가 되는 것을 고려해보라.

법칙 5의 경우, 역량 공백이 있다면 결국 시간이 관건이다. 시간이 흐를수록 여러분은 일선 관리자들에게 인재를 발굴하고 고용하고 발전시키고 동기를 부여하고 유지하는 법을 가르치게 될 것이다. 선제적 기술 개발에 개인적인 시간을 투자하는 것은 항상 효과적인 방법이다. 이는 여러분 자신에 대해 주식 옵션을 사는 것과 비슷하다. 마지막으로, 인간과 기계의 균형을 지속적으로 유지하고 발전시킬 수 있는 방법에 대해 고민하라. AI와 로봇공학이 지금까지 이룬 눈부신 발전을 감안하면, '무엇'을 '어떻게'로 변환하는 것은 아주 어려운 목표다. 항상 기민하게 생각하고 움직이라.

평사원

—

이 책의 두 저자에게는 사회생활을 갓 시작하거나 처음으로 이직한 자녀들이 있다. 그래서 디지털 파괴라는 거대한 파도를 따라 미래의 경력 경로를 계획하는 것이 얼마나 불안하고 걱정스러운지 잘 알고 있다. 이 책을 읽고 있는 사회 초년생이 있다면, 벌써부터 현재가 아닌 저

너머를 내다보고 있다는 데 찬사를 보낸다. 은행에 맡겨둔 돈이 복리로 늘어나듯이, 여러분의 기술과 능력을 발전시키기 위한 지금의 노력은 나중에 훨씬 큰 결과로 돌아올 것이다. 골리앗의 복수를 위한 6가지 법칙은 이런 또 다른 배움과 전문성을 발전시킬 수 있는 기회를 제공한다.

법칙 1과 관련해서는 4장에서 설명한 가치 계단과 구매자 페르소나를 완벽하게 이해하고 흡수하라. 여러분이 지금 어떤 일을 하든 간에 고객 또는 파트너와 접점이 있는 시장 적합성 판단 이니셔티브 기회를 만나면 절대로 놓치지 말라. 이는 여러분에게 있어 충족되지 못한 고객 니즈와 이를 충족할 파괴적 혁신 이니셔티브에 대해 독자적인 견해를 구축할 수 있는 기회다. 어쩌면 하룻밤 사이에 여러분보다 훨씬 오래 일한 다른 직원들은 생각지도 못한 방식으로 참신한 전략을 생각해낼 수 있을지도 모른다.

법칙 2의 경우에는 설령 첨단기술 관련 배경지식이 없더라도 해커톤이나 혁신 과제 해결에 참여해보라. 요즘에는 데이터 분석이나 코딩 도구가 워낙 발전해 있어 누구나 팀에 기여할 수 있다. '리틀1'의 점진적 혁신과 '빅1' 혁신 벤처, 양쪽 모두에 대한 경험을 쌓으라. 개인 경력을 높이는 데에는 '빅1'이 더 유용하다고 생각할지 모르겠지만, 너무 순진한 생각이다. 기존 기업은 대개 재정적 목표를 가장 높이 평가하며, '리틀1'의 지속적인 성공이 없다면 거기에 도달할 수 없다. 만일 대학 시절에 창업한 경험이 있다면 상사나 멘토, 인사부에 어필하여 '빅1' 이니셔티브 팀에 발탁될 기회를 높이는 것도 좋다.

법칙 3의 경우, 이미 통계나 데이터과학 쪽에 든든한 배경을 지니고 있다면 다른 사람들보다 한 발짝 앞서 있는 셈이니 데이터 분석이나 머신러닝을 활용할 수 있는 역할을 노리라. 그쪽 분야의 기술을 익혀 두지 않았다면 지금이라도 온라인 학습 플랫폼(예를 들어 코세라Coursera나 유다시티Udacity)에 등록해 최소한의 기초적 이해라도 쌓아라.

법칙 4의 경우, 최근에 학계에서 공부를 했다면 실제로 큰 도움이 된다. 흥미로운 연구를 하는 교수나 다른 혁신 회사에서 일하는 동창들이 있다면 꾸준히 연락을 유지하라. 이는 유용한 인맥 네트워크이므로 무용지물로 날리는 일이 없어야 한다. '빅1' 및 '리틀1' 이니셔티브에 참여하고 있는 외부인과 상호작용할 기회를 늘 모색하라. 언제 그들과 여러분의 프로젝트 사이에 접점이 생길지 모르기 때문이다. 이런 협력 네트워크와 생태계를 구축하는 것은 하나의 과정일 뿐만 아니라 일종의 마음가짐이기도 하다. 이러한 역량을 쌓을수록 여러분은 현재와 미래의 고용주에게 더 많은 가치를 의미하게 될 것이다.

법칙 5의 경우에 여러분은 과거 비非디지털 세상에서 물려받은 짐이나 부담이 없다. 이러한 관점으로 미래에 조직이 요긴하게 여길 역할과 여러분이 선호하는 역할을 예측하라. 8장으로 돌아가 제품 육성 관리자와 행동과학자, 고객 여정 지도 개발자, 비즈니스 모델 개발자, 해법 발견자, 유망기술 전문가 등 몇 가지 새로운 역할을 찾아보라. 이 중 하나에 흥미가 생긴다면 회사에서 이미 이 업무를 담당하고 있는 사람을 찾아가 점심식사를 대접하며 그 일을 하려면 어떤 능력과 기술이 필요한지 물어보라.

더불어 여러분이 지닌 역량에 T 균형을 맞춰야 한다. 사업운영을 맡고 있다면 앞으로 더 많은 기술 능력과 데이터, 기획 역량을 육성하기 위해 노력하라. 기술 분야가 전문이라면 제품 관리와 비즈니스 모델 개발에 대한 역량을 구축하라. 모든 분야에서 전문가가 되어야 한다는 얘기가 아니다. 당신이 유명해질지도 모를 분야에 대해 깊은 전문지식을 기르되, 언젠가 피할 수 없는 변화가 닥쳐오더라도 신속하게 대응할 수 있게 다른 분야에 대해서도 어느 정도 알고 있어야 한다.

법칙 6의 경우에는 개인적으로 목적 선언을 작성하는 것은 언제 하더라도 결코 이른 것이 아니다(뒤에서 더 자세히 설명하도록 하겠다). 어쩌면 여러분은 아직 세상에 대한 관점과 자신이 어떤 종류의 도전을 좋아하는지 확신하지 못해 고민하고 있는지도 모른다. 하지만 "어디로 가는지 모른다면 어느 길로 가든 그곳에 갈 수 있다"는 말은 분명한 사실이다.

개인의 지속가능성장을 결정하는 3가지 요소

―――

기업에게 지속가능경영 3대 축이란 기업의 성공을 측정하는 기준인 사회적 책임과 환경 보호, 수익을 균형 있게 유지하는 것이다. 그렇다면 이를 개인의 경력에 대입한 지속가능성장 3대 축은 어떨까? [그림 11-2]는 10년 단위로 개인의 생애소득과 생애성취, 사회적 영향의 변화를 그린 것이다.

중요한 것은 입체적인 삶을 사는 것이다. 한 가지 측면에서만 괄목할 만한 성과를 달성한 사람과 생애 후반에 이야기를 나눠보면, 2가지 혹은 3가지 측면에서 전부 성공한 이들보다 삶에 대한 만족도가 떨어지는 경향이 있다. 반대로 세 분야 모두에서 커다란 도약을 꿈꾸는 이들은 한꺼번에 너무 많은 것에 신경을 쏟기 때문에 전반적으로 지독한 스트레스에 시달린다.

예를 들어 설명해보자. 여기 조앤이라는 여성이 있다. [그림 11-2]

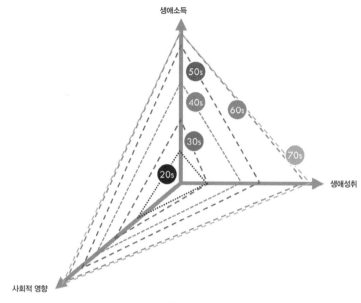

[그림 11-2] 개인의 지속가능성장 사례

의 삼각형에서 보듯이, 조앤은 3개의 축에서 주류와 비주류를 골고루 넘나들며 살았다. 대학생과 20대 초반에는 사회적 영향력은 큰 반면 날마다 값싼 편의점 음식으로 끼니를 때웠다. 30대에는 유명 컨설팅 회사에 취직하면서 수입이 큰 폭으로 늘었고, 그 후 부장급으로 승진 하면서 직업적 경력에서 큰 성장을 이뤘다.

　40대와 50대에 파트너가 된 조앤은 소득과 성취도 부문에서 수치가 모두 큰 폭으로 상승했다. 조앤은 컨설팅을 통해 고위 경영자들의 경 력에 도움을 준다는 데 커다란 자부심을 느낀다. 그는 최고의 컨설턴 트가 그렇듯이 고객들의 성공을 통해 대리만족을 얻는다. 개인적인 삶에 있어 조앤이 가장 중요하게 여기는 것은 주변 사람들에게 지속적이고 긍정적인 영향을 주는 것이었다. 60대와 70대를 바라보는 지금, 조앤은 성취도와 사회적 영향 부문에서 크게 도약해 균형 잡힌 삶을 만들기 위해 노력 중이다.

당연하지만 여러분의 삶은 조앤과는 다를 것이다. [그림 11-2]는 3가지 차원에 걸쳐 평생의 삶을 어떻게 준비해야 하는지를 보여주는 예시일 뿐이다. 여러분이 20대의 관점에서 70대의 삶을 계획할 수 있도록 개인적인 지속가능성장의 3대 축이 각각 무엇을 의미하는지 더 자세히 살펴보자.

생애소득

어쩌면 "왜 하필 돈이 제일 먼저지?"라고 생각할지도 모르겠다. 간단히 설명하자면, 돈이 인간의 행동을 유발하는 강력한 원인이기 때문이다. 또 어쨌든 돈은 직업적 성취도를 측정하는 가장 보편적인 척도이며, 삶을 개선하고 가족들을 부양하는 데 필요한 재화와 서비스를 구매할 수 있는 수단이기도 하다. 돈이 중요한 이유는 4가지다.

필요악

현실을 직시하자. 우리 사회는 자본주의를 바탕으로 발전했다. 개인이 교육을 받고 기업가가 사업을 시작하고 투자자가 위험을 무릅쓰는 이유는 나중에 부를 축적하길 기대하기 때문이다. 금전적 인센티브가 없다면 아무도 지금처럼 열심히 일하지 않을 것이다.

기술의 시장 가격

오늘날의 아이들은 미래에 지금은 아직 생겨나지도 않은 새로운 직업을 갖게 될 것이다. 이는 인기 있는 직업과 앞으로 쇠퇴할 직업을 구별하기 힘들게 만든다. 시장은 (오늘날의 AI 같은) 희귀한 능력에 크게 보상하고, 다른 능력은 잔인할 정도로 평가절하할 수 있다. 소득은 어떤 직업의 수요가 높고 어떤 직업이 쇠락하는지 판단하는 데 가장 기본적인 수단이 될 것이다.

혁신의 원동력

사업가들은 비대칭적인 수익 구조를 좋아한다. 한 방 크게 터트리거나 쪽박을 차거나 둘 중 하나인 기회들 말이다. 이들은 중요 부분에 대한 소유권을 가질 수 있다면 급여가 크게 줄더라도 상관하지 않는 경향이 있다. 비록 확률은 낮아도 삶을 송두리째 바꿀 수 있는 부를 얻을 수 있다는 가능성은 계속해서 새로운 창업가들을 불러 모으고 있다. 실리콘밸리가 북적이는 것도 다 이런 이유 때문이다.

더 큰 게임을 위한 자본

사회적 책임을 위한 프로젝트에 투자하면 커다란 영향력을 발휘할 수 있다. 그러나 수많은 사람들의 미래를 개선하려면 어마어마한 자원이 필요하다. 성공을 통해 넉넉한 자금을 마련하면 지금보다 더 큰 게임

11 개인을 위한 파괴자 실천서

을 할 수 있다. 빌 게이츠와 워런 버핏 같은 이들이 깨끗한 물과 보건 건강, 그리고 원격교육 기회를 제공해 말 그대로 세상을 바꾸고 있는 것을 보라.

생애성취

—

성취란 열망하거나, 약속했거나, 혹은 예상한 것을 달성한 것을 뜻한다. 이는 삶에 목적의식을 부여하며, 직업적 삶과 개인적 삶 양쪽 모두에 적용된다. 중요 프로젝트에 크게 기여했음을 인정받고 딸이 배구 결승전에서 소속팀을 승리로 이끄는 장면을 보는 것은 여러분을 [그림 11-2]의 수평축에서 움직일 수 있게 해준다. 그렇다면 이 축에서는 어떻게 삶을 향상시킬 수 있을까?

올바른 충돌을 일으키라

닫힌 공간 안에서 이리저리 움직이는 분자처럼, 여러분의 삶은 무작위로 발생하는 타인과의 충돌과 앞으로 여러분이라는 사람을 형성하는 많은 경험들로 이뤄져 있다. 그러나 이러한 충돌은 여러분이 생각하는 것처럼 무작위로 발생하는 것이 아니다. 다음 4가지 단계를 이용해 올바른 충돌이 발생할 가능성을 높일 수 있다. 다양한 경력 진로를 추구하고, 독립적인 관점을 형성하고, 개인 및 직업적으로 강력한 관계를 형성하고, 목적 선언에 따라 살며 주변에 반향을 일으키는 것이다. 로마의 유명한 철학자 세네카의 말처럼, "행운은 준비와 기회가 만났을 때 찾아온다."

끊임없이 배우라

배움이란 산소와 같다. 한번 멈추면 죽는 것이다. 변화의 속도가 점점 더 가속화되는 요즘 같은 세상에서, 그리고 모두가 AI와 자동화에 뒤처지지 않기 위해 애쓰는 세상에서 우리 모두는 끊임없이 배워야 한다. 하지만 어쩌면 여러분은 대학을 졸업한 후에 학습 모드를 꺼버렸을 수도 있다. 책을 읽거나 회사에서 현장 교육을 받을 수도 있지만, 완전히 낯선 분야를 접하고 몰두했던 게 언제인지 기억할 수 있는가? 엘론 머스크처럼 여가시간에 우주로켓을 발명하라는 이야기가 아니다. 평생성취를 최대화하려면 지적 호기심에 계속 불을 지펴야 한다.

언제 방향을 전환해야 할지 파악하라

마하트마 간디는 "스스로 자신이 세상에서 보고 싶은 변화 그 자체가 되어야 한다"고 말했다. 여러분만의 [그림 11-2]를 그린 다음 깊숙이 들여다보라. 한 분야에만 신경 쓰느라 다른 2가지 축을 희생하는 결정을 내린 적이 있는가? 대학을 1년 휴학하고 유럽 여행을 간 것일 수도 있고, 자신의 기여가 인정받지 못한다는 생각에 회사를 그만둔 것일 수도 있다. 자녀들의 학교에서 커다란 자선모금 행사를 열었는데, 그 일을 계기로 직업과 관련해 새로운 관계를 생성했을 수도 있다. 이제까지 상대적으로 무심했던 쪽으로 방향을 전환하려면 어떤 결정을 내려야 할지 구체적으로 생각해보라. 성취감을 주는 삶을 영위하고 주변 세상에 당신이 원하는 영향을 미친다는 최종 목표를 항상 마음속에 간직하라.

위험을 기회로 인식하라

포커 게임을 해본 적이 있는가? 포커 게임에서 망하는 가장 확실한 길은 자기가 쥔 패가 별로라고 생각해 패를 받는 족족 게임을 포기하는 것이다. 그러면 결국에는 가진 돈을 모두 날리고 빈털터리가 될 뿐이다. 인생도 그렇다. 인생에서 거두는 성공이란 대부분 과거의 실패에 기대고 있고, 간혹 삶이나 비즈니스의 방향을 전환하는 것은 당신을 힘들고 고된 길로 데려다놓을 것이다. 늘 포커 플레이어처럼 사고하라. 위험할지도 모르는 기회를 마주할 때마다 "이번 게임이야말로 칩을 전부 걸어야 하나?"라고 자문하라. 이 위험한 도박이 긍정적인 결과를 낳는다면, 위험을 감수하고 기회를 붙잡을 경우 얼마나 큰 이익을 얻을 수 있을까 고민하라. 단순히 위험뿐만 아니라 그 너머에 있는 잠재적 이익을 내다볼 수 있는 사람이 되어야 한다.

사회적 영향

—

무하마드 알리는 "타인을 위해 봉사하는 것은 이 지구에 세 들어 사는 데 대해 지불해야 할 방세다"라고 말한 적이 있다. 사람들은 누구나 중요하고 의미 있는 일을 하고 싶어한다. 이전 세대들이 청구서를 지불하기 위해 아무 직업에나 뛰어들던 나이에 일부 디지털 원주민은 사회적 혁신기업에 뛰어들기도 한다. 삼각형을 이루는 3가지 축 중에 더 중요하거나 중요하지 않은 것은 없다. 여러분의 사회적 영향력을 돕는 다음 4가지 행동에 대해 생각해보라.

중요한 일을 하라

아주 간단하다. 당신이 가진 재능과 자원을 투자해 인류의 삶을 향상시킬 수 있는 문제를 해결하라. 그런 문제에는 어떤 것들이 있는지 궁금하다면, 참고로 UN이 제시하는 7가지 목표를 소개한다. 깨끗한 물, 여성의 권리와 교육, 기후변화, 의료 서비스에 대한 접근권, 식량부족, 인권, 안전 및 신변보호이다. 이러한 분야를 발전시키는 데 기여한다면 사회적 영향력을 높일 수 있다.

열정은 전염된다

열정을 숨기지 말고 마음껏 드러내라. 시급하고 심각한 문제를 해결하려면 일치단결된 팀이 필요하다. 직장 생활에서 배운 리더십을 사회적 영향이라는 새로운 영역에도 적용하라. 주변인들에게 경각심을 주고 행동을 자극해 세상에 진정한 영향을 미치기 위한 여러분의 아이디어를 실현시키라.

교차점을 찾으라

지속가능성장 삼각형을 구성하는 각각의 축은 상호강화적으로 작용한다. 사회적 영향과 다른 두 축과의 교차점을 찾으라. 이를테면 지역 사회의 사회적 문제를 해결하기 위해 개발한 리더십 기술을 일터에 도입하는 것처럼 말이다. 이 새로운 역량을 발휘해 회사에서 당신이 추진 중인 이니셔티브를 지지하지 않은 이들을 고무시키라. 항상 철저히 준비된 마음가짐으로 위험과 기회를 기다리라. 통찰력을 제공하고 세상의 커다란 문제를 해결하는 데 필요한 여러 산업 분야의 연결고리를 찾아 연결하는 사람이 되어라.

가치관에 따라 살라

위대한 이들은 자연스럽게 다른 위대한 이들에게 끌리기 마련이다. 사회적 영향을 추구할 때에는 여러분의 개인적인 가치관이 해당 문제에 어떻게 부합하는지 보여주어야 한다. 여러분과 비슷한 가치관과 동기, 문제를 해결하기 위한 열정을 공유하는 사람들을 찾으라. 여러분의 가치관은 개인적인 목적 선언을 단순히 책에나 적혀 있는 연습 활동이 아니라 삶 전체에 살아 움직이는 나침반으로 바꿔줄 것이다. 지속가능 성장의 3대 축을 이해했다면 이번에는 [그림 11-3]을 이용해 생애소득과 생애성취, 사회적 영향이라는 3가지 목표를 얼마나 잘 실천하고 있는지 자신의 삶을 돌아보라.

여러분의 삶이 예상대로 무난히 흘러가고 있다면 3점을 매기라. 4~5점은 목표를 초과달성했을 때, 1~2점은 기대보다 뒤처져 있는 경우다. 점수 옆에 날짜를 써 넣은 다음, 1년 뒤에 다시 점수표를 펼쳐 보고 기대보다 못하던 분야에서 얼마나 발전했는지 확인하라.

우리는 이렇게 자신의 삶에 대해 평가한다는 것이 다소 언짢은 일이

생애소득		생애성취		사회적 영향	
필요악		올바른 충돌을 일으키라		중요한 일을 하라	
기술의 시장 가격		끊임없이 배우라		열정은 전염된다	
혁신의 원동력		언제 방향을 전환해야 할지 파악하라		교차점을 찾으라	
더 큰 게임을 위한 자본		위험을 기회로 인식하라		가치관에 따라 살라	

[그림 11-3] 개인의 지속가능성장 3대 축 평가

고, 보통 사람들은 언짢은 일을 하기 싫어한다는 것을 잘 안다. 하지만 우리는 또한 이 책을 읽고 있는 여러분이 '보통 사람'이 되고자 하는 게 아니라고 확신한다. 지속가능성장의 3가지 축에서 각각 발전을 이룰수록 여러분은 더 큰 힘을 얻어 전진할 것이며, 이제껏 쏟은 노력과 감수한 위험에 대해 보람을 느끼게 될 것이다.

토머스 에디슨은 축음기를 개발했을 때 "나는 실패한 게 아니라 효과가 없는 1만 가지 방법을 알아낸 것뿐이다"라고 말했다. 3대 축 목표의 점수가 1~2점밖에 안 되더라도 걱정하지 말라. 그래도 괜찮다. 이를 좋은 경험으로 여기고, 이후 여러분이 향상시키고자 하는 삶의 측면에서 더 열심히 노력하면 된다.

경력을 관리하기 위한
대안 시나리오

———

전문 가이드와 9명의 낯선 사람들과 함께 급류에서 래프팅을 한다고 상상해보라. 최고로 위험한 수준의 급류를 타고 무시무시한 소용돌이를 향해 보트가 흘러간다. 가이드는 위험을 피하려면 멀리까지 내다볼 줄 알아야 한다고 말한다. 또 노를 열심히 젓기만 하는 게 아니라 거센 물살을 유리하게 이용할 줄 알아야 한다고 충고한다.

여러분은 래프팅을 시작하기 전에 이 여정을 무사히 마치거나 아니면 보트가 전복되어 물속에서 허우적댈지도 모르는 몇 가지 중요한 결정을 내려두었다. 여러분은 그동안 강을 무사히 타고 내려가는 데 필요한 능력과 기술을 연마하고 체력을 기르는 데 여분의 시간을 투자했는가? 누구와 팀을 짰으며, 또 그들의 체력과 기술이 이 파란만장한 여정에 어떻게 도움이 될 것인가?

이 이야기가 얼마 전 여러분이 참여한 회사의 프로젝트처럼 들린다면 착각이 아니다. 직업 경력을 관리한다는 것은 래프팅과 비슷하다. 몇 가지 중요한 결정은 당신의 통제 범위에 있을지 몰라도 다른 수많은 결정들에 대해서는 손쓸 방도가 없다.

시나리오 기법은 지난 수십 년간 불확실한 상황에 대비해 올바른 결정을 내리기 위해 사용된 방법 중 하나다. 이 기법을 사용하는 목적은 명백하게 틀린 결정이 아니라 대체로 바른 결정을 내리는 것이다. 시나리오 기법은 더욱 폭넓은 사고를 유도하고, 가정과 예측에 끊임없이 반론하며, 불확실한 상황에서도 계속 나아가게 한다.

지속가능성장 3대 축을 중심으로 삶을 전진시키고 싶다면, 여러분의 경력을 좌우하게 될 미래 세상의 흐름을 예상할 수 있어야 한다. 이 책의 첫머리에서 예로 든 GM으로 돌아가, 여러분이 특히 주목하고 있는 분야가 수송과 교통이라고 가정해보자.

개인적인 경력과 관련해 바람직한 결정을 내리고 싶다면 여러분이 일하고자 하는 산업 분야가 앞으로 어떻게 발전할지 대안 시나리오를 써보라. [그림 11-4]는 2023년에 자동차 산업이 어떤 모습을 하고 있을지를 그린 3가지의 타당성 시나리오다.

이제 각 시나리오에서 어떤 유형의 역할과 기술, 경험이 높게 평가될지 생각해보자. 어떤 미래 시나리오에서든 일부 역량들은 항상 가치 있게 여겨질 것이며, 다른 역량들은 일부 시나리오에서만 중요하게 인식될 것이다. [그림 11-5]는 [그림 11-4]의 자동차 시나리오를 바탕으로 만든 예시다.

시나리오 A	시나리오 B	시나리오 C
현상 유지	**공용 자동차 우세**	**자율주행 자동차 우세**
• 낮은 유가 때문에 가솔린 자동차가 여전히 대세 • 전기 자동차와 자율주행 자동차는 엘리트들을 위한 장난감 • 운전자 보조 기능이 기본으로 장착 • 전반적인 안전이 증가해 자동차 보험료가 인하 • 고가의 고급 자동차는 여전히 상류층의 척도	• 회사가 운영하는 저가 승용차 및 트럭이 빠르게 확산 • 이동전화와의 완벽한 접속 및 연결 • 공용 자동차가 대중교통과 조화를 이루며 기능 • 차량 호출 서비스가 발전하면서 교외 지역의 자동차 보유율이 급락 • 자동차가 더 이상 부나 지위의 상징이 아님	• 모두가 완벽하게 기능하는 자율주행 차량을 보유할 수 있게 됨 • 택시와 우버는 과거의 유물 • 자동차 컨시어지라는 새로운 직업이 부상 • 엔터테인먼트 경험에 최적화된 차량들 • 초고속 5G 네트워크를 이용한 몰입경험

[그림 11-4] 2023년 자동차 산업 시나리오

시나리오 A	시나리오 B	시나리오 C
현상 유지	**공용 자동차 우세**	**자율주행 자동차 우세**
공통점 • 원격측정장치 • 안전공학 • 전기구동 시스템 **시나리오별 특성** • 산업 디자인 • 성능 공학 • 신품 및 중고차 거래	**공통점** • 모바일 앱 설계 • 로봇 자동화 시스템 • 예측 관리 **시나리오별 특성** • 예약을 위한 일정 최적화 • 회사차량 네트워크 설계 • 승차공유 조율	**공통점** • 차량 내 엔터테인먼트 • 브랜딩 • 온라인 마케팅 **시나리오별 특성** • 머신 비전 • 엔터테인먼트 맞춤 기획 • 신품 및 중고차 거래

[그림 11-5] 자동차 관련 기술의 미래 시나리오

만일 여러분의 직업적 목표가 자동차 산업의 미래를 만드는 것이라면, 원격 측정과 전기구동 시스템, 온라인 마케팅 같은 분야의 기술들은 자동차 산업이 어떤 방향으로 발전하든 언제나 높이 평가될 것이다. 만일 회사차량 네트워크 설계나 자율주행 차량을 위한 머신 비전에만 집중한다면 당신은 시나리오 B나 C에만 미래를 거는 위험한 길을 선택하는 것이다.

다음에서 보게 될 개인적인 실행 계획을 작성할 때, 해당 업계에서 가장 수요가 높은 기술과 역량을 판단할 때에는 반드시 현재가 아니라 미래지향적인 관점을 대입해야 한다. 그것이 9장에서 말한 선제적 기술 개발을 이룰 수 있는 유일한 방법이다.

개인의 목적과 회사의 목적이 양립하는가

―――

목적이란 여러분을 매일 아침 침대에서 일어나게 하는 것이다. 목적은 여러분이 맡고 있는 특별한 역할이나 이제까지 배우고 쌓은 기술, 또는 여러분이 일하는 회사를 초월한다. 부디 여러분의 개인적인 목적과 회사의 목적이 일관되게 부합하길 바란다(9장). 그러면 삶이 더 쉬워질 테니까 말이다. 하지만 여러분의 개인적 목적이 근본적으로 회사의 목적과 양립할 수 없다면 여러분에게 더 잘 어울리는 다른 직업을 찾을 때가 된 것일지도 모르겠다.

목적 선언

―

여기 개인 차원에서 아주 강력한 목적 선언의 몇 가지 예시를 소개한다. 이 목적 선언들은 모두 "나는 왜 이 세상에 태어난 거지?"라는 중

대한 질문에 답하고 있다.

- 예방적 의료 서비스를 통해 만성질환과 고통을 퇴치한다.
- 혁신과 리더십, 인간의 지성으로 주변 세계의 잠재력을 실현한다.
- 산업공해를 퇴치하여 우리 아이들에게 더 나은 지구를 물려준다.
- 첨단기술과 사람들의 상호작용을 통해 금융 이해력이 필요한 사람들을 가르쳐 이해력을 높인다.

여기서 잠시 멈춰 여러분의 목적 선언을 직접 써보자. 한 문장이면 충분하다. 여러분은 지금 하고 있는 일과 앞으로의 경력을 통해 세상에 어떤 영향을 주고 싶은가? 여러분의 목적 선언은 앞으로 경력을 쌓아나감에 있어 GPS의 목적지와 같은 역할을 하게 될 것이다.

미래의 헤드라인
—

앞으로 계속 경력을 쌓아나간다면, 그 경로는 무엇인가? 지금부터 5년쯤 후에 업계에서 가장 저명한 기자가 전화를 걸어 당신에 관한 인물 기사를 쓰고 싶다고 한다면, 그 기사의 헤드라인이 무엇이었으면 좋겠는가?

다시 자동차 산업계 시나리오로 돌아가보자. 만약 여러분이 지금까지 시나리오 B에 헌신하면서 공공부문에서 일했다면 미래의 여러분에 관한 기사의 헤드라인은 이렇게 전하고 있을지도 모른다.

"조앤 스미스 시장은 지역사회 중심의 차량공유를 가능케 한 장본인이다. 빨간 테이프를 끊고, 주차구역을 조성하고, 전기차량 충전 인프라에 대한 공공투자를 촉진하는 등 그의 쉼 없는 노력은 덴버 지역의 교통체증이 50% 감소하고 대기오염 수준이 80% 감소하는 효과를 가져왔다."

동일한 시나리오하에서 일하는 재무관리자의 미래 헤드라인은 다음과 같을 것이다.

"혁신가인 제임스 프레드릭은 획기적인 지분 소유 모델을 발명해 차량공유 체계를 주류로 편입시켰다. 사용자는 자동차의 일부 소유권에서 발생한 배당금을 받을 수 있으며, 크레딧을 사용해 같은 회사의 차량이라면 무엇이든 이용할 수 있다."

미래의 헤드라인은 여러분이 속한 업계에 대한 미래 시나리오를 몇 가지 선택해 개인의 직업적 열망을 대입한다. "어떻게 해야 하지?"라는 질문에 대한 명쾌한 대답 방법이 아닐 수 없다.

적어도 1년에 한 번은 목적 선언과 미래의 헤드라인을 펼쳐 들고 장기적인 목적지와 중간 기착지가 아직도 유효한지 살펴보라. 만약 잘못된 길에 들어섰다고 생각된다면, 여러분을 기다리고 있을 미래를 그리며 방향을 수정해야 한다.

1개월, 6개월, 1년
실행 계획 짜기

생각할 게 너무 많아 골치가 아플지도 모르겠다. 6가지 법칙에 대한 자신의 역량 공백을 파악하고, 지속가능성장 3대 축을 설정하고, 다양한 시나리오에서 중요해질 기술을 고민하고, 마지막으로 개인적인 목적선언과 미래 헤드라인을 작성하는 것까지 말이다.

한 발짝 뒤로 물러나 멀리서 보면 이는 모두 삶의 거친 물살을 헤치고 훌륭한 경력을 쌓아나가는 길로 귀결된다. 그렇다. 디지털 파괴는 혼란스러울 수 있다. 그러니 다음 달, 다음 6개월, 또는 1년 동안 무엇을 해야 할지 구체적인 실행 계획을 세워 모든 것을 단순하게 만들라. 그보다 더 길게 계획하는 것은 좋지 않다.

그런 다음 각각의 10년 단위 내에서 생애소득과 생애성취 및 사회적 영향이라는 목표를 달성하기 위한 명확하고 실질적인 방법을 구상하라. 간절히 바란다고 저절로 이뤄지는 것은 없다. 여러분이 모든

11 개인을 위한 파괴자 실천서

행동을 실천했는지 주변 사람들이 알아볼 수 있도록 실행 계획을 작성하라.

실행 계획이 어떤 모습인지 궁금하지 않은가? 여기 기성 출판사의 중간급 제품 관리자인 재클린이 작성한 개인 실행 계획의 예시를 소개한다. 재클린은 새로운 혁신 디지털 및 AI 제품을 책임지는 사내 벤처 리더가 될 수 있길 희망하고 있지만, 지금은 기존 비즈니스인 출판물을 관리하고 있다.

1개월 목표

- 개인 목적 선언을 조율한다.
- 온라인 사용자 경험 기획 과정에 등록한다.
- 새 벤처와 관련된 배경을 지닌 멘토를 찾는다.
- 외부 및 내부의 개방형 혁신 경쟁 기회를 찾는다.
- 내가 지금의 경력을 쌓을 수 있게 도와준 5명의 사람들에게 감사를 전한다.

6개월 목표

- 새 벤처 멘토로부터 매달 피드백을 받는다.
- 디지털 제품 개발에 종사하는 사람들과 같이 점심을 6번 먹는다.
- 온라인 사용자 경험 기획 과정을 수료한다.
- 지역 대학의 머닝러신 초급 자격 과정에 등록한다.
- 배구팀 경기에 최소 10번 이상 참가한다.

1년 목표

- 대학 및 회사의 동문 네트워크를 이용해 스타트업 리더들과 관계를 맺는다.
- 현 업무의 데이터 정리 작업을 능률화하기 위해 AI를 시범 가동한다.
- 내부의 혁신 경쟁에 참여해 배우고 경영진의 눈길을 끈다.
- 사내 디지털 혁신 집단에서 디지털 제품 관리자 직무를 얻는다.
- 우리 지역 동물 보호소에서 20시간 이상 자원봉사 활동을 한다.

모든 목표가 성패 여부를 평가할 수 있다는 데 주목하라. 즉, 재클린은 명확하게 정의한 행동을 통해 장기적인 목표를 실현함에 있어 자신에게 모든 책임이 있음을 공고히 하고 있다.

미래의 헤드라인을
현실로 만들기 위한 발판

———

언제까지고 기다릴 수는 없다. 여러분이 20대라면야 무한한 에너지와 거침없는 체력을 갖고 있을지도 모른다. 하루에 12시간씩 일하면서 밤새 파티를 즐기고 바닥에서 밤을 보내고는 레드불을 들이키곤 다음 날에도 아무렇지 않게 출근할 수도 있다. 경험과 인맥, 재정적 자원은 부족할지 몰라도 열정만은 하늘을 찌른다.

반면에 50대라면 풍부한 경험을 토대로 현명한 결론에 도달하는 패턴을 익혔을 것이고, 지금껏 성공적인 삶을 영위했다면 개인적이나 직업적으로 넓은 인맥을 갖추고 있을 수도 있다. 중요하게 여기는 프로젝트에 투입할 자본도 상당히 보유하고 있을 것이다. 하지만 이제는 밤을 새우며 1주일에 7일간 꼬박 일할 체력은 되지 않는다.

[그림 11-6]을 보라. 곡선의 기울기나 교차점은 다를 수 있어도 대부분의 유능한 인재들은 다음과 같은 장수長壽의 역설을 따르게 된다.

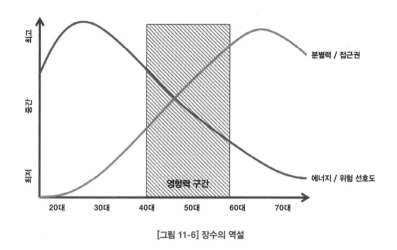

[그림 11-6] 장수의 역설

사람들은 18세에 최고의 영향력을 떨칠 수도 있고(예를 들어 마크 저커버 그나 말랄라) 80세 이후에 최고의 자리에 오를 수도 있다(예를 들어 워런 버핏 과 달라이 라마). 이 장수의 역설은 그저 연령 그래프의 반대편에 있는, 당 신을 보완해줄 수 있는 다른 사람과 협력해야 한다는 의미에 불과하 다. 언제든 일단 시작만 한다면 사회적 영향력이라는 유산을 남길 기 회를 얻을 수 있다.

이제 책을 덮고, 여러분의 미래 헤드라인을 현실로 만들기 위해 일 을 시작할 시간이다. 골리앗 속에 숨어 있는 파괴자를 일깨워 다윗을 물리치고 승리를 거머쥐라. 모두에게 행운을 빈다.

골리앗의 복수
실행계획표 양식

지금까지 우리는 여러분과 여러분의 회사가 디지털 파괴자들에게 반격해 판도를 뒤집을 수 있는 다양한 발판과 토대를 구축해주었다. 마지막으로 큰 그림을 보여주는 의미로 6가지 법칙의 상세한 정의와 평가점수표를 [그림 A.1]과 [그림 A.2]로 정리했다. 또 10장에서 법칙별 실행 계획을 중심으로 파괴자 실천서를 소개했는데, 각 법칙에 대한 실행계획표 양식을 [그림 A.3]부터 [그림 A.8]까지 제공할 것이다. 잘 활용해주기 바란다.

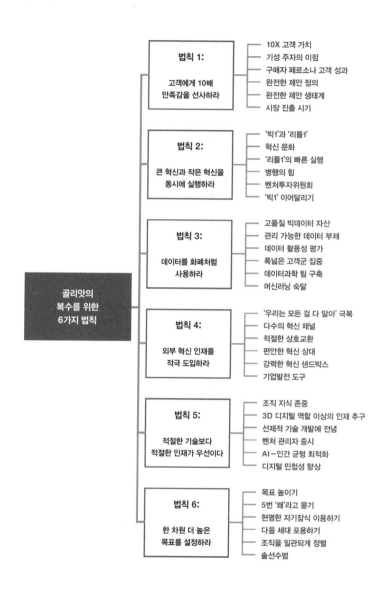

법칙 1:

고객에게 10배
만족감을 선사하라

- 10X 고객 가치
- 기성 주자의 이점
- 구매자 페르소나 고객 성과
- 완전한 제안 정의
- 완전한 제안 생태계
- 시장 진출 시기

법칙 2:

큰 혁신과 작은 혁신을
동시에 실행하라

- '빅1'과 '리틀1'
- 혁신 문화
- '리틀1'의 빠른 실행
- 병행의 힘
- 벤처투자위원회
- '빅1' 이어달리기

법칙 3:

데이터를 화폐처럼
사용하라

- 고품질 빅데이터 자산
- 관리 가능한 데이터 부채
- 데이터 활용성 평가
- 폭넓은 고객군 집중
- 데이터과학 팀 구축
- 머신러닝 숙달

**골리앗의
복수를 위한
6가지 법칙**

법칙 4:

외부 혁신 인재를
적극 도입하라

- '우리는 모든 걸 다 알아' 극복
- 다수의 혁신 채널
- 적절한 상호교환
- 편안한 혁신 상대
- 강력한 혁신 샌드박스
- 기업발전 도구

법칙 5:

적절한 기술보다
적절한 인재가 우선이다

- 조직 지식 존중
- 3D 디지털 역할 이상의 인재 추구
- 선제적 기술 개발에 전념
- 벤처 관리자 중시
- AI-인간 균형 최적화
- 디지털 민첩성 향상

법칙 6:

한 차원 더 높은
목표를 설정하라

- 목표 높이기
- 5번 '왜'라고 묻기
- 현명한 자기잠식 이용하기
- 다음 세대 포용하기
- 조직을 일관되게 정렬
- 솔선수범

[그림 A.1] 골리앗의 복수를 위한 법칙: 상세 정의

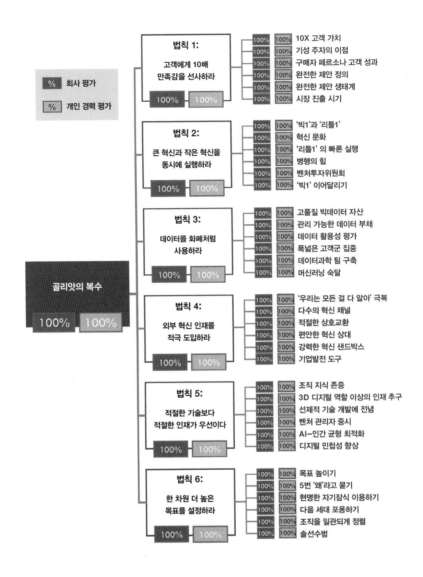

[그림 A.2] 골리앗의 복수를 위한 법칙: 평점표

[법칙별 실행 계획표]
법칙 1: 고객에게 10배 만족감을 선사하라

	현 역량 수준	단기적 목표	시작할 새 이니셔티브	중단할 현 이니셔티브	방향을 전환할 현 이니셔티브
10X 고객 가치					
기성 주자의 이점					
구매자 페르소나 고객 성과					
완전한 제안 정의					
완전한 제안 생태계					
시장 진출 시기					

[그림 A.3] 법칙 1 실행 계획표

[법칙별 실행 계획표]
법칙 2: 큰 혁신과 작은 혁신을 동시에 실행하라

	현 역량 수준	단기적 목표	시작할 새 이니셔티브	중단할 현 이니셔티브	방향을 전환할 현 이니셔티브
'빅1'과 '리틀1'					
혁신 문화					
'리틀1'의 빠른 실행					
병행의 힘					
벤처투자 위원회					
'빅1' 이어달리기					

[그림 A.4] 법칙 2 실행 계획표

[법칙별 실행 계획표]
법칙 3: 데이터를 화폐처럼 사용하라

	현 역량 수준	단기적 목표	시작할 새 이니셔티브	중단할 현 이니셔티브	방향을 전환할 현 이니셔티브
고품질 빅데이터 자산					
관리 가능한 데이터 부채					
데이터 활용성 평가					
폭넓은 고객군 집중					
벤처투자 위원회					
머신러닝 숙달					

[그림 A.5] 법칙 3 실행 계획표

[법칙별 실행 계획표]
법칙 4: 외부 혁신 인재를 적극 도입하라

	현 역량 수준	단기적 목표	시작할 새 이니셔티브	중단할 현 이니셔티브	방향을 전환할 현 이니셔티브
'우리는 모든 걸 다 알아' 극복					
다수의 혁신 채널					
적절한 상호교환					
편안한 혁신 상대					
강력한 혁신 샌드박스					
기업발전 도구					

[그림 A.6] 법칙 4 실행 계획표

[법칙별 실행 계획표]
법칙 5: 적절한 기술보다 적절한 인재가 우선이다

	현 역량 수준	단기적 목표	시작할 새 이니셔티브	중단할 현 이니셔티브	방향을 전환할 현 이니셔티브
조직 지식 존중					
3D 디지털 역할 이상의 인재 추구					
선제적 기술 개발에 전념					
벤처 관리자 중시					
AI-인간 균형 최적화					
디지털 민첩성 향상					

[그림 A.7] 법칙 5 실행 계획표

[법칙별 실행 계획표]
법칙 6: 한 차원 더 높은 목표를 설정하라

	현 역량 수준	단기적 목표	시작할 새 이니셔티브	중단할 현 이니셔티브	방향을 전환할 현 이니셔티브
목표 높이기					
5번 '왜'라고 묻기					
현명한 자기잠식 이용하기					
다음 세대 포용하기					
조직을 일관되게 정렬					
솔선수범					

[그림 A.8] 법칙 6 실행 계획표

03 어떻게 움직일 것인가

1) 애덤 조나스Adam Jonas, "테슬라 자동차가 세계에서 가장 중요한 자
   동차 회사인 이유", 모건 스탠리 리서치 영상에서, 2015년.

05 [법칙 2] 큰 혁신과 작은 혁신을 동시에 실행하라

2) 데보라 바타Deborah Barta(마스터카드 혁신 채널 관리 및 스타트업, SVP), 작가
   들과의 인터뷰에서, 2018년 8월.

06 [법칙 3] 데이터를 화폐처럼 사용하라

3) 브라이슨 쾰러(웨더 채널 전 최고기술정보책임자), 작가들과의 인터뷰에서,
   2017년 12월.

07 [법칙 4] 외부 혁신 인재를 적극 도입하라

4) 래리 휴스턴Larry Huston&나빌 사캅Nabil Sakkab, "연결과 발전: P&G 혁신을 위한 새 모델 들여다보기", 하버드비즈니스리뷰, 2006년 3월.

5) 제프 데이비스(NASA의 HH&P 전 국장), 저자와의 인터뷰에서, 2018년 5월.

09 [법칙 6] 한 차원 더 높은 목표를 설정하라

6) 앨런 폴라드(제품 및 혁신 부문 사장, 비탈리티 그룹, 디스커버리 보험), 저자와의 인터뷰에서, 2018년 3월.

10 회사를 위한 파괴자 실천서

7) 데보라 바타(SVP 혁신채널관리 및 스타트업 부문, 마스터카드), 저자들과의 인터뷰에서, 2018년 8월.

찾아보기

ㄱ

가르시아, 러스Russ Garcia 260

거스너, 루Lou Gerstner 336

고맨, 톰Tom Gorman 342

고어, 애드리언Adrian Gore 350~354

골드만삭스Goldman Sachs 73, 283

구글Google 16, 27, 32, 36, 82,
    88, 102, 117, 119~120, 133,
    135, 145, 218, 220, 227~228,
    256~258, 293, 301, 331, 343,
    383

굿타임 스토어Good Time Stores 98

글락소스미스클라인GlaxoSmithKline
    241, 260~261

기아 16

ㄴ

나이키Nike 173, 215, 328

나인웨스트Nine West 98

네슬레Nestlé 339

넷앱NetApp 135

넷플릭스Netflix 29, 40, 45, 102, 135,
    181, 205, 206, 330, 383

노키아Nokia 10, 29

ㄷ

더 리미티드The Limited 98

데이비드, 조지George David 348

데이비스, 제프Jeff Davis 263~265

데이터닷가브Data.gov. 254

델Dell 135

도메인 지식domain knowledge 44, 65,
226, 228, 231, 293

도어 대시Door Dash 35

돌Dole 344

돔 룸 펀드Dorm Room Fund 279

듀퐁DuPont 86

드림잇 벤처Dreamit Ventures 279

드 비어, 마틴Martin De Beer 182

디스커버리 보험Discovery Insurance 326,
350~354

디즈니Disney 73

디지털 변혁digital transformation 13, 38,
39, 44, 45, 46, 213, 268, 273,
281, 283, 308, 314, 326, 342

디지털 파괴digital disruption 11, 16, 17,
27, 28, 29, 39, 52, 53, 54, 55,
56, 62, 66, 79, 82, 85, 96, 102,
129, 191, 273, 291, 321, 331,
344, 350, 366, 374, 388, 407,
414, 435

딜먼, 린다Linda Dillman 111

ㄹ

라디오색RadioShack 98

라보뱅크Raboank 260

래플리, A.G.A. G. Lafley 245

랙스페이스Rackspace 67

레드박스Redbox 260~261

로이터Reuters 116, 120

로진, 로이Roy Rosin 275~278

록포트Rockport 98

록히드Lockheed 331, 333

루, 빌Bill Ruh 182

리드, 이안Ian Read 171

리틀1 15, 41, 42, 147, 152, 163,
164, 165, 166, 167, 168, 169,

170, 173, 174, 175, 176, 177, 179, 190, 191, 194, 195, 196, 197, 198, 199, 203, 209, 232, 246, 250, 298, 312, 332, 343, 368, 385, 390, 394, 413, 415, 416,

리프트Lyft 32, 35~36

린넨스앤싱스Linens 'n Things 98

ㅁ

마스터카드Mastercard 190~193, 326, 333, 384~386

마이오더MyOrder 260

마이크로세미Microsemi 259

마이크로소프트Microsoft 16~17, 66~67, 132~133, 145, 210, 218, 227~228, 331

마이피트니스팔MyFitnessPal 215, 262

마흐라지, 케이티Katy Mahraj 278

매뉴라이프Manulife 353

매트릭스Matrics 82

맥라렌McLaren 261

맵마이피트니스MapMyFitness 215, 262

머스크Maersk 344

머스크, 엘론Elon Musk 17, 265, 423,

메리츠Meritz 285

멘로 마이크로Menlo Micro 259

모건 스탠리Morgan Stanley 17, 114, 383

모닝스타Morningstar 285

모비웨이브Mobeewave 384

모토롤라Motorola 40, 383

몬산토Monsanto 85, 219

무어, 제프리Geoffrey Moore 139~140

ㅂ

바라, 메리Mary Barra 36

바타, 데보라Deborah Barta 384~385

반스앤노블Barns&Noble 39, 245

방가, 아제이Ajay Banga 191~192

뱅가드Vangurd 114~115, 383

버라이즌Verizon 260, 342

버진 갤럭틱Virgin Galactic 265

버진 애틀랜틱Vergin Atlantic 73

배라, 메리Mary Barra 347

베조스, 제프Jeff Bezos 17, 245

베터먼트Betterment 17, 67, 114~115

벤처투자위원회 164, 166, 180~183, 187~190, 197

보더스Boders 39, 98

보이스 캐스케이드Boise Cascade 245

보잉Boein 331

볼프, 마이크Mike Volpe 299

브라이트하우스 그룹BrightHouse Group 98

브랜슨, 리처드Richard Branson 265

브램블스Brambles 342

브로드컴Brodcom 85

브룩스톤Brookstone 98

블랙베리Blackberry 298

블록버스터Blockbuster 29, 40, 45, 102, 330, 382

블루 오리진Blue Origin 17

블룸버그Bloomberg 116, 120

비야디BYD Auto 32

비타민 월드Vitamin World 98

비탈리티Vitality 351~353

빅1 15, 34, 41, 42, 147, 152, 163~170, 177~199, 203, 209, 232, 246, 249, 250, 258, 259, 273, 283, 300, 312, 332, 334, 336, 343, 351, 354, 368~370, 380, 385, 390, 394, 413, 415, 416

ㅅ

사이드카Sidecar 35

삭스 피프스 애비뉴Saks Fifth Avenue 212

삼성 15, 16, 69, 102

새슨, 스티븐Steven Sasson 181

세이덴버그, 이반Ivan Seidenberg 342

세이프웨이Safeway 111

세인즈베리Sainsbury 111

소니Sony 102

소프트뱅크SoftBank 27, 36

슈라이버, 코트니Courtney Schreiber 279

슈왑Schwab 67, 114~115, 383

스마트싱스SmartThings 15

스와치Swatch 261

스페이스XSpaceX 17

스포츠 어서리티Sports Authority 98

스플렁크Splunk 80, 344

시맨텍Symantec 245

시스코Cisco 41, 76~77, 177,
181~182, 193, 299~300, 334,
342, 401

시어스Sears 98

시티 스포츠City Sports 98

심볼 테크놀로지Symbol Technology
82~83

싱귤러리티 대학Singularity University 301

ㅇ

아마존Amazon 16, 27, 29, 39,
97~100, 115, 135, 145, 181,
210, 228

아메리칸 어패럴American Apparel 98

아스다Asda 189

아쿠아스큐텀Aquascutum 98

알타비스타AltaVista 120

알프레드 안젤로Alfred Angelo 98

암젠Amgen 86

야후Yahoo! 120

애트나Aetna 292

애플Apple 27, 29, 31, 32, 76,
130, 189, 232, 285, 298, 322,
324~325, 330, 344, 352, 353,
383

앨버트슨Albertsons 111

어도비Adobe 42, 171, 192~193

언더 아머Under Armour 212, 215, 241,
261~262

에어비앤비Airbnb 370

에퀴닉스Equinix 67

에티살랏Etisalat 69

엔도몬도Endomondo 215, 262

엑스프라이즈XPRIZE 265

예거Jaeger 98

오클랜드 애슬레틱스Oakland Athletics
204, 206-207

와비 파커Warby Parker 338

와이 컴비네이터Y Combinator 183

왓츠앱WhatsApp 120

우버Uber 27, 32, 35, 82, 135,
148〜150, 370, 402, 430

월마트Walmart 69, 111, 140〜141,
188, 223, 233, 285

웨더 언더그라운드Weather Underground
231

웨더 채널Weather Channe 170,
230〜234

웨이즈Waze 211, 328〜329,

웰스프런트Wealthfront 17, 67, 114

유나이티드 테크놀로지스United
Technologies 348

유나이티드헬스케어UnitedHealthcare
241, 258

유니레버Unilever 339

이머징 테크놀로지 그룹Emerging
Technology Group 34

이케아IKEA 338

이트레이드ETrade 17

이튼 백화점Eaton's 98

인스타그램Instargram 120

인스타카트Instacart 35

인제닉스Ingenix 258

인텔 캐피털Intel Capital 256〜257

인튜이트Intuit 79, 275

인포식Infoseek 120

ㅈ

잡스, 스티브Steve Jobs 31, 129, 130,
189

제너럴 밀스General Mills 42, 171, 193,
251

제너럴리Generali 353

제넨테크Genentech 86

존 디어John Deere 211, 326

존슨, 켈리Kelly Johnson 333〜334

짐보리Gymboree 98

집카Zipcar 32, 35

ㅊ

챔버스, 존John Chambers 41, 177,
299〜300, 334, 342, 380

챕터스Chapters 39

ㅋ

카글Kaggle 292

카르벵Carven 98

캉고비, 슈레야Shreya Kangovi 277

커즈와일, 레이Ray Kurzweil 301

케니, 데이비드David Kenny 230~231

케리톤Keriton 279

케이블 랩CableLab 86

코닝Corning 259

코닥Kodak 45, 102, 181, 330, 356

쾰러, 브라이슨Bryson Koehler 230~231

퀄컴Qualcomm 85

퀵실버Quicksilver 98

크라운 주얼crown jewel 16, 63~89,
93, 129, 136~138, 155, 157,
183, 185, 203, 260~262, 331,
334, 365, 380

크루즈 오토메이션Cruise Automation 32

클라이미트Climate 219

ㅌ

타깃Target 212

탑코더Topcoder 292

탤런트스카이TalentSky 291

테스코Tesco 73, 111

테슬라Tesla 27, 31, 32, 34, 40, 74,
87, 102~105, 133, 218,

토이저러스Toys 'R' Us 98

티파니Tiffany 261

ㅍ

파네라 브레드Panera Bread 212

파타고니아patagonia 338

팔라딘 캐피털Paldadin Capital 259

팩선PacSun 98

퍼스트 라운드 캐피털First Round Capital
279

페멕스Pemex 69

페이레스 슈즈Payless Shoes 98

페이스북Facebook 117, 122, 212, 218

펜실베이니아 대학병원Penn Medicine
274~280, 285, 293

포드Ford 88

포터, 마이클Michael Porter 353

폭스 117, 205

폴라드, 앨런Alan Pollard 351

프레데터Predator 331

프레시전 플랜팅Precision Planting 219

프로그레시브 보험Progressive Insurance
218

플랭크, 케빈Kevin Plank 262

피델리티Fidelity 114-115, 383

핑안 보험Ping An Insurance 353

ㅎ

하얏트Hyatt 245

핸콕, 존John Hancock 353

허츠Hertz Drive-Ur-Self System 33

허프, 크리스Chris Huff 231

현대 16, 88

현명한 자기잠식 45, 56, 181,
330~331, 344, 345, 356, 359

헤이스팅스, 리드Reed Hastings 181

혼다Honda 88

화이자Pfizer 42, 171, 193

화이트, 크리스Chris White 182

히타치Hitachi 67, 107, 133, 170,
177, 215, 345

기타

10X 고객 성과10X customer outcomes
40, 134~138, 401

ABC 117, 205

ADT 245

AIA 그룹AIA Group 353

AIG 285

A&P 98

AT&T 69, 254

BBVA 41, 177

BXB 디지털BXB Digital 342

CBS 117, 205

CVS 292

EMC 135

GEGeneral Electric 41, 70-71, 74,
107-108, 143, 182, 215, 259-
260, 342, 344

GE 벤처GE Ventures 259

GMGeneral Motors 27, 30~36, 39, 43,
50~51, 74, 87~88, 102, 170,

177, 292, 297, 325, 347, 429

HP 135

IBM 135, 170, 220, 232, 241,

　256~258, 336, 342, 344

IRI 117, 119, 121~122, 218

JP모건 체이스JPMoargan Chase

　283~284

LG 16

NASA 17, 241, 262~265, 288,

NASDAQ 245

NBC 117, 205

P&G 241, 245~246

TD 아메리트레이드TD Ameritrade 114,

　383

TWC 344

옮긴이 | 박슬라 연세대학교에서 영문학과 심리학을 전공했으며 현재 전문 번역가로 활동 중이다. 옮긴 책으로는 《페이크》, 《스틱!》, 《흔들리지 않는 돈의 법칙》, 《순간의 힘》, 《부자 아빠의 투자 가이드》, 《부자 아빠의 자녀 교육법》, 《한니발 라이징》, 《다섯 번째 계절》 등이 있다.

골리앗의 복수

디지털 파괴자들로부터 시장을 탈환하는 6가지 전략

초판 1쇄 발행   2020년 5월 11일
초판 2쇄 발행   2020년 5월 15일

지은이 | 토드 휴린·스콧 스나이더
옮긴이 | 박슬라

펴낸이 | 문태진
본부장 | 서금선
책임편집 | 이정아 편집3팀 | 이정아 오민정

기획편집 | 김혜연 박은영 김예원 정다이   저작권팀 | 박지영
마케팅 | 이주형 김혜민 정지연   디자인팀 | 김현철
경영지원 | 노강희 윤현성 조샘 김상연
오디오북 기획팀 | 이화진 이희산 이석원 김다영 김은솔
강연팀 | 장진항 조은빛 강유정 신유리

펴낸곳 | (주)인플루엔셜
출판등록 | 2012년 5월 18일 제300-2012-1043호
주소 | (06040) 서울특별시 강남구 도산대로 156 제이콘텐트리빌딩 7층
전화 | 02)720-1034(기획편집) 02)720-1024(마케팅) 02)720-1042(강연섭외)
팩스 | 02)720-1043   전자우편 | books@influential.co.kr

한국어판 출판권 ⓒ 인플루엔셜, 2020

ISBN 979-11-89995-58-4 03320